Repensando o Direito de Família

M178r Madaleno, Rolf
       Repensando o Direito de Família / Rolf Madaleno. – Porto
Alegre: Livraria do Advogado Ed., 2007.
       231 p.; 23 cm.
       ISBN 978-85-7348-471-7

       1. Direito de Família. 2. Família.   I. Título.

                                              CDU - 347.6

       Índices para o catálogo sistemático:
       Direito de Família
       Família

       (Bibliotecária responsável: Marta Roberto, CRB-10/652)

Rolf Madaleno

Repensando o
Direito de Família

livraria
DO ADVOGADO
editora

Porto Alegre 2007

© Rolf Madaleno, 2007

Capa, projeto gráfico e diagramação
Livraria do Advogado Editora

Revisão
Rosane Marques Borba

Direitos desta edição reservados por
Livraria do Advogado Editora Ltda.
Rua Riachuelo, 1338
90010-273 Porto Alegre RS
Fone/fax: 0800-51-7522
editora@livrariadoadvogado.com.br
www.doadvogado.com.br

Impresso no Brasil / Printed in Brazil

Dedico este livro à advogada
Katia Carpes Madaleno

Sumário

Introdução 11
1. A fraude material na união estável e conjugal 13
    1.1. Introdução 13
    1.2. O lastro matrimonial 14
    1.3. A presunção de comunidade 15
    1.4. A separação e seu efeito na partilha 15
    1.5. A autonomia de vontade 15
    1.6. A fraude 16
    1.7. A fraude societária 17
    1.8. A fraude pela mudança do tipo social 18
    1.9. A fraude na sucessão empresarial 21
    1.10. A fraude pela interposta pessoa 22
    1.11. A boa-fé 22
    1.12. A fraude no casamento do Código Civil 25
    1.13. A fraude nos regimes de bens 26
    1.14. A fraude na união estável 27
    1.15. A outorga do convivente 28
    1.16. A indenização pela inoponibilidade 30
    1.17. Uma solução argentina 31
        1.17.1. Outra solução argentina 32
    1.18. A fraude pela formação de dívidas 33
    1.19. A prova da fraude e da simulação 35
2. O direito adquirido e o regime de bens 39
    2.1. Princípios gerais 39
    2.2. Classificação dos regimes de bens 40
    2.3. O pacto antenupcial 40
    2.4. A alteração do regime de bens 45
    2.5. A retroatividade restritiva do contrato de convivência 50
    2.6. O direito adquirido e a alteração do regime de bens 57
    2.7. Teoria da não-retroatividade 63
3. A retroatividade restritiva do contrato de convivência 65
    3.1. Conceito de regime de bens 65
    3.2. A paridade conjugal 66
    3.3. A mudança do regime matrimonial 67

3.4. A mudança do regime de bens na transição da convivência para o casamento ... 69
3.5. O temor do logro e do enriquecimento indevido ... 71

4. A prova ilícita no direito de família e o conflito de valores ... 77
4.1. A prova ... 77
4.2. A formação da convicção pela prova ... 78
4.3. Princípios da prova ... 79
4.4. Provas típicas e atípicas ... 80
4.5. Prova ilícita e prova ilegítima ... 81
4.6. Provas ilícitas ... 82
4.7. A utilização da prova ilícita no Direito de Família ... 84
4.8. Princípio da proporcionalidade ... 88

5. A companhia de capital fechado no Direito de Família ... 93
5.1. Introdução ... 93
5.2. A fraude societária ... 94
5.3. As sociedades de família ... 95
5.4. A fraude pela mudança do tipo social ... 96
5.5. O cônjuge ou convivente como subsócio ... 100
5.6. A dissolução parcial ... 106
5.7. A apuração de haveres na nova codificação ... 108

6. O preço do afeto ... 113
6.1. A importância do afeto ... 113
6.2. Um olhar no passado ... 114
6.3. O revogado pátrio poder ... 116
6.4. O direito de visitas ... 118
6.5. O abuso de direito ... 120
6.6. A frustração das visitas ... 121
6.7. Danos e prejuízos ... 123

7. O filho do avô ... 129
7.1. A filiação ... 129
7.2. Legitimidade para a investigatória ... 130
7.3. Carência de ação ... 132
7.4. Da possibilidade jurídica ... 133
    7.4.1. O direito à identidade familiar ... 134
    7.4.2. O direito ao parentesco ... 135
    7.4.3. O direito à sucessão ... 136
    7.4.4. O direito ao conhecimento da carga genética ... 137
    7.4.5. Do direito a alimentos ... 139
    7.4.6. O Superior Tribunal de Justiça ... 140

8. O dano moral na investigação de paternidade e o Código Civil de 2002 ... 143
8.1. A responsabilidade civil no Direito de Família ... 143
8.2. A pensão alimentícia como suposto de indenização ... 145
8.3. Pressupostos da responsabilidade civil ... 147
8.4. O dano moral ... 148
8.5. A honra do incapaz ... 149
8.6. Dano causado ao filho ... 151

8.7. A antijuridicidade 153
8.8. Quantificação do dano moral 155
9. Paternidade alimentar 157
   9.1. Introdução 157
   9.2. O preconceito da filiação adulterina 158
   9.3. Paternidade alimentar 159
   9.4. A filiação socioafetiva 161
   9.5. Laços que ficam 164
   9.6. Tutela da personalidade 167
   9.7. Alimentos indenizatórios 167
   9.8. A paternidade alimentar 168
10. Renúncia a alimentos 171
   10.1. A proibição de não querer 171
   10.2. Alimentos como direito essencial 171
   10.3. Renúncia alimentar 172
   10.4. A validade histórica da renúncia alimentar 173
      10.4.1. Renúncia expressa 174
   10.5. A disponibilidade alimentar no atual Código Civil 175
   10.6. A renúncia dos alimentos no Projeto de Lei nº 6.960/02 176
   10.7. A irrenunciabilidade alimentar 177
   10.8. O indevido retrocesso 179
      10.8.1. A compensação como nova forma de acordo alimentar 180
      10.8.2. A renúncia alimentar à luz do atual Código Civil 181
11. Execução de alimentos pela coerção pessoal 185
   11.1. Alimentos e efetividade processual 185
   11.2. A efetividade da ordem jurídica 186
   11.3. Limites da execução alimentar por coação pessoal 187
   11.4. Meios de execução 187
   11.5. Da prisão de pernoite 190
   11.6. Recurso cabível 191
   11.7. Despacho fundamentado 193
   11.8. Prazo de prisão 194
   11.9. Regime da pena 196
   11.10. Suspensão e revogação da pena 198
   11.11. Embargos do executado 198
   11.12. Os alimentos no cumprimento da sentença (Lei nº 11.232/05) 199
   11.13. Renovação da prisão 201
12. O cumprimento da sentença e a exceção de pré-executividade na execução de alimentos 203
   12.1. Efetividade processual 203
   12.2. Os alimentos no cumprimento da sentença (Lei nº 11.232/05) 205
   12.3. A efetividade no cumprimento da sentença 207
   12.4. A exceção de pré-executividade 208
   12.5. A objeção de pré-executividade diante do cumprimento da sentença 209
   12.6. O conteúdo da exceção de pré-executividade 210

12.7. Momento de apresentação da objeção 212
12.8. A exceção de pré-executividade no Direito de Família 214
12.9. A exceção na execução de alimentos 214
12.10. Objeção de pré-executividade e o *habeas corpus* na execução alimentar . 218
12.11. Execução por acordo alimentar condicional 220
12.12. Execução de alimentos formulados em acordo extrajudicial 221
12.13. Execução de sentença falsa 222

Bibliografia 225

Introdução

Repensando o Direito de Família reúne como das vezes anteriores, a coletânea dos artigos e escritos mais recentes sobre esse sempre apaixonante estudo dos direitos da família brasileira, sempre com um olhar direcionado para as mudanças que vão ou que devem acontecer nas relações familiares e no direito familista brasileiro.

Sempre haverá muito para pensar e escrever acerca do Direito e da família brasileira, por serem vínculos intensos, contudo dinâmicos e prenhes de paixão, bem próprios da nossa origem latina e da condição gregária do ser humano.

Repensar o Direito de Família significa renovar nossas relações, aperfeiçoar nossas uniões e as relações surgidas dos laços de família e sua importância para uma sociedade mais signa, porque feliz e realizada.

É extremamente gratificante deparar com o enorme interesse que desperta o estudo do Direito de Família e como ele tem participação ativa, recente e relevante na evolução e no crescimento das relações sociais, bastando observar as mais recentes reformas legislativas e o especial destaque dado às questões familistas desde a Constituição Federal de 1988, com o surgimento de leis revolucionárias e que alteram, em regra atendendo às expectativas sociais.

Mas nem sempre o legislador acerta, também erra, dizem porque teve presa, ou porque enxergou sob outra ótica a relação familiar. Não importa, o fato é que os laços familiares são necessários, mas igualmente libertários, considerando que a sociedade vem derrubando tabus e preconceitos, deixando vazar o afeto como valor absoluto de realização e dignidade.

Repensar o Direito de Família tem esse significado, essa proposta de desarmar espíritos embotados, preconceituosos, incapazes de dar vazão ao valor supremo e fundamental, essencial à subsistência humana, que é o amor. Sem o afeto nem há mais como pensar em real família, em felicidade e realização.

Esse, portanto, o convite desse livro que a Livraria do Advogado Editora me honra em publicar, endossando, com seu prestígio e com a sua eficiência, a edição de um conjunto de artigos que se dispõe a repensar o Direito de Família.

Porto Alegre, verão de 2007.

Rolf Madaleno

— 1 —
A fraude material na união estável e conjugal

1.1. Introdução

O Homem nunca quis estar só, é gregário por natureza e busca por regra a companhia de outra pessoa, para uma convivência quase sempre em regime de coabitação. Tem certo pendor pela vida familiar para sua plena satisfação como pessoa que galga etapas no vínculo afetivo para a formação de uma família, na sua adequação social.

Conforme Eduardo de Oliveira Leite,[1] de todas as instituições criadas pelo espírito humano, somente a família e o casamento resistiram inquebrantáveis à inexorável marcha dos tempos. E não que as uniões tenham iniciado pelo casamento como o conhecemos na atualidade, moldado a partir de acentuados valores religiosos, mas assentado numa fase mais primitiva, na qual a promiscuidade não limitava parceiros de relações de poligenia ou de poliandria.

A nascente da monogamia gerando as figuras do marido e da mulher, prossegue Eduardo Leite,[2] se baseia no poder do homem, com a finalidade precípua da procriação de filhos que deveriam herdar a fortuna paterna, num claro contraste às uniões nascidas da mais absoluta informalidade, atraídas pelo instinto fisiológico das relações de sexo, para a partir delas advir a procriação e a noção de célula familiar.

Faz-se quase absoluto o predomínio econômico do homem produtor de riquezas sobre a mulher que não participa da produção social, devendo comprometer-se exclusivamente com os seus deveres domésticos no seio do conjunto familiar. Como anota ainda Eduardo de Oliveira Leite, "os papéis dos cônjuges determinados pela sociedade e pelo sexo e aos quais se encontravam confinados até a morte não permitiam qualquer espécie de concessão: às mulheres, a limpeza da casa, da louça, das roupas, a busca da

---
[1] LEITE, Eduardo de Oliveira. *Tratado de Direito de Família*, Curitiba: Juruá, 1991, p. 3.
[2] Idem, p. 41.

água e a ordenha das vacas; aos homens, o trabalho fora, a troca de mercadorias, o comércio, a aquisição do dinheiro. A estrita segregação dos trabalhos e papéis reservados a cada sexo manifesta, simbolicamente, a subordinação da mulher a seu marido".[3]

A base da família passa a ser o casamento, e os vínculos conjugais reproduzem a supremacia do gênero masculino, que ganha terreno e espaço sobre a absoluta submissão da mulher. O direito matrimonial segue de início, fortemente vinculado ao cristianismo, para depois ceder num outro estágio ao casamento civil, mas sempre afastadas do Direito as relações afetivas dos concubinos, consideradas clandestinas, e de nenhum valor e efeito legal.

Mudam com os anos as configurações familiares e fica reduzida a família nuclear. A família contemporânea reparte as tarefas de buscar no labor extralar o suporte financeiro desta nova unidade conjugal ou de mera convivência informal que passa a valorizar a vida afetiva, e não mais o seu modo formal de constituição.

1.2. O lastro matrimonial

Não obstante as novas e modernas tendências de liberdade da vida conjugal, e familiar, sempre foi do conhecimento dos pares afetivos a necessidade de ser estabelecida a formação de um complexo de bens ou de recursos capazes de dar sustento e segurança à unidade conjugal. Com o casamento formal ou mesmo pela informalidade da união estável, a sociedade de afeto precisa estar estruturada em recursos materiais capazes de atender os encargos da família. O cotidiano sustento da família fica ao encargo da entidade conjugal, satisfeita pelo trabalho externo do casal, pois, salvo poucas exceções, já não mais se liberam do dever paritário de prover a célula familiar.

O aporte de recursos vindos do trabalho de cada cônjuge, e destinados ao sustento do lar, construiu de outra parte, os diferentes regimes matrimoniais de maior ou de menor comunidade ou de completa separação de bens.

Houve um tempo em que o marido era o administrador de todos os bens, tanto do acervo comum da sociedade conjugal, como dos seus bens e dos bens particulares da esposa, por ele administrados e por ela recuperados com a dissolução do casamento.

A emancipação da mulher fez desaparecer esta prática e tem inspirado a opção pela eleição do regime convencional da separação de bens, onde

---

[3] LEITE, Eduardo de Oliveira. *Tratado de Direito de Família*, Curitiba: Juruá, 1991, p. 275.

cada consorte administra e dispõe de seus próprios bens por conta da igualdade jurídica dos esposos.

1.3. A presunção de comunidade

Todos os bens aportados onerosamente durante o casamento são presumidamente comuns aos cônjuges ou conviventes, salvo as exceções já textualmente previstas em lei. Uma vez extinta a sociedade, também ocorre a extinção do regime patrimonial do casamento, muito embora a separação fática do casal permita reconhecê-la como marco final da comunidade dos bens, pois, uma vez ausente na prática o casamento, afigura-se incoerente manter no campo da ficção os efeitos da comunicação do acervo amealhado por consortes desunidos, e por vezes até já agregados a outros parceiros com os quais já formaram uma outra união. Contudo, a dissolução judicial da sociedade será o termo final da divisão dos bens existentes até a separação de fato, que pode coincidir com a separação jurídica do casal, encerrando formalmente o regime matrimonial de bens. A morte de um dos cônjuges ou conviventes e mesmo o divórcio, também são causas de dissolução legal do regime de bens.

1.4. A separação e seu efeito na partilha

Quando cônjuges e conviventes inauguram sua relação afetiva, vivem só momentos repletos de felicidade. O quadro muda quando a sociedade afetiva sofre fissura, e entre os parceiros nasce um desejo de promover ganhos para recompensa de ressentimentos do descaso ou da rejeição. Nesse estágio, estranhamente a sociedade afetiva que não tinha nenhum fim lucrativo, passa a ser capaz de criar toda a variada gama de intrincadas engenharias destinadas a processar alguma forma de desequilíbrio na partilha do seu lastro econômico. Isso usualmente acontece nos regimes de comunidade universal e nos de restrita participação, como no regime legal da comunhão parcial de bens. É que durante a vigência da relação, o caráter oneroso de aquisição dos bens guarda pouca importância quando mesclado por boa dose de paixão, perdendo seu sentido na medida em que se avizinha a separação do casal, os consortes começam a sopesar os custos e seus aportes na aquisição dos bens partilháveis, especialmente quando a sua compra não contou com a paritária repartição dos recursos.

1.5. A autonomia de vontade

No âmbito do Direito de Família, a autonomia de vontade sofre ponderáveis restrições, pois os cônjuges não gozam da livre disposição dos bens particulares e do acervo conjugal durante a vigência do casamento, dependendo para a sua disposição do assentimento do cônjuge. Só com o assentimento do consorte, o negócio translativo de direitos é eficaz e confere integral disposição sobre o bem. A razão de existência da anuência consiste em conferir validade ao ato de transferência do bem, e existe para evitar conflitos entre os cônjuges que se convertem em vítimas de fraudes perpetradas na evasão de bens comuns que desaparecem no cômputo final da partilha conjugal. Estando o marido na administração dos bens particulares dos cônjuges e também do patrimônio correspondente ao regime de bens matrimonial, não é difícil deduzir que a redução fraudulenta dos bens, com a sua ilícita transferência para terceiros, acabará afetando o valor da divisão final.

1.6. A fraude

No plano jurídico, a fraude é sinônimo de lesão causada pela conduta desleal. No ato conjugal, de quebra da unidade na partilha dos bens, a parte mais débil do casamento ou da união precisa ser processualmente protegida pelos mecanismos legais, que buscam eliminar os nefastos resultados de desequilíbrio econômico e financeiro na divisão dos bens. Fraudes e engenhosas simulações ferem de morte o princípio da igualdade dos bens nos regimes de comunidade matrimonial. O objeto da norma é impedir que o cônjuge administrador subtraia bens da massa comunicável, deles dispondo em transferências fictícias, ou através de aparentes alienações de regular visibilidade, muitas vezes acobertadas pela outorga de esquecidas procurações, quando não sucedidas pelo uso de interposta pessoa.

A verdade é que o uso desvirtuado de contratos civis e comerciais, e especialmente a dinâmica variação da fraude societária, têm servido com sucesso para burlar a lei e para inutilizar os frágeis mecanismos de proteção da meação conjugal. Geralmente, pela via da simulação ou da fraude, um cônjuge ou convivente procura prejudicar o outro, e encontra nas figuras societárias com seus variados câmbios, sofisticados recursos orquestrados para prejudicar seu meeiro. As sociedades têm se convertido no veículo mais idôneo e mais apropriado, agindo como um terceiro alheio aos cônjuges.[4]

A fraude bem se presta a este vil propósito, valendo-se a pessoa de um ardil para extrair partido das regras jurídicas e se beneficiar de um direito ou de uma vantagem sobre a qual não deveria se aproveitar.[5] A fraude é um artifício que se impõe pelo engano, pela astúcia imposta com a vontade de extrair um indevido proveito deste dissimulado ardil. No dizer de Los

---
[4] GATARI, Carlos N. . *El poder dispositivo de los cónyuges*, Libreria Jurídica: La Plata, 1974, p. 53.
[5] ITURRASPE, Jorge Mosset, *Contratos simulados y fradulentos*, tomo II, Contratos Fraudulentos, Rubinzal-Culzoni Editores: Buenos Aires 2001, p. 12.

Mozos,[6] fraude "é todo artifício, maquinação ou astúcia tendente a impedir ou iludir um legítimo interesse de terceiros ou a obter um resultado contrário ao direito sob a aparência de legalidade."

No âmbito do casamento e da união estável, a fraude resultará eficaz sempre que causar por seu intermédio uma redução no acervo comum, e por conseqüência, uma diminuição na meação do cônjuge logrado. Ocorre através de atos de disposição de bens, como consignam os artigos 158 e seguintes do Código Civil, colocando em grau máximo de suspeição atos como os de transmissão gratuita ou onerosa de bens ou mesmo a remissão de dívidas de pessoas insolventes, e neste quadro genérico, não há como afastar o cônjuge que em vésperas de separação se movimenta para esvaziar a massa de bens conjugais, ganhando maior evidência se esta movimentação toma corpo depois de ajuizada a separação do casal.

1.7. A fraude societária

Convém ter presente que a fraude entre cônjuges se realiza amiúde, valendo-se o esposo fraudador da estrutura societária já existente ou de uma empresa especialmente criada para desenvolver a fraude e assim subtrair bens do acervo comum e repassá-los para a pessoa jurídica. O tema é bastante recente na cultura jurídica brasileira e encontra uma norma padrão no artigo 50 do Código Civil. As manobras realizadas através do mau uso da personalidade societária encontram forte eco no Direito de Família, para sonegar alimentos, ou para fraude à meação, pois a incorporação de bens a uma sociedade comercial, ou mesmo o afastamento do cônjuge do quadro societário da empresa conjugal, equivale à sua alienação para terceiro.

Embora a alteração de contrato societário idealizado para privar a mulher do exercício de seus direitos sobre os bens comunicáveis seja perfeita quanto ao seu fundo e à sua forma, por ter atendido às condições de existência e validade e, obedecido às regras de publicidade, ainda assim é ineficaz em respeito ao cônjuge ou convivente lesado, porque foi o meio ilícito exatamente usado em detrimento dos legítimos direitos de partição patrimonial.[7]

Tem trânsito no Direito de Família brasileiro a aplicação episódica do superamento da personalidade jurídica sempre que o sócio cônjuge ou convivente procurar através do abuso da sociedade desviar bens particulares, pertencentes à sociedade afetiva e que são deslocados para a sociedade comercial, ou em outra modelagem, quando os bens que já compõem o capital social da

---

[6] DE LOS MOZOS, J . L . *El negocio jurídico*, En Estudios de Derecho Civil, Madrid, 1987, p. 465.
[7] MADALENO, Rolf. *A efetivação da 'disregard' no Juízo de Família*, Porto Alegre: Livraria do Advogado, 1999, p. 64.

empresa são desviados ou reduzidos a um valor irrisório, nada representando no acerto final de composição da partilha. Detectada a manobra arquitetada para gerar uma fraude no direito à partilha do parceiro ou aos alimentos judicialmente arbitrados, a desconsideração da personalidade jurídica procura recompor o patrimônio abusiva ou fraudulentamente dilapidado.

Para Arnaldo Rizzardo,[8] no âmbito do Direito de Família não haveria propriamente a despersonalização, mas a desconsideração da personalidade jurídica que não será considerada, para permitir sejam atingidos os bens postos ao abrigo da sociedade empresarial, e na seqüência, elenca várias situações que caracterizam o desvio de bens, com a finalidade de subtrair o patrimônio na partilha, merecendo destaque dentre as diversas hipóteses, aquelas que ensaiam " a aparente retirada do cônjuge da sociedade comercial; a transferência da participação societária a outro sócio, ou mesmo a estranho, com o retorno depois da separação; a alteração do estatuto social, com a redução das quotas ou patrimônio da sociedade; a transformação de um tipo de sociedade em outro, como de sociedade por quotas para a anônima", dentre outras variantes mais.

1.8. A fraude pela mudança do tipo social

Na prática processual, esta tem sido uma das formas mais corriqueiras de fraude à meação conjugal pela expedita via da manipulação do estatuto social, especialmente eficaz naquelas típicas sociedades de família ou de capital fechado, quando buscam os esposos empresários inviabilizar com esta estratégia a parcial dissolução da sociedade comercial, particularmente nestas sociedades fechadas, que como alerta Luiz Guilherme Loureiro,[9] "não se compadecem com as intromissões de estranhos."

Companhias fechadas contam com um pequeno número de sócio e suas ações não são ofertadas ao público no mercado de valores imobiliários, pois não captam recursos para o seu financiamento, que vem da contribuição dos próprios acionistas.

Empresas familiares são comuns na economia brasileira, e quando algum de seus integrantes enfrenta processo de separação judicial, pondo em pauta a partilha do seu capital social, repentinamente estas empresas alteram o seu tipo societário. Ao compulsar demandas separatórias discutindo divisão de patrimônio, é prática corriqueira deparar com cônjuges e

---

[8] RIZZARDO, Arnaldo. Casamento e efeitos da participação social do cônjuge na sociedade, In *Direitos Fundamentais do Direito de Família*, Coord. Belmiro Pedro Welter e Rolf Hanssen Madaleno, Porto Alegre: Livraria do Advogado, 2004, p. 55.
[9] LOUREIRO, Luiz Guilherme. A atividade empresarial do cônjuge no novo Código Civil, In *Novo Código Civil, questões controvertidas*, Coord. Mário Luiz Delgado e Jones Figueirêdo Alves, vol. 2, São Paulo: Método, 2004, p. 241.

conviventes empresários valendo-se de sociedades anônimas para acobertar e proteger patrimônio societário, que procuram afastar da partilha conjugal.

Começa que o capital das sociedades anônimas se divide em unidades denominadas ações, e as sociedades fechadas ou de capital eminentemente familiar não costumam emitir títulos e tampouco os anotam no livro de registros de ações. Sua administração não raramente se confunde com os próprios acionistas controladores, que são seus diretores geralmente perpetuados nos cargos. Controlando de modo permanente, a maioria dos votos nas deliberações da assembléia geral, quando a realizam, abusa de seu poder para dirigir as atividades da empresa em formato que nada difere daquele controle que exercem na empresa limitada, apenas, alterado o tipo societário pelo cônjuge ou convivente em estágio de separação, para poder proteger o patrimônio familiar e atuar, com segurança, em uma sociedade anônima existente somente no mundo da ficção.

Diz Hugo E. Rossi,[10] que extremos deste jaez se dão com reiteração, cometendo lançar mão da desestimação da sociedade anônima de configuração claramente irregular, pois conta em verdade, apenas com os mesmos sócios da primitiva sociedade limitada. Arremata Hugo Rossi: "os sócios não podem pretender ser tratados como acionistas de uma sociedade anônima se reiteradamente seguem condutas próprias de sócios de outro tipo de sociedade," demonstrando com este seu proceder que não existiu, de fato, o propósito de atuar como uma sociedade anônima.

É o que sucede com preocupante freqüência nas sociedades limitadas, de exclusivo capital familiar, nas quais o cônjuge em demanda de separação altera o tipo originário de uma sociedade limitada para o de uma sociedade anônima de meia dúzia de acionistas, todos comumente pertencentes à mesma família e apenas unidos no propósito de impedir a partilha da empresa na meação do cônjuge adverso. Com esse simples expediente, deixa de acessar às quotas sociais pela via da apuração de haveres apenas viável, em princípio, se a empresa preservasse a configuração de sociedade limitada.

São de cristalina evidência o abuso, o mau uso e o desvio da função societária, apenas manejada no propósito de afastar o ingresso do cônjuge na empresa familiar, o que fica mais visível ainda quando são detectadas as irregularidades ou omissões pertinentes à real administração dos gestores de uma sociedade anônima. Na sociedade anônima simulada, os acionistas não se reúnem e nem são convocadas assembléias gerais para deliberações, pois, usualmente, é o cônjuge separando, como acionista controlador, que exprime a vontade social que se confunde com a sua própria administração.

---

[10] ROSSI, Hugo E. *Actuación anómala y desestimación del tipo en la sociedad anónima "cerrada", sus efectos sobre la responsabilidad de los socios*, In *Conflictos en sociedades "cerradas" y de familia*, Coord. Martín Arecha, Eduardo M. Favier Dubois, Efraín H. Richard e Daniel R. Vítolo, Buenos Aires: Ad-Hoc, 2004, p. 167-170.

Por vezes, sequer são convocadas assembléias, porque a todos os acionistas da família apenas compete em firmar as atas previamente elaboradas, assinando o livro de presença, nada havendo para examinar, discutir e votar, já que, seguramente, apenas o diretor que controlava a sociedade limitada segue administrando e deliberando sobre os destinos da sociedade anônima que apenas trocou sua capa externa. Enfim, o administrador familiar da sociedade anônima criada para o processo de separação judicial de acionista diretor, prescinde neste caso, de uma das mais caras atribuições de um administrador de uma sociedade por ações, respeitante ao dever de lealdade para com os interesses e finalidades da empresa, e não dos seus interesses pessoais. Quando assim acontece, está denunciada a farsa montada pelos novos acionistas ao mudarem o tipo social, na contramão da real utilidade da empresa.

São atos como estes que devem ser considerados dentro da margem de movimentação processual encabeçada para a episódica aplicação da desconsideração da personalidade jurídica, quando patente que a alteração do tipo societário não passou de uma vil transgressão com a finalidade de para boicotar o acesso do outro cônjuge ou convivente a sua meação patrimonial, especialmente ao assimilarmos a advertência de Lucíola Fabrete Lopes Nerilo,[11] de não ser preciso que o cônjuge figure como sócio da empresa para ser engendrada a fraude com a utilização da personalidade jurídica.

Não foi outro o caminho enveredado pela maioria da Quarta Turma do STJ no REsp 11294/PR, julgado em 19 de setembro de 2000, com a relatoria do Ministro Barros Monteiro, lavrando o voto vencedor o Ministro César Asfor Rocha, ao admitir a dissolução parcial em sociedade anônima familiar, ao perceber o engessamento dado aos sócios minoritários, no que, ao seu modo, em nada difere do cônjuge ou convivente de acionista que figura como meeiro, e, portanto, como subsócio.

A ementa se faz suficientemente elucidativa ao estabelecer que: "Direito Comercial. Sociedade Anônima. Grupo Familiar. Inexistência de lucros e de distribuição de dividendos há vários anos. Dissolução Parcial. Sócios Minoritários. Possibilidade. Pelas peculiaridades da espécie, em que o elemento preponderante, quando do recrutamento dos sócios, para a constituição da sociedade anônima envolvendo pequeno grupo familiar, foi a afeição pessoal que reinava entre eles, a quebra da *affectio societatis* conjugada à inexistência de lucros e de distribuição de dividendos, por longos anos, pode se constituir em elemento ensejador da dissolução parcial da sociedade, pois seria injusto manter o acionista prisioneiro da sociedade, com seu investimento improdutivo, na expressão de Rubens Requião. O princípio da preservação da sociedade e de sua utilidade social afasta a

---

[11] NERILO, Lucíola Fabrete Lopes. *Manual da sociedade limitada no novo Código Civil*, Juruá: Curitiba, 2004, p. 67-68.

dissolução integral da sociedade anônima, conduzindo à dissolução parcial. Recurso parcialmente conhecido, mas improvido".

1.9. A fraude na sucessão empresarial

Outra prática de fraude societária acontece na sucessão empresarial, com danosos efeitos tanto para a meação do cônjuge ou convivente, isto quando não for projetada para ferir direitos hereditários. A desconsideração da personalidade jurídica não é desconhecida para o direito sucessório, especialmente quando o art. 1.846 do Código Civil dispõe pertencer aos herdeiros necessários a metade dos bens da herança, constituindo-se na intangível legítima que obedece à ordem de vocação hereditária do art. 1.829 da vigente codificação civil.

Gilberto Gomes Bruschi[12] trata do tema e aduz ter o herdeiro necessário direito de garantir a intangibilidade da legítima, podendo recuperar o seu quinhão na herança, ainda que doações ocultas sejam dissimuladas em contratos de constituição e de alteração de sociedade e enfatiza com o clássico exemplo das sociedades constituídas entre pais e filhos, realizadas para beneficiar alguns em detrimento de outros herdeiros.

Sebastião Amorim e Euclides de Oliveira também não se escusam de enfrentar tão instigante tema que possibilita a fraude à legítima "por meio da transmissão disfarçada de bens a certos herdeiros na forma societária. Constitui ato abusivo a constituição de sociedade com atribuição de cotas ou ações em favor de herdeiros sem o efetivo ingresso de capital por parte deles (...) sendo cabível, em tais circunstâncias, desconsiderar a personalidade jurídica da sociedade, para que se reintegre o herdeiro prejudicado na plenitude dos seus direitos legitimários na herança".[13]

Este é o recurso capaz de alterar o regime legal e de ordem pública, aplicável à legítima dos herdeiros necessários,[14] não podendo ser esquecido que na atualidade herdeiro necessário também é o cônjuge que pode ser prejudicado com o abuso societário tanto em sua legítima como em sua meação.

Nada impede, por exemplo, na separação de fato, que o ex-marido promova transferência de quotas sociais para a sua atual companheira, simulando aumentos de capitais registrados em alterações contratuais da sociedade, até o completo esvaziamento de sua participação social na empresa, diluindo com esta singela estratégia os quinhões hereditários dos

---

[12] BRUSCHI, Gilberto Gomes. *Aspectos processuais da desconsideração da personalidade jurídica*, São Paulo: Juarez de Oliveira, 2004, p. 137.
[13] AMORIM, Sebastião & OLIVEIRA, Euclides de. *Inventários e partilhas, Direito das Sucessões, teoria e prática*, 15ª ed. São Paulo: Universitária de Direito, 2003, p. 375.
[14] MADALENO, Rolf. *A disregard na sucessão legítima*, In Direito de Família, aspectos polêmicos, 2ª ed. Porto Alegre: Livraria do Advogado, 1999, p. 131.

filhos do primeiro casamento e a herança da ex-mulher que sucederia no patrimônio particular do esposo, nas hipóteses do inciso I do art. 1.829 do Código Civil.

De igual, não pode ser descartado o caminho inverso, quando o companheiro procura esvaziar a meação de sua parceira, agregando quotas aos filhos da relação anterior, tirando assim, direitos pertinentes à meação da companheira com quem iniciou o empreendimento empresarial, mesmo que ela não figurasse no contrato como sócia.

1.10. A fraude pela interposta pessoa

Mas nem todas as separações contam com o sofisticado uso da máscara societária como bem-elaborado instrumento de fraude à meação conjugal. O uso abusivo da sociedade é comparado ao auxílio fraudatório de uma interposta pessoa, representada neste caso pelo ente jurídico, mas que no Direito de Família também encontra larga prática pela interposição de pessoas físicas de terceiros usualmente arrecadados entre os amigos mais próximos do cônjuge, seus parentes, ou subalternos que bem se prestam para servir como testas-de-ferro, prontos para prestarem solidariedade à fraude e darem ares de legalidade aos atos de disposição, resultantes na diminuição da meação conjugal.

Induvidoso considerar que a incorporação de bens em uma empresa equivale à sua alienação em nome de um terceiro, como uma versão mais *popular* da desconsideração da personalidade jurídica, posta a serviço o cônjuge ou convivente sequioso por frustrar os direitos de seu parceiro, mas, não podendo contar com o véu societário, utiliza-se de terceiro que lhe empresta o nome para contracenar a falcatrua.

1.11. A boa-fé

A fraude através da interposição de um terceiro para merecer a desconsideração judicial da transferência do bem, prescinde da demonstração de inteiro conhecimento do prestanome que contracena na peça montada para lesar direito alheio. Assim, deve ser visto, porque um dos aspectos mais importantes do Direito reside na proteção do terceiro adquirente de boa-fé. O fundamento de proteção ao terceiro adquirente de boa-fé que despendeu reais recursos para a compra de um bem é protegido pelo Direito, buscando evitar que sofra dano decorrente da anulação do seu título de aquisição e em cuja validade confiou.

Como para muitos daqueles que querem com a fraude alterar direito de seu parceiro, fica muito distante e inviável, o sofisticado uso da personalidade jurídica, se lhes apresenta mais acessível contar com um complascente amigo, ou parente ou mesmo uma pessoa qualquer que nada tenha a perder, e que, em troca de alguns trocados, ou por mero favor, se dispõe a contracenar em um negócio fictício engendrado para violar a meação do inocente consorte ou convivente.

Simulações nesta área são freqüentes no âmbito do Direito de Família, com o desejo de prejudicar ao parceiro, seja privando-o dos alimentos a que tem direito, seja privando-o de sua meação na separação judicial. Por vezes, até se misturam estes favores de terceiros próximos com a interposição de um parente que, por exemplo, assume a direção da empresa que outrora pertencia ao esposo, permitindo com esta singela operação defender em juízo uma aparente insolvência que o impede de pagar alimentos por haver deixado de ser um próspero empresário, como de igual retira da partilha as quotas societárias.

Pode acontecer de um pai comprar com o dinheiro do filho, mas em seu nome, a moradia destinada ao próprio descendente, assim que, a pessoa interposta é o elo utilizado para ocultar a personalidade do verdadeiro titular contratante, retirando o imóvel da partilha ou do rol de garantias de débito alimentar.

Mesmo para situações surgidas depois da separação judicial, estes *homens de palha* seguem prestando valioso auxílio na fraude aos direitos dos ex-cônjuges ou ex-conviventes, ou dos filhos destas uniões desfeitas, especialmente no campo dos alimentos que nunca podem ser cobrados por execução sob constrição patrimonial, porque os bens do devedor são comprados em nome de interpostas pessoas. Embora, a olhos vistos, se trate de mero coadjuvante, sem recursos e, portanto, sem origem capaz de justificar o acréscimo patrimonial que, casualmente serve aos interesses do devedor de alimentos, como no caso de uma propriedade imobiliária posta então em locação ou simulado comodato, ou mesmo de um automóvel de uso exclusivo do relapso devedor, registrado em nome do testa-de-ferro.

Com freqüência, surgem situações de ex-cônjuges que experimentam um novo relacionamento, nada comprando em seu nome próprio, embora desfrutem de todo o conforto e comodidade dos bens adquiridos em nome da nova companheira, que está como titular do luxuoso automóvel, dirigido pelo franciscano parceiro, em contraste com o veículo mais modesto e de corrente uso da rica companheira, que figura como proprietária de todos os bens visíveis. Diante de qualquer ameaça ao seu patrimônio por conta dos sagrados créditos de direito familiar e logo se rebelam os terceiros que, com tanta facilidade, emprestam seus nomes, para mais uma vez agirem em aparente e simulada legalidade, agora opondo embargos para consolidar sua abjeta maquinação, em total afronta aos mais caros direitos.

Frisante exemplo de fraude sucede com o crédito alimentar, ou em outra hipótese que em nome de interposta pessoa o devedor de alimentos movimenta sua conta-corrente e suas aplicações financeiras, assim postas a salvo da execução judicial, sempre servindo-se da caridosa e providencial ajuda de um presta-nome que lhe outorga mandato, com amplos poderes, para a livre utilização destes recursos, podendo assinar cheques, promover resgates e transferências em transações acobertadas pelo nome de uma terceira pessoa. Até do cartão de crédito pode dispor como dependente do amigo titular, atuando à luz do dia, com total mobilidade, seguro de que não poderá ser alcançado pelos curtos braços da lei incapazes de superar pelo formalismo legal estes engenhosos atos de simulação.

Caso freqüente de fraude também surge da compra da moradia conjugal por contrato particular, em nome de interposta pessoa, ausentes a escritura e o registro imobiliário que pode ser física ou jurídica, encarregada de reivindicar, em juízo, a posse do imóvel e de lá desalojar a mulher e os filhos que permaneceram na habitação.

Conforme lição de Jorge Mosset Iturraspe,[15] na interposição fictícia, o sujeito que apenas emprestou seu nome não adquire realmente direitos e nem obrigações, porque somente atua para encobrir o verdadeiro contratante, sendo papel do Judiciário desvendar a simulação para eliminar a pessoa interposta e reconhecer o devedor ou meeiro conjugal como o verdadeiro e ostensivo interveniente, destinatário do contrato desconstituído.

Quando terceiros concorrerem como veículo de perpetração da fraude ao direito familiar, buscando retirar os bens que formam a meação, ou a garantia alimentar, uma vez demonstrada a simulação, não é necessário que a parte prejudicada ainda precise promover demorada ação para desfazer a fraude, interpelando a pessoa interposta. Como ocorre na desestimação da personalidade jurídica, deve o decisor declarar episodicamente e no ventre da separação judicial, da ação de partilha, ou até da execução alimentar, a mantença deste bem na meação, ou sua correlata compensação.

A sentença judicial proferida na separação ou nos embargos à execução de alimentos opostos pelo terceiro figurante deflagrando a mera aparência do contrato, irá servir como título hábil para repatriar o domínio ao cônjuge ou convivente privado do bem pelo negócio fictício. Desvendada a fraude, voltam as coisas ao real estado jurídico que estava oculto pela falsa aparência contratada com o conivente auxílio de interposta pessoa, operando-se o restabelecimento da verdade, seja na execução alimentar ou na ação que discute a partilha, sem necessidade de nova escrituração, pois a sentença judicial discorreu o véu que escondia a realidade do contrato clandestino feito apenas para enganar o cônjuge, convivente ou alimentário.

Serve para o terceiro, pessoa física, o que já foi dito para a pessoa jurídica, pois o contrato idealizado para privar o cônjuge ou convivente do

---

[15] ITURRASPE, Jorge Mosset. ob. cit., Tomo I, p. 182.

exercício de seus direitos sobre os bens comunicáveis, ainda que pareça tecnicamente perfeito quanto ao seu fundo e à sua forma, por ter atendido às suas condições de existência e de validade, e obedecido às regras de publicidade, é ineficaz em respeito ao parceiro lesado, porque foi exatamente o meio ilícito usado para ferir os legítimos direitos de partição patrimonial. Diante deste quadro de indisfarçável ilicitude, cabe ao decisor, simplesmente, desconsiderar na fundamentação de sua sentença judicial o ato lesivo cometido através deste terceiro que emprestou o seu nome por favor, ou por contraprestação pecuniária, em decisão promovida no próprio processo de separação judicial ou de dissolução de união estável, isso quando não estiver julgando os embargos opostos pelo prestanome à execução alimentar.

1.12. A fraude no casamento do Código Civil

Os bens comunicáveis de um dos esposos podem sair legitimamente de seu patrimônio mediante a sua regular disposição, muito embora tenham saído, em muitos casos, em virtude de negócio simulado, ou de um negócio verdadeiro realizado com a intenção de prejudicar o consorte. Segundo Carlos Vidal Taquini,[16] fraude no regime matrimonial é toda a manobra de um cônjuge tendente a falsear o resultado da partilha e fraude grassa com certa facilidade no campo do casamento, muito embora tenha melhor trânsito no livre território da união estável, com a venda de bens a terceiros, escondendo de seu parceiro a realização da transação com os bens comunicáveis, omitindo o seu estado civil ou a sua relação de união estável.

Começa que nem sempre irá constar dos registros imobiliários o estado conjugal do titular de bem imóvel, como acontece no regime de comunhão universal quando não foi averbado no Ofício de Imobiliário o posterior casamento. Já no regime da comunhão limitada, a fraude surge quando proposta a separação judicial, ficando para outro momento a partilha dos bens. Contudo, consignam no Registro de Imóveis a separação judicial e omitem a ausência da partilha, permitindo acreditar aos mais incautos que tão-só a separação judicial habilita a alienação unilateral de imóveis.

Inácio de Carvalho Neto[17] aventa a hipótese da venda de imóvel após a separação judicial, sem que tenha sido informada a reconciliação oficial dos cônjuges, sendo procedida a venda dos bens que voltaram a se comunicar.

---

[16] TAQUINI, Carlos H. Vidal. *Régimen de bienes en el matrimonio*, 3ª ed. Buenos Aires: Astrea, 1990, § 304, p. 362.
[17] CARVALHO NETO, Inácio de. *Separação e divórcio, teoria e prática*, Juruá: Curitiba, 1998, p. 271.

1.13. A fraude nos regimes de bens

No novo regime da participação final dos aqüestos, que outorga a livre administração dos bens (arts.1.647, 1.656, 1.673, parágrafo único), tornou-se relativamente fácil a alienação de bens conjugais entre pessoas casadas.

No casamento da separação absoluta de bens, obrigatória ou convencional, prescreve o artigo 1.647 possam os cônjuges alienar os bens imóveis sem a autorização do outro. Deve ser lembrado que no regime obrigatório da separação de bens tem sido aplicada a Súmula 377 do STF, ordenando a partilha dos bens adquiridos onerosamente, na constância do casamento, transmutando o regime legal da separação de bens em regime de comunhão parcial.

Como anota Priscila Correa da Fonseca:[18] "Quando o regime da separação resulta de imposição legal, a jurisprudência já se pacificou acerca da questão, cristalizando-se o entendimento pretoriano na Súmula nº 377 do Supremo Tribunal Federal. Presumem nossos tribunais que, entre os cônjuges casados sob o regime da separação obrigatória, verificou-se uma sociedade de fato, representando os bens, o produto do esforço comum."

Em realidade, tende mesmo sob a égide da nova codificação civil prevalecer a adoção da Súmula 377 do STF, como faz ver Silvio de Salvo Venosa ao argumentar que: "Nova discussão sobre a matéria será aberta, doravante, com o novo Código. Acreditamos, embora seja um mero vaticínio, que mesmo perante o novo Código, será mantida a orientação sumulada, mormente porque, como vimos, o texto final do novo diploma suprimiu a disposição peremptória".[19]

Muito mais quando no Relatório Geral da Comissão Especial do Código Civil, presidida pelo Deputado Ricardo Fiuza, foi mantida a redação do atual artigo 1.641 do CC, permitindo a comunicação dos aqüestos no regime de separação de bens, com a seguinte justificativa: "Em se tratando de regime de separação de bens, os aqüestos provenientes do esforço comum devem se comunicar, em exegese que se afeiçoa à evolução do pensamento jurídico e repudia o enriquecimento sem causa, estando sumulada pelo Supremo Tribunal Federal (Súmula 377)."

Desta forma, convertendo-se o regime da separação legal de bens em regime de comunidade dos aqüestos, fica aberta a brecha legal do art. 1.647 do Código Civil, quando permite o inciso I, que no regime da separação absoluta de bens possam ser alienados os bens imóveis, olvidando-se que o regime obrigatório da separação de bens equivale pela da Súmula 377 do STF ao regime limitado de comunhão dos aqüestos.

---

[18] FONSECA, Priscila M. P. Corrêa da. Regime de bens do casamento, *Casamento, separação e viuvez*, Coord. Carla Leonel, São Paulo: CIP, 1999, p. 55.
[19] VENOSA, Silvio de Salvo. *Direito Civil, Direito de Família*, 3ª ed. São Paulo: Atlas, 2003, p. 177.

Logo, até que o Judiciário declare os bens comunicáveis na separação legal de bens, pela Súmula n° 377 do STF, todos os bens já podem ter sido alienados por permissão do art. 1.647. Também existe a facilidade do art. 978 do CC, quando permite que em qualquer regime de bens, sem a necessidade de outorga conjugal, o cônjuge possa vender os imóveis do patrimônio da empresa.

1.14. A fraude na união estável

Igual temor de fraude pode ser detectado nas relações informais, na comunhão de aqüestos que se instala entre os participantes de uma união estável. Isso porque, na convivência, o casal não altera o seu estado civil, que segue sendo o anterior ao relacionamento e, se o homem é solteiro e possui bem imóvel comunicável, porque adquirido na constância da convivência e registrado apenas em seu nome pessoal, nada impede que possa alienar para terceiro de boa-fé. Em tese, a escritura de venda deveria ser outorgada pelo casal convivente, diz Zeno Veloso,[20] mas nada disso prescreve a lei. O prejuízo acabará sendo arcado pelo meeiro que imprevidente, confiando cegamente no seu comunheiro, deixou que, o bem lhe escapasse da necessária divisão, sendo improvável logre retomá-lo do terceiro de boa-fé, ou o seu valor equivalente em dinheiro.

Álvaro Villaça Azevedo diz haver alertado o legislador quando propôs o acréscimo de um parágrafo único ao art. 1.725 do Código Civil, obrigando aos companheiros que contratassem com terceiros, mencionarem a existência de sua união estável e a titularidade do bem posto em negociação, para deste modo ressalvar a sua boa-fé.[21]

Embora a providência resguarde o terceiro adquirente de boa-fé, sendo medida eficiente na relação dos companheiros com terceiros e destes para com os seus credores, em nada favorece ao convivente ludibriado, que seguiria deparando com o seu parceiro insolvente e sem meios de ser ressarcido diante da integral proteção do terceiro de boa-fé, e da convalidação do negócio jurídico encetado. Falta ao texto codificado, fórmula capaz de amenizar as perdas materiais causadas à meação do convivente pela dolosa fraude cometida por seu parceiro ao vender bem comum, omitindo na escritura a existência da união estável e do condomínio sobre o imóvel vendido. Mesmo que o texto legal mandasse declarar em contrato de venda a indicação da situação de estável convivência, sob pena de perdas e danos e de tipificação de ilícito penal, a ensejar processo criminal, não subsiste qualquer mecanismo preventivo de redução dos riscos, como ocorre no

[20] VELOSO, Zeno. *União estável*, Belém: Cejup, 1997, p. 86.
[21] AZEVEDO, Álvaro Villaça. *Comentários ao Código Civil*, Coord. Antônio Junqueira de Azevedo, vol. 19, 2003, p. 272.

casamento, com a exigência da outorga do cônjuge para a venda de bem imóvel.

Foi o que apontou de imediato Álvaro Villaça de Azevedo ao prescrever que: " o maior perigo está na alienação unilateral de um bem, por um dos companheiros, ilaqueando a boa-fé do terceiro, em prejuízo da cota ideal do outro companheiro, omitindo ou falsamente declarando o seu estado concubinário. Nesse caso, o companheiro faltoso poderá estar, conforme a situação, se o bem for do casal alienando, *a non domino*, a parte pertencente ao outro, inocente".[22]

Portanto, para os conviventes, a legislação nova não trouxe garantias ligadas à exigência de outorga do convivente, muito embora a tentativa legislativa de reduzir os riscos de venda de bem da união estável já existisse desde o Projeto de Lei nº 2.686/96, o chamado Estatuto da União Estável, que buscava regulamentar a união estável em um texto consolidado.[23]

1.15. A outorga do convivente

Francisco Cahali já cuidou do tema pertinente à dispensa de autorização da outorga do convivente para a venda de imóvel.[24] Ao contrário da união estável, onde a legislação é totalmente omissa, na instituição matrimonial, o art. 1.647 do Código Civil condiciona a autorização do outro cônjuge para alienar ou gravar de ônus real os bens imóveis para prestar fiança ou aval e para fazer doação de bens comuns, ou que venham a integrar futura meação. As duas únicas e perigosas exceções respeitam ao casamento realizado no regime legal da separação total de bens, como já visto quando o legislador esqueceu da aplicação da Súmula 377 do STF, e no regime da comunhão final dos aquestos, que é muito propícia para levar o cônjuge à deliberada insolvência.

Assim, resta incontroverso que no âmbito da união estável, em contrapartida ao casamento, há irrestrita liberdade dos conviventes na disposição de seus bens particulares e comuns, bastando que não se trate de imóveis adquiridos em condomínio, pois este é averbado no Registro de Imóveis. Não havendo condomínio, "inexiste qualquer restrição ao proprietário para a alienação ou imposição de ônus real imobiliário, dispensada a anuência e concordância do seu companheiro, independentemente de tratar-se de bem

---

[22] AZEVEDO, Álvaro Villaça, Idem, p. 273-274.

[23] O art. 5º do Projeto de Lei nº 2.686/96 rezava que: "Nos instrumentos que visem a firmar com terceiros, os companheiros deverão mencionar a existência da união estável e a titularidade do bem objeto de negociação. Não o fazendo, ou sendo falsas as declarações, serão preservados os interesses dos terceiros de boa-fé, resolvendo-se os eventuais prejuízos em perdas e danos, entre os companheiros, e aplicadas as sanções penais cabíveis."

[24] CAHALI, Francisco José. *Contrato de convivência na união estável*, São Paulo: Saraiva, 2002, p. 180-181.

exclusivo do titular, ou com participação do outro em decorrência da presunção legal ou contratual".[25]

Realmente, é estranho que não tenha o novo legislador se movimentado na busca de alguma fórmula de proteção do patrimônio da família constituída pela informalidade da união estável. Talvez preocupado em não engessar a circulação dos bens daquele que vive na clandestinidade dos registros públicos, já que a confirmação pública de suas uniões depende da declaração judicial de sua existência. É que no casamento há precedente registro oficial da relação, e na união estável não, nada impedindo a fraudulenta venda dos bens comuns. Curiosa desigualdade, pois a outorga no casamento é condição de validade do negócio jurídico, diz Luís Paulo Cotrim Guimarães,[26] e na união estável não existe igual cautela, deslocando-se a discussão para a área da indenização por perdas e danos, capaz de gerar com a sua procedência o ressarcimento em dinheiro, ou a compensação com outro bem, só sendo cogitada da anulação da venda se restar demonstrada a má-fé do terceiro comprador, que com malícia, atuou como testa-de-ferro do convivente vendedor.

No casamento, o negócio sequer se consolida sem o consentimento do cônjuge, enquanto na união estável a mera omissão de convivência do vendedor, sendo o fato desconhecido do comprador, convalida a venda em detrimento do parceiro ludibriado pela ligeireza de seu convivente em se desfazer do imóvel. Calha ter presente a lição pontual de Luís Cotrim Guimarães, quando observa ser a outorga conjugal uma formal solenidade, essencial à validade do negócio jurídico, sem ser essencial à validade da alienação imobiliária feita por convivente.[27]

A ausência de outorga no casamento, não suprida pelo juiz, quando imotivada a recusa do outro cônjuge, torna anulável o ato, cuja demanda de anulação prescreve, se não intentada em até dois anos depois de terminada a sociedade conjugal.

A união estável confere aos conviventes apenas um direito pessoal ao patrimônio amealhado na constância da união estável, enquanto no casamento este direito é real. Toda a dificuldade de controle de dilapidação dos bens comuns na união estável reside no fato de não existir registro público do condomínio dos conviventes, desaparecendo deste modo, qualquer espécie de restrição para a livre venda pelo outro parceiro. Tarefa do legislador está em criar um mecanismo semelhante ao do casamento, capaz de inibir a dolosa fraude da venda de bens da massa patrimonial da união estável, já tendo sugerido Álvaro Villaça de Azevedo que constasse do

---
[25] Idem, p. 182.
[26] GUIMARÃES, Luís Paulo Cotrim. *Negócio jurídico sem outorga do cônjuge ou convivente*, São Paulo: RT, 2002, p. 37.
[27] Idem, ob. cit., p. 38.

contrato de venda a obrigatória afirmação de inexistência de relação estável ou que o imóvel vendido é bem apresto, e, portanto, incomunicável. Qualquer destas soluções apenas reforçaria a intenção dolosa do vendedor, viabilizando somente a anulação da venda, uma vez constando do contrato a indicação da união estável e a incidência de condomínio sobre o imóvel vendido. Seria tarefa de o convivente prejudicado provar que o terceiro era pessoa meramente interposta, agindo em conluio com o vendedor, a quem não cometia desconhecer a união estável, pois caso em contrário, a venda será havida como juridicamente correta, pois não há exigência de prévio consentimento de venda do parceiro na união estável.

Questiona-se acerca de validade dos contratos de convivência servirem como instrumento de averbação no ofício imobiliário, advindo entendimento de que a união estável confere a seus participantes um direito pessoal ao patrimônio adquirido durante a convivência, não existindo registro público do condomínio, salvo que averbem o contrato de convivência, pois do contrário inexistirá qualquer restrição para que um deles promova a alienação de bem imóvel.

Por conta disto, arremata Luís Paulo Cotrim Guimarães,[28] que por falta de previsão legal não é possível pretender invalidar negócio jurídico de venda de imóvel por convivente que se ressente de colher o assentimento de seu parceiro estável.

Contudo nos dias atuais, e bem diferentes do que representava no passado, são geralmente as ações e as quotas sociais de empresas conjugais ou da união estável os bens mais valiosos da sociedade afetiva de cônjuges e conviventes, merecendo ser ampliado o pleito de exigência da outorga conjugal e do convivente, para, deste modo, inibir a fácil redução maliciosa da meação do parceiro. Certamente o perigo maior ocorre justamente na livre disposição de valores financeiros e de participações societárias, quando sabidamente a riqueza mais circula pelos bens ainda livres e dispensados da outorga, especialmente as empresas que podem comprar em seu nome os imóveis que servem aos interesses particulares dos cônjuges e conviventes e, pior ainda, como já denunciado, podem os empresários vender livremente os imóveis da empresa, sem necessidade alguma do consentimento de seu cônjuge ou parceiro, como visto pelo art. 978 do CC.

1.16. A indenização pela inoponibilidade

Como no casamento, também na união estável deveria ser exigido o assentimento do convivente para a alienação de bem imóvel. A doutrina identifica na união estável, e com inteira razão, um verdadeiro conflito entre

---

[28] GUIMARÃES, Luís Paulo Cotrim. Ob. cit., p. 101.

o direito do terceiro adquirente de boa-fé e o do companheiro co-proprietário que não figura no título de propriedade, Marilene Silveira Guimarães[29] defende a anulabilidade dos atos praticados sem a outorga na união estável, forte no art. 178 do CC e em equiparação ao matrimônio.

Por vezes, nem sempre a anulação surge como a melhor solução para resolver a alienação que se ressentiu do assentimento do cônjuge ou do convivente. Enquanto o ato de disposição efetuado pelo cônjuge administrador é válido e eficaz entre as partes contratantes, é ineficaz para o cônjuge que deixou de prestar o seu consentimento. Se for considerado anulável, valerá enquanto sentença não desfizer o ato, parecendo mais prático apenas considerar inoponível a alienação em relação ao meeiro, colocando o terceiro a salvo da ameaça de anulação da venda, mas permitindo que a porção do cônjuge prejudicado fique resguardada pela compensação com outros bens, sem ser necessário reintegrar à massa o imóvel alienado. A inoponibilidade só existe em relação ao cônjuge ou convivente que deveria prestar o seu assentimento com a vantagem adicional de ser deduzida no juízo da partilha, sem precisar promover morosa ação de anulação que nem sempre resultará favorável quando presente a boa-fé do terceiro adquirente. Em realidade, o bem vendido retorna ficticiamente à massa partilhável, como se a disposição não tivesse acontecido e, entre o cônjuge vendedor e o terceiro comprador, o ato de alienação produz todos os seus efeitos, como se não existisse a inoponobilidade, apenas desestimando o negócio fraudulento sem perder tempo com a sua anulação. O negócio é válido mas inoponível ao consorte olvidado na transação, facultando ao cônjuge prejudicado, a possibilidade de acusar a fraude e de ser compensado com valores equivalentes ou com outros bens, sem precisar acionar pela anulação do negócio. O arbítrio protetor desta fórmula é impedir o prejuízo com a compensação declarada no corpo da ação de partilha, sempre que houver bens para ressarcirem o prejuízo.

1.17. Uma solução argentina

O artigo 1.294 do Código Civil argentino permite que um dos cônjuges peça a judicial separação dos bens quando a má administração do outro acarreta perigo de perder sua meação sobre os bens comunicáveis, ou quando ocorrer o abandono fático da convivência. É cautela conferida ao cônjuge que não quer correr qualquer risco de assistir incrédulo e inerme à eventual dilapidação de sua meação. Por má administração entenda-se a gestão ineficiente dos bens, causada por falta de aptidão ou pela negligência

---
[29] GUIMARÃES, Marilene Silveira. *Novo Código Civil, questões controvertidas*, Coord. Mário Luiz Delgado e Jones Figueirêdo Alves, "A necessidade de outorga para a alienação de bens imóveis", São Paulo: Método, 2004. p. 298.

do administrador, com atitudes dispendiosas, isto quando não estiver simplesmente determinado a prejudicar seu cônjuge, emprenhado em uma administração voltada apenas para arruinar ou destituir a esposa de sua meação, enriquecendo o marido de modo ilícito e desleal. A causa está destinada a proteger o futuro direito de o cônjuge poder partilhar integralmente os seus bens comunicáveis com a posterior separação judicial. Maria Josefa Méndez Costa[30] diz que este recurso legal está amparado no interesse comunitário, de que cada cônjuge realize uma administração isenta de negócios prejudiciais para a economia familiar.

A medida judicial de prévia separação dos bens comuns focaliza a potencialidade do dano, que pode ser causado pelo cônjuge administrador, mesmo que não existam indicações ainda da má administração, pois, o que importa ao fim e ao cabo, diante da evidente e irreversível separação do casal, é apenas tentar evitar o dano.

O art. 1.297 do Código Civil argentino reputa ser simulado e fraudulento qualquer arrendamento realizado pelo marido depois do ingresso pela mulher da ação de separação judicial de bens, sem contar com o seu consentimento, ou com a supressão judicial. E na seqüência, o art. 1.298 inquina de fraudento qualquer contrato do marido, anterior à demanda de separação de bens, buscando restringir atos fraudulentos em prejuízo do outro cônjuge ou convivente que levem à redução da sua meação e à diminuição das rendas devidas à esposa. Desse modo, existindo outros bens que compensem a desleal redução, não é preciso levar às últimas conseqüências da revocatória do negócio realizado em fraude à meação, bastando a sua compensação com os bens remanescentes, até o montante do prejuízo causado.

1.17.1. Outra solução argentina

Por sua vez, o segundo artigo da Lei nº 13.944, de 1950, trata, na Argentina, do "incumprimento dos deveres de assistência familiar" e reprime com pena de um a seis anos de prisão quem elidir obrigação alimentícia, destruindo maliciosamente, inutilizando, danificando, ocultando ou fazendo desaparecer bens de seu patrimônio, ou ainda quem, fraudulentamente, diminui o valor de seus bens e assim frustra, em todo ou em parte, o cumprimento do dever alimentar. Teve este dispositivo, a pretensão de tipificar o delito de insolvência alimentar fraudulenta, sob o fundamento de brindar uma proteção mais ampla à família. A materialidade do delito consiste em frustrar o cumprimento das obrigações alimentares por aquelas pessoas que se colocam em situação de insolvência e frustram, no todo ou em parte, os créditos alimentícios.

---

[30] COSTA, Maria Josefa Méndez. *Código Civil comentado*, Buenos Aires: Rubinzal-Culzoni, 2004, p. 240.

Conforme preciosa lição de José Alberto Romero,[31] a comprovação das condutas que levam o devedor de alimentos à insolvência é admitida através de indícios e de presunções que adquirem no contexto um valor de convencimento muito grande quando observados por fatos como: a falta de capacidade econômica de quem figura como adquirente; a ausência de demonstração sobre a origem do dinheiro; a ausência de interesse na realização do ato, como a de um empregado do comércio que compra instrumento de um consultório médico; a existência de uma estreita vinculação entre as partes (parentes próximos, amigos íntimos ou relação de convivência ou concubinato); a ausência dos efeitos próprios do ato celebrado, como o fato de os bens não terem saído da posse de vendedor, e este segue atuando como se dono fosse; o caráter gratuito da negociação; a circunstância do tempo em que se realizou a operação (como por exemplo, ante a iminência de uma medida cautelar ou do processo de separação judicial).

A importância do precedente argentino remonta exatamente na viabilidade de a fraude ser apurada através dos indícios e das presunções.

1.18. A fraude pela formação de dívidas

Todas as dívidas contraídas depois da separação de fato são apenas de quem as contraiu, que por elas responde com os seus próprios bens. Apenas as dívidas comuns são exigíveis aos cônjuges contratantes do respectivo débito, desde que demonstrado terem sido contraídas em benefício da família. Entenda-se por gastos familiares todos aqueles custos que ingressam na esfera de responsabilidade dos cônjuges para dar suporte econômico à célula familiar, como alimentação, educação e os custos ordinários na manutenção da habitação conjugal. Embora tenham sido contraídas apenas por um dos cônjuges, em nome próprio, são consideradas dívidas comuns porque destinadas a atender ao regime conjugal.

Em tempos precedentes à Carta Federal de 1988, que estabeleceu a igualdade conjugal, era dever precípuo do marido a função de prover a manutenção da família, como atributo inerente à chefia da sociedade conjugal. Naquela superada modelagem social, aos olhos da sociedade, o marido, como chefe da sociedade conjugal, era visto como a pessoa a quem competia o dever de prover a família, detendo o poder de vincular os cônjuges por dívidas contraídas no interesse da célula familiar.

Conforme José Lamartine Corrêa de Oliveira e Francisco José Ferreira Muniz,[32] o marido comanda a vida econômica da família, tocando-lhe a direção do orçamento da família, administrando os bens comuns e particu-

---

[31] ROMERO, José Alberto. *Delitos contra la familia*, Córdoba: Editorial Mediterránea, 2001, p. 77.
[32] OLIVEIRA, José Lamartine Corrêa de. & MUNIZ, Francisco José Ferreira. *Direito de Família*, Porto Alegre: Fabris, 1990, p. 313.

lares, carregando uma autorização presumida para onerar o patrimônio do casamento quando se tratar de despesas para a aquisição de coisas destinadas à gestão do lar.

Foi a Lei n° 4.121, de 27 de agosto de 1962, que limitou a versão codificada de 1916, que dava ao marido carta branca para administrar os bens conjugais, e passou a reconhecer como comunicáveis somente as dívidas contraídas em benefício da família e destinadas às necessidades da economia doméstica.

Conforme Silvio Rodrigues, a Lei n° 4.121, de 1962, alterou o panorama da comunicação das dívidas conjugais, não comprometendo a meação da mulher, a constituição de dívidas do marido para com terceiros, por títulos que não contivessem a assinatura de sua esposa, apenas respondendo a meação do marido pelo resgate de tais débitos. E acrescenta que "não raro acontecia de o cônjuge varão, devido a maus negócios, reiterados e sucessivos, ia aumentando seu débito sem conhecimento da esposa. Num dado momento era esta surpreendida com uma série de execuções contra o patrimônio comum e via, de uma hora para outra, todos os bens do casal serem, pelos credores, penhorados e praceados. A família era conduzida de uma situação de relativo fastígio para a total miséria, em decorrência do comportamento desastrado do marido com a total ignorância da esposa".[33]

Mas isso quando as dívidas realmente haviam sido contraídas pelo marido e, sem nenhuma habilidade na administração, que numa sucessão de equívocos na prática dos negócios, acabou comprometendo o ativo conjugal. Também não raro acontecia de o marido forjar dívidas com diversas pessoas por ele interpostas, na falsa formação de débitos, geralmente encenados pela criação de contratos ou confissões de dívidas ou pela emissão de cheques e de notas promissórias sem qualquer real correspondência de débito, tão-só geradas para permitir a cobrança e, se necessário, o praceamento judicial, reduzindo ficticiamente o ativo conjugal, que depois da separação judicial retornava para as mãos do marido.

Foi o 3° artigo da Lei n° 4.121, de 1962, que amparou especialmente a mulher, tendo em mira a sua proteção ao ser usualmente visada na fraude conjugal. Ao não firmar títulos de dívida, pode defender a sua meação, salvo se demonstrado que as dívidas beneficiaram a família. E embora seja comum observar ameaças do cônjuge em estágio de separação, de existirem impagáveis dívidas conjugais, capazes de aniquilarem o ativo do patrimônio matrimonial, pífio efeito terá o argumento se não restar demonstrado que a dívida resultou de inequívoco benefício à família conjugal, soterrando definitivamente o expediente conjugal de o marido simular dívidas,

---

[33] RODRIGUES, Silvio. *Direito Civil, Direito de Família*, São Paulo: Saraiva, vol. 6, 2003, p. 164-165.

forjando títulos de créditos para aniquilar a meação de seu parceiro conjugal.

1.19. A prova da fraude e da simulação

É bastante controvertida a matéria pertinente à prova na fraude e na simulação, particularmente no âmbito do Direito de Família, com posições doutrinárias em todas as direções. Há versões dizendo ser ônus probatório de quem denuncia a fraude; outras dizendo deva ser invertida a carga probatória em se tratando de pessoa hipossuficiente.

Modernamente, parece imperar como regra de processo, incumbir ao juiz analisar o conjunto probatório em sua globalidade, sem perquirir a quem competiria o *onus probandi*,[34] isso porque os direitos indisponíveis do Direito de Família fortalecem os poderes instrutórios do juiz no comando da prova, conforme disposição do art. 130 do CPC. Acresce Sandra Santos que "no diploma processual civil brasileiro, as ações relativas a direito indisponível merecem tratamento diferente, principalmente, no que concerne ao campo probatório, pois que ao lado da iniciativa das partes tem-se a iniciativa oficial, realizada pelo magistrado com amplos poderes de investigação da prova, ou atendendo a requerimento do Ministério Público, quando *custos legis*, com apoio no art. 83, II, do CPC".[35]

A fraude e a simulação são institutos semelhantes, pois objetivam causar um dano a uma terceira pessoa. Conforme Yussef Said Cahali:[36] "tanto a simulação, como a fraude contra credores, podem ser provadas por indícios e circunstâncias". No campo do direito probatório, indícios e presunções também são meios eficazes de prova, indícios são sinais, que, isoladamente, são insuficientes para demonstrar a verdade de um fato alegado, enquanto as presunções comuns constituem raciocínios que, no terreno da fraude e da simulação, podem ser derrubados pela contraprova. No entanto, é a soma de indícios que leva à presunção. Sentencia Sergio Carlos Covello[37] que: "o indício, é o ponto de partida, enquanto a presunção é o ponto de chegada".

Escreve Héctor Eduardo Leguisámon[38] que: "em matéria de simulação, o exame da prova deve ser realizado em conjunto, especialmente quando invocada por terceiros que necessariamente hão de recorrer às

---

[34] Como decidiu o STJ no REsp. 11.468-0-RS, Rel. Min. Sálvio de Figueiredo, DJ de 11.05.1992.

[35] SANTOS, Sandra Aparecida Sá dos. *A inversão do ônus da prova como garantia constitucional do devido processo legal*, São Paulo: RT, 2002, p. 93.

[36] CAHALI, Yussef Said. *Fraude contra credores*, São Paulo: RT, 1989, p. 52.

[37] COVELLO, Sergio Carlos. *A presunção em matéria civil*, São Paulo: Saraiva, 1983, p. 119.

[38] LEGUISÁMON, Héctor E. . *Las presunciones judiciales y los indicios*, Buenos Aires: Depalma, 1991, p. 104.

presunções, as quais, por sua gravidade, precisão e concordância, podem contribuir a demonstra-las".

Vige a consagrada fórmula de cometer a prova ao que alega os fatos constitutivos de seu direito, princípio que nem sempre é absoluto em matéria de fraude ou de simulação, pois embora os meios empregados confiram límpida aparência ao negócio simulado, oculta em seu âmago um querer completamente diverso.

No Direito Societário, as perdas sofridas no histórico de uma sociedade comercial precisam estar suficientemente demonstradas, em regular escrituração, afirma Ricardo Negrão,[39] porquanto, o desaparecimento de bens do patrimônio da sociedade, quando não estiver justificado por sua escorreita escrita contábil, torna evidente a fraude, especialmente quando os desvios de bens, as transferências de quotas, a transformação de seu tipo social e a constituição de novas empresas guarda curiosa coincidência temporal com o término da relação afetiva.

A utilização da desconsideração inversa ocorre no Direito de Família, de regra, em momento anterior à separação judicial, pois o marido empresário trata de ir marginalizando o patrimônio que, em tese, deveria integrar o processo de partilha dos bens comuns e comunicáveis. É neste momento que deve funcionar o poder discricionário do juiz na apreciação das provas que enfrenta no processo, pelo dever inerente que tem de buscar a verdade. No caso de lesão a direito de cônjuge ou companheiro também pelo uso abusivo da chancela societária, deve o juiz formar a sua convicção em conformidade com a sua livre consciência, acatando, para tanto, todos os meios admissíveis de prova, sem limitações, incluindo os indícios e as presunções.

Ao comentar os meios de prova na fraude e especialmente na simulação, Jorge Mosset Iturraspe[40] assevera comportarem uma atividade escorada na presunção, pois que, a quase totalidade dos indícios surge de documentos, informes, livros de comércio, inspeção ocular, perícias, confissão judicial, testemunhas, etc., que, examinados, não obstante sua aparente legalidade, inferem de seu contexto a simulação.

Isso porque o simulador precisa criar com excepcional empenho um negócio fictício justamente engendrado para mascarar o seu ganho material. Assim, se quer dar ares de seriedade e de veracidade ao seu ato, cuidará para que na escritura de aparente compra e venda, por exemplo, não conste um preço vil, embora este cuidado agregue maiores despesas com escritura e custo maior no imposto de transmissão *inter vivos*; tal qual tratará de dar

---

[39] NEGRÃO, Ricardo. *Manual de Direito Comercial e de Empresa*, 3ª ed. São Paulo: Saraiva, 203, p. 261.
[40] ITURRASPE, Jorge Mosset. Ob. cit., tomo I, p. 311.

suporte e realidade financeira à transação, promovendo a emissão e depósito do cheque emitido para o pagamento da venda encenada. Pois se não agir com tais cuidados, os indícios que farão presumir a simulação irão surgir exatamente do baixo preço; da falta de recursos do pseudocomprador, que geralmente será um parente ou amigo próximo; da falta de comprovação da saída do dinheiro da conta do comprador e ingresso na conta do vendedor e se for argumentado que o preço teria sido todo pago em dinheiro trata-se de fato totalmente inusual, dito apenas para afastar qualquer averiguação da verdade.

Igual indicação de simulação da transação irá decorrer da desnecessidade desta venda, pois o vendedor não se encontra em dificuldades econômicas e nem endividado, não obstante isto, o ato resta agravado com a súbita alienação de todo o patrimônio da pessoa, ou pelo menos dos bens de maior valor, por preços de ocasião e sem que exista qualquer razão justificadora.

De uso corrente é a simulação por cônjuges ou conviventes que se desfazem com a desculpa de precisarem arrecadar dinheiro, justamente dos bens que lhes dão subsistência, como as quotas da empresa de que são sócios, ou do automóvel que usam para trabalhar como representante comercial, dos imóveis que rendem aluguéis e assim por diante, figurando na outra ponta compradores que, se bem investigados, sequer dispõem de meios para as aquisições.

Jorge Mosset Iturraspe[41] observa constituírem presunções graves, precisas e concordantes da simulação numa compra e venda a operação feita com parentes próximos, como tem igual eloqüência se no lugar do parente figura um notório amigo. Também quando há evidência de fraude se faz ausente a tradição do bem alienado, fato bastante comum, em que o vendedor segue na posse do imóvel ou do veículo e até na direção da empresa, com a desculpa de que detém o bem em caráter temporário, senão por conta de um apressado contrato de locação, então por mútuo ou comodato, num completo desinteresse do comprador em tomar a posse do bem comprado.

Igualmente, causam eloqüentes suspeitas os negócios firmados entre pessoas que mantêm vínculos de afeto, ou os seus parentes, como no exemplo de uma casa comprada pela companheira, enquanto o parceiro figura no mundo da ficção com um contrato de locação, do imóvel pertencente a um parente de sua parceira, embora, curiosamente, resida com a parceira na mesma residência.

A vida regressa das partes contratantes também favorece bastante na apreciação da simulação, quando se trata de indivíduos de vida desonesta, e suas claudicantes finanças também comprometem a lisura da negociação, pois ninguém irá vender em longas prestações para adquirentes insolventes,

---
[41] ITURRASPE, Jorge Mosset. Ob. cit., tomo I, p. 322.

podendo ser realizada pesquisa que desvende o movimento bancário do comprador, pois seus extratos terão que demonstrar uma razoável saúde financeira, em patamares que respaldem a solvência e estratificação social compatível com a coisa adquirida.

Ocorrendo a transação em vésperas de separação ou de divórcio, também deitam sérias suspeitas sobre o negócio, já sendo dito comum o ânimo fraudatório nas relações afetivas de cônjuges ou conviventes em via de dissolução de sua união. Torna-se de singular importância atentar para a circunstância de que estas lesivas práticas ordenadas para frustrar a justa partilha não começam às vésperas do processo separatório ou quando do ingresso de qualquer ação cautelar precedente. O ruinoso processo de diminuir deliberadamente o patrimônio conjugal tem um largo período precedente de incubação, onde, de regra, o marido, entre outras práticas de fértil fraude, se vale de interpostas pessoas e do uso abusivo da empresa para falsear o resultado final da partilha.[42]

Ainda no campo dos indícios e presunções, causa igual estranheza quando as escrituras são formalizadas em tabelionatos de outras cidades, ou se constituem de contratos sem firmas reconhecidas, às vezes em sentido contrário, surgem contratos previamente elaborados, que, soterrados, aguardam a espera do dia em que devam vir à superfície para produzirem os seus ruinosos efeitos.

Por conta disso tudo, o direito processual deve agir com presteza e efetividade, desconsiderando na própria ação de conhecimento a caminho da separação judicial ou da dissolução litigiosa da união estável qualquer barreira oposta com os selos da fraude e da simulação.

---

[42] MADALENO, Rolf. "O princípio da revocatória falencial na partilha dos bens conjugais", In *Novas perspectivas no Direito deFamília*, Livraria do Advogado, 2000, p. 145.

— 2 —

O direito adquirido e o regime de bens

2.1. Princípios gerais

Segundo tradição da codificação civil brasileira vigente e com ordenação expressa no artigo 1.565 do Código Civil sancionado pela Lei nº 10.406, de 10 de janeiro de 2002 (artigos 233 e 240 do CC de 1916), com o casamento, homem e mulher assumem mutuamente a condição de consortes, companheiros e, assim, responsáveis pelos encargos da família. Responsabilidade solidária, que não fica limitada ao matrimônio, mas que se estende à união estável, legítima variação constitucional de formação familiar e destinatária da proteção jurídica das suas relações patrimoniais.

Trata-se a sociedade conjugal de uma comunidade de pessoas, podendo estar inclusos filhos, que precisa atender à sua cotidiana necessidade de subsistência e suprir os seus gastos com as suas rendas e com os seus bens.

O sustento da família fica a cargo da entidade conjugal ou da comunidade afetiva estável, que deve satisfazer suas requisições econômicas com os rendimentos de seus componentes, na proporção do esforço de cada um, ou podem criar um patrimônio acomodado ao uso e às necessidades de sustento da composição familiar. Essa organização conjugal econômica está firmada, basicamente, em dois conceitos: o de separação e o de comunidade de bens, neste último existindo duas variantes que incluem ou excluem bens com origem anterior ao casamento. A sociedade conjugal constitui uma unidade jurídica que se faz titular do domínio dos bens que compõem o seu patrimônio, assim compreendida a massa dos bens conjugais ou da união estável, que não se confunde com os bens particulares e individuais dos sócios conjugais ou dos conviventes.

O regime de bens contém normas sobre a propriedade do acervo trazido para o casamento ou para a união estável, informando quem são os proprietários dos bens adquiridos, sua administração e gozo, sua disposição e como se finaliza o regime e o destino do patrimônio, tudo com vistas às relações conjugais ou de convivência fática, passando pelos cuidados e interesses dos filhos, quando existentes, da família e dos terceiros que contratam com o casal ou individualmente com um dos seus integrantes.

2.2. Classificação dos regimes de bens

O Código Civil regula quatro diferentes regimes matrimoniais, que basicamente se dividem em três tipos fundamentais: a) regime de separação, onde cada componente da sociedade afetiva conserva a propriedade dos bens que possuía ao se casar, e daqueles que adquire durante o matrimônio, ficando responsável por sua administração e respondendo isoladamente pelas dívidas por ele contraídas, nada se comunicando com o outro par, seja em relação aos bens pessoais que cada um já possuía antes do casamento e assim também sucedendo em relação aos que são adquiridos na constância do relacionamento, permanecendo a titularidade em nome daquele cônjuge que promoveu a sua aquisição; b) regime de comunidade universal, onde todos os bens se tornam comuns e se dividem por igual, sem considerar a sua origem, se adquiridos antes ou durante o casamento, passando a pertencerem por metade a cada um dos cônjuges. Até o advento da Lei do Divórcio, em 26 de dezembro de 1977, a comunhão universal de bens era o regime legal do casamento, na ausência de pacto antenupcial e, segundo Guillermo A. Borda,[1] era o sistema que melhor respondia ao conceito de "união de corpos e almas" que vinculava os cônjuges por toda a sua existência terrena, só atingindo a dissolução do matrimônio com a morte, até a aprovação da lei divorcista no Brasil; c) por fim, o regime misto de comunidade dos bens entre os cônjuges ou conviventes, de participação apenas dos aqüestos adquiridos na constância do casamento, quando se verificam três distintas massas de bens: os do marido, os da esposa e os comuns adquiridos durante o relacionamento conjugal. Entrementes, nos regimes de comunidade total ou mista, a lei faz expressas ressalvas acerca da mancomunhão de alguns bens ou direitos.

2.3. O pacto antenupcial

Podem os nubentes, antes de celebrado o casamento, estipular o regime que lhes aprouver, embora existam casos em que a lei vigente (incisos I, II e III do art. 1.641),[2] como de igual existiam no Código Civil de 1916

---

[1] BORDA, Guillermo A. *Manual de Derecho de Família*, 10ª ed. Buenos Aires: Editorial Perrot, 1988, p. 133.
[2] Como pode ser visto no Projeto de Lei nº 6.960/02, sugere a alteração do inciso II do art. 1.641, aumentando de 60 para 70 anos a idade da qual passa a ser obrigatório o casamento pelo regime legal da total separação de bens. Na justificativa que faz à mudança deste inciso II, o projeto defende a elevação da idade a partir da qual passa a ser obrigatório o regime da separação de bens, em face da elevação da expectativa de vida da população brasileira. Curioso é constatar que esse impedimento pela idade não existe na união estável.

(parágrafo único, incisos I, II, III e IV do art. 258), impunha a adoção do regime obrigatório da separação de bens.[3] Não havendo convenção antenupcial, ou sendo ela nula ou ineficaz, vigorará entre os cônjuges o regime da comunhão parcial (art. 1.640 do Código Civil).

Pontes de Miranda classifica o pacto antenupcial como "uma figura que fica entre o contrato de direito das obrigações, isto é, o contrato de sociedade, e o casamento mesmo, como irradiador de efeitos. Não se assimila, porém, a qualquer deles" (....) "São atos jurídicos complexos, em verdade de direito de família e em parte de direito das obrigações".[4]

Para Débora Gozzo, o pacto antenupcial "é um negócio jurídico de direito de família",[5] isto porque, como observa João Andrades Carvalho, "não se trata de uma liberdade sem limites, ou de um desmesurado direito de agir. Há um espaço legal que não pode ser invadido nem desrespeitado pelos nubentes".[6]

Não há maiores novidades no art. 1.640, que autoriza aos nubentes, durante o seu processo de habilitação, ausente qualquer um dos impedimentos elencados no artigo 1.641, a estipularem por escritura pública de contrato antenupcial a livre escolha de qualquer um dos regimes de bens regulados pelo Código Civil, podendo, se preferirem, produzir uma mescla dos diferentes regimes matrimoniais, ou criar uma outra modalidade, desde que sob qualquer forma contravenham contra disposição absoluta de lei (art. 1.655).

Com efeito, é no pacto antenupcial que o Direito de Família permite exercer livremente a autonomia de vontade, podendo os nubentes contratar acerca do regime que melhor entendam deva dispor sobre as relações patrimoniais de seu casamento, o que se constitui em uma verdadeira exceção à regra da indisponibilidade dos direitos de família, cujos preceitos são compostos de normas cogentes e, "portanto, insuscetíveis de serem derrogadas pela convenção entre particulares".[7]

---

[3] Este artigo 258, parágrafo único, incisos I a IV do Código Civil de 1916 vinha sendo abrandado pela Súmula nº 377 do STF, que, na prática, eliminava o regime obrigatório da separação de bens, subsistindo apenas o regime convencional da separação de bens. Nessa direção pode ser consultado o Recurso Especial nº 208.640/RS, do STJ, da 3ª Turma, j. 15/02/2001, Relator o Ministro Carlos Alberto Menezes Direito: "Casamento. Separação obrigatória. Súmula nº 377 do Supremo Tribunal Federal. Precedentes da Corte. 1. Não violenta regra jurídica federal o julgado que admite a comunhão dos aqüestos, mesmo em regime de separação obrigatória, na linha de precedentes desta Turma. 2. Recurso especial não conhecido". Por outro lado, a jurisprudência também vinha abrandando o rigor deste dispositivo. Nesse sentido, a Apelação Cível nº 007.512-4/2-00, da 2ª Câmara de Direito Privado do TJSP, j.18/08/1998, sendo Relator o então Des. Cezar Peluso, publicado na *Revista Brasileira de Direito de Família do IBDFAM*, v. 1, Porto Alegre: Síntese, 1999, p. 98 *et seq.*
[4] MIRANDA, Pontes de. *Tratado de Direito Privado*, vol. 8, Rio de Janeiro: Borsoi, 1955, p. 229.
[5] GOZZO, Débora. *Pacto antenupcial*, São Paulo: Saraiva, 1992, p. 34.
[6] CARVALHO, João Andrades. *Regime de bens*, Rio de Janeiro: Aide, 1996, p. 31.
[7] RODRIGUES, Silvio. *Direito Civil, Direito de Família*, São Paulo: Saraiva, 27 a e., 2002, p. 12.

Entretanto, não é absoluta a autonomia de vontade do contrato antenupcial e não apenas em decorrência da nulidade da convenção ou de qualquer de suas cláusulas que contravenham disposição absoluta de lei (art.1.655), mas também porque o pacto não perde o seu caráter institucional, já que as partes contratantes não podem modificá-lo sem a intervenção judicial, em pedido devidamente justificado (art.1.639, § 2º do CC) e tampouco dissolvê-lo sem a dissolução da sociedade conjugal.

Assim que o artigo 1.655 do Código Civil reescreve a disposição contida no artigo 257 do Código Civil de 1916, declarando nula convenção ou cláusula firmada no pacto antenupcial que contravenha disposição absoluta da lei e que possa, portanto, prejudicar não somente os direitos conjugais ou paternos, mas qualquer direito ou dever (previstos em capítulos próprios) deles para com a sua prole, como seria a hipótese de cláusula que privasse a mãe do poder familiar.

Dissertando sobre a autonomia de vontade no pacto antenupcial, Francisco Cláudio de Almeida Santos[8] observa ser reduzida a esfera da vontade humana e controlada a autonomia dos nubentes na convenção matrimonial, pois podem formulá-la mesclando os regimes existentes e até criando um novo regime, que é possível, mas que seguramente não pode atentar "contra a ordem pública, os bons costumes, a função social tanto da propriedade como dos contratos e a boa-fé e outros princípios do direito de família," tanto que o Código Civil proíbe no art. 1.655 qualquer cláusula contrária à expressa disposição absoluta de lei.

Assim seriam ineficazes quaisquer cláusulas ou contratos matrimoniais que admitissem a infidelidade conjugal, que dispensasse os principais deveres conjugais como a mútua assistência, o sustento, a guarda e a educação dos filhos, o respeito e a mútua consideração, também previstos no art. 1.566 do Código Civil,[9] como seriam de nenhuma eficácia ajustes pactícios que proibissem a mulher de assumir a direção do casal quando o marido estivesse em local afastado do domicílio nupcial, ou que alterasse a ordem de vocação hereditária[10] e o direito sucessório concorrente do cônjuge sobrevivente (art.1.829, incisos I e II do CC).

Pondera, contudo, com escólio na lição de Sylmara Juny Chinelato, a viabilidade de ajuste excepcional acerca da coabitação, entendendo, e com

---

[8] SANTOS, Francisco Cláudio de Almeida. O pacto antenupcial e a autonomia de vontade, *In Família e jurisdição*, Belo Horizonte: Del Rey, Coord. BASTOS, Eliene Ferreira e SOUSA, Asiel Henrique de, 2006, p. 206.

[9] Idem, ob. e p. cit.

[10] Comentando o inciso I do artigo 257 do CC de 1916, GOZZO, Débora, *Pacto antenupcial*, São Paulo: Saraiva, 1992, p. 98, ensina que: "Há de se ter em mente que o inciso I do artigo 257 não é taxativo mas meramente exemplificativo. Não são só as cláusulas relativas aos direitos conjugais ou paternos que, se infringidas, serão nulas".

acerto, existirem certas profissões e situações que obrigam os cônjuges a residirem em cidades distintas ou até em domicílios diferenciados.[11]

Contudo, será nulo o contrato pactício se não for formalizado por escritura pública, como prescreve o art. 1.653, e ineficaz se não lhe seguir o casamento. Sem disposição similar, o atual Código Civil ajustou a linguagem jurídica e tornou ineficaz o pacto não seguido do correspondente casamento, já que nulo ele não é, como estabelecia o artigo 256, inciso II, do Código Civil de 1916, porque formalmente válido, embora sem eficácia jurídica, por ausente a celebração das núpcias. Assim, o pacto antenupcial segue como no Código Civil de 1916, condicionado à realização do casamento, como isto deixa claro o art. 1.653 do Código Civil de 2002.

Sem regramento paralelo, o artigo 1.654 vincula a eficácia do pacto antenupcial realizado por menor, à aprovação de seu representante legal, salvante as hipóteses de regime obrigatório de separação de bens. Pelo sistema do Código Civil de 1916, mulheres menores de 16 anos e homens menores de 18 anos (art. 183, inc. XII) só podiam casar com o expresso consentimento de seus pais,[12] sendo-lhes imposto o regime obrigatório da separação de bens, mas transformado em comunhão parcial por influxo da Súmula 377 do STF.

Por sinal, exemplo mais emblemático da injustiça na imposição do regime obrigatório da separação de bens decorre dos três incisos do art. 1.641, por retirarem a livre autonomia de vontade daqueles que contraírem casamento com inobservância das causas suspensivas do art. 1.523; da pessoa maior de sessenta anos; e de todos os que dependerem, para casar, de suprimento judicial.

A idade núbil acontece aos dezesseis anos de idade, sendo exigida a autorização de ambos os pais, ou de seus representantes legais (art. 1.517 do CC), enquanto o suprimento judicial é necessário quando os noivos ainda não alcançaram esta idade matrimonial mínima de dezesseis anos, mas pretendem casar para evitar imposição ou cumprimento de pena criminal ou em caso de gravidez (art.1.520 do CC), e buscam autorização judicial para o matrimônio.

Ora, nesta idade inferior aos mínimos dezesseis anos de idade, os nubentes, de regra, não possuem patrimônio algum e muito antes, só irão adquirir bens no correr de suas núpcias, e seguramente, com o esforço comum, contudo, deparam com esta inexplicável proibição de elegerem livremente o seu regime matrimonial, notadamente se para casar precisaram de autorização judicial evidentemente consentida. Se o juiz consentiu o mais importante, que foi o casamento, abjeta a inútil imposição de um regime

---

[11] GOZZO, Débora, Ob. cit., p. 98.
[12] Ver artigos 185 a 188 e 213 a 216 do Código Civil de 1916.

compulsório de separação de bens para impedir recaia sobre aquele cônjuge que não teve o seu nome associado às aquisições um injusto empobrecimento, porque os bens pertencerão apenas ao consorte que os registrou em seu nome pessoal.

Em verdade, o legislador nada evita, senão a justiça da comunhão de um regime de efetiva sociedade e de mútua contribuição, que justamente permitiu a onerosa aquisição de bens aqüestos e justamente por isto deveriam pertencer à sociedade nupcial.

Basta observar que pelo atual sistema de alteração justificada do regime de bens, mediante autorização judicial (§ 2º do art.1.639 do CC), este mesmo casal que precisou casar por suprimento judicial, inquestionavelmente, pode retornar ao juízo de família ao atingir a maioridade civil dos dezoito anos, ou pela emancipação pelo próprio matrimônio (art. 5º , II do CC), e requerer a mudança do regime obrigatório de separação de bens, com o ponderável argumento de que pretendem partilhar o resultado econômico de seu casamento.

O enunciado nº 377 do STF já havia afastado do sistema legal brasileiro o regime coercitivo da completa separação de bens, cujo único efeito era o de desamparar o consorte que não teve a fortuna de amealhar em seu nome as riquezas materiais da sociedade conjugal, não obstante tivesse prestado efetiva contribuição na formação moral e espiritual, e no crescimento econômico-financeiro de seu parceiro.

Infelizmente, o atual Código Civil parece ter tido o incompreensível desejo de sepultar a conquista disposta no verbete da Súmula nº 377 do Supremo Tribunal Federal, que determina a comunicação dos aqüestos no regime coercitivo da separação de bens, evitando, com isto, o enriquecimento sem causa, de que trata o Código Civil em seus artigos 884 e 885.

No entanto, diante da redação apresentada pelo artigo 1.641, ao permitir renascesse das cinzas o regime obrigatório da total separação de bens, parece ser novamente tarefa dos julgadores e jurisconsultos reescreverem a grandiosa trajetória da Súmula nº 377 do STF.[13]

Por seu turno, considerando o primado constitucional da igualdade dos cônjuges e tendo em linha de pensamento que a maioridade civil pelo atual

---

[13] Na ótica de Silvio Rodrigues (Direito Civil. *In: Direito de família*, 6 ed. São Paulo:Saraiva, 2002, p. 190), para o Código Civil de 2002 não subsiste a orientação consagrada pela Súmula 377, devendo ser partilhados os bens aqüestos na dissolução do casamento, tão-somente se restar demonstrada a conjunção de esforços para a sua aquisição. Muito embora o esforço comum seja presumido dentro do casamento e mesmo na união estável, merecendo reprodução a Apelação Cível nº 157.130, do Tribunal de Justiça de São Paulo, publicado na *RT* 203/272: "CASAMENTO: Regime de bens. Separação legal. Comunicação dos aqüestos. No regime de separação legal de bens comunicam-se os adquiridos na constância do casamento, independentemente da prova, ou mesmo, da existência do trabalho comum dos cônjuges, decorrendo essa comunhão como consectário do próprio casamento, instituição ou contrato *sui generis*, capaz de gerar as mais relevantes conseqüências, notadamente o condomínio dos bens havidos na sua constância".

Código se dá aos 18 anos de idade, menores a partir dos 16 anos, de qualquer sexo, podem contrair casamento e firmar pacto antenupcial com eficácia apenas condicionada à validade do seu matrimônio, ou seja, têm o livre arbítrio na escolha pactícia de seu regime conjugal de bens e se os pais divergem entre si, no tocante à autorização para as núpcias, qualquer um deles pode buscar o suprimento judicial para casar.

Também sem nenhum dispositivo paralelo, o artigo 1.656 do Código Civil, permite convencionar a livre disposição dos bens imóveis particulares, quando os nubentes optarem pelo contrato antenupcial do regime de participação final nos aqüestos, fato que se constitui em uma derradeira porta aberta para a fraude na partilha conjugal no âmbito do regime da participação final nos aqüestos.

Por fim, o artigo 1.637 do Código Civil regulamenta a necessária publicidade do contrato antenupcial perante terceiros, como já estabelecia o artigo 261 do Código Civil de 1916, ao ordenar a sua inscrição no Cartório de Registro de Imóveis do domicílio dos cônjuges.

Recorda Débora Gozo[14] que a Lei nº 6.015, de 31 de dezembro de 1973 (Lei dos Registros Públicos), no seu artigo 167, inciso I, nº 12, disciplina a matéria, que também vai complementada pela Lei nº 4.276, de 13 de julho de 1965, prevendo o seu artigo 37, inciso III, nº 1, o arquivamento do pacto antenupcial na Junta Comercial competente quando os nubentes forem comerciantes, o que atualmente é ordenado pelo artigo 979 do vigente Código Civil[15] quando o cônjuge for empresário.

2.4. A alteração do regime de bens

Dentre as modificações surgidas na seara patrimonial do Direito de Família, ao cuidar do pacto antenupcial e do regime de bens pertinentes ao casamento e à união estável, a mais significativa delas diz respeito à possibilidade de ser alterado o regime de bens no curso da relação conjugal, como prescreve o artigo 1.639, § 2º, do Código Civil, em pedido motivado de ambos os cônjuges, apurada a procedência das razões invocadas e ressalvados os direitos de terceiros.

Causa razoável preocupação esse polêmico dispositivo ao abrir uma perigosa brecha no campo da incansável fraude da partilha de bens conjugais ou da união estável. Não é por menos que os tribunais se encontram sobrecarregados de demandas judiciais tentando dar solução nem sempre

---
[14] GOZZO, Débora. Ob. cit., p. 113.
[15] "Art. 979 do CC – Além de no Registro Civil, serão arquivados e averbados, no Registro Público de Empresas Mercantis, os pactos e declarações antenupciais do empresário, o título de doação, herança, ou legado, de bens clausulados de incomunicabilidade ou inalienabilidade".

pacífica aos engenhosos artifícios que possibilitam a sutil e por vezes escancarada fraude à meação conjugal.

Talvez exemplo mais frisante de livre trânsito à fraude da meação conjugal e mesmo na união estável surge da fácil utilização que existia do rígido conceito da separação do patrimônio dos sócios em confronto com o impenetrável véu societário, tal como estava disposto no artigo 20 do Código Civil de 1916 e assim, autorizando o cônjuge empresário ao uso abusivo da fraude conjugal. Aplicada a fraude pelo uso abusivo da sociedade empresarial, ficava o meeiro prejudicado sem acesso aos bens havidos por comuns, e sendo hipossuficiente, não teria recursos, tampouco fôlego ou disposição pessoal para se empreender na complicada empreitada de ir acionado e em cadeia sucessória decorrente de rápidas transformações sociais, cada um dos sócios e arrostando poderosas empresas em ações sem perspectiva alguma de sucesso e de uma rápida e procedente conclusão.

Justamente para contornar essa espécie de fraude tão comum e muito conhecida no âmbito do direito empresarial, trabalhista e tributário e com previsão legal voltada à ampla defesa do consumidor, sem deixar de citar sua projeção legal no Direito Ambiental, foi desenvolvido o instituto da desconsideração episódica da personalidade jurídica, consagrado pelo artigo 50 do Código Civil, sempre que detectada alguma fraude, simulação ou abuso de direito com o mau uso societário, deixando os sócios ou a sociedade de honrar seus contratos e compromissos e, especialmente, os princípios e as funções delegadas pelo Poder Público para o funcionamento ético e legal da sociedade empresarial.

A imutabilidade do regime de bens prescrita pelo Código Civil (art. 230 do CC de 1916) sempre teve em mira as eventuais influências e solicitações das pessoas tomadas pela paixão, a cujos temores observou Caio Mário da Silva Pereira,[16] que, se fosse possível mudar o regime de bens na constância do casamento, isto poderia conduzir um dos consortes a alterar o regime econômico do matrimônio, com grave risco para os próprios créditos e provável prejuízo para os terceiros. Eventuais credores que tinham na meação de uma comunhão universal, ou mesmo na partilha apenas dos aqüestos (no regime da comunhão parcial), a expectativa de recebimento do seu crédito, poderiam ver frustrada a quitação de seus haveres pela maliciosa migração dos cônjuges para o regime da completa separação de bens.

Silvio Salvo Venosa[17] enfatiza ter sido erigido o princípio da imutabilidade do regime de bens como garantia aos próprios cônjuges e para resguardo ao direito de terceiros. Ressalva apenas que a irrevogabilidade

---

[16] PEREIRA,Caio Mário da Silva. *Instituições de Direito Civil*, v. 5, 7ª ed. Rio de Janeiro: Forense, 1991, p. 116.
[17] VENOSA, Silvio de Salvo. *Direito Civil, Direito de Família*, v. 5, São Paulo: Atlas, 2001, p. 150.

do regime tendia, em regra, a proteger a mulher casada, pois noutra esfera cultural brasileira ela era tida como dotada de menor experiência no trato das riquezas econômicas do casamento, de regra administradas pelo marido.

Por certo, convencido pela argumentação jurídica defendida principalmente por Orlando Gomes,[18] com o advento do Código Civil, o legislador brasileiro abandonou o princípio da imutabilidade do regime de bens. Já em 1984 questionava o saudoso jurista baiano as razões que ainda justificavam manter a imutabilidade do regime patrimonial, quando a própria lei punha à escolha dos nubentes diversos regimes matrimoniais e não os impedia de mesclarem disposições próprias de cada um dos regimes. Aconselhava apenas fossem adotadas as devidas cautelas, subordinando a mudança do regime à autorização judicial, por requerimento de ambos os cônjuges, os quais deveriam justificar a pretensão e verificando o juiz a plausibilidade do deferimento, cuidando para terceiros não serem prejudicados, havendo ampla publicidade da sentença, a ser transcrita no registro próprio.

No Direito francês, a mudança incidental do regime patrimonial do casamento está escorada num pedido de convenção modificativa firmado por ambos os cônjuges, submetido à homologação judicial, com ampla publicidade em procedimento de jurisdição voluntária.[19]

Para Débora Gozzo,[20] a maioria dos nubentes sente-se constrangida para discutir questões de cunho patrimonial antes do casamento, entendendo possa essa natural inibição levar a escolhas erradas quanto ao regime, além de instalar um clima mais propício para casamentos por interesse. Seria certo então deduzir que, com o passar do tempo, quanto mais sedimentado o relacionamento conjugal, quanto maior a intimidade dos cônjuges, quanto mais fortalecidos os seus vínculos familiares e as suas certezas afetivas, mais autorizada estaria a modificação de seu regime patrimonial no curso do casamento, facilitando a correção dos rumos escolhidos por nubentes jovens e ainda inexperientes.[21]

Considerando a igualdade dos cônjuges e dos sexos, consagrada pela Carta Política de 1988, soaria sobremaneira herege aduzir que em plena era de globalização, com absoluta identidade de capacidade e de compreensão dos casais, ainda pudesse um dos consortes, apenas por seu gênero sexual, ser considerado mais frágil, mais ingênuo e com menor tirocínio mental do que o seu parceiro conjugal. Por esse prisma, desacolhe a moderna doutrina a defesa intransigente da imutabilidade do regime de bens, pois homem e mulher devem gozar da livre autonomia de vontade para decidir acerca da

---
[18] GOMES, Orlando. *O novo Direito de Família*, Porto Alegre: Fabris, 1984, p. 19-20.
[19] CORNU, Gérard. *Les régimes matrimoniaux*, Paris: PUF, 1974, p. 234.
[20] GOZZO, Débora. *Pacto antenupcial*, São Paulo: Saraiva, 1992, p. 126.
[21] Idem, p. 127.

mudança incidental do regime patrimonial de bens, sem que o legislador possa seguir presumindo possa um deles abusar da fraqueza do outro.

Todas as cautelas advertidas por Orlando Gomes foram consideradas no § 2º do artigo 1.639, ao exigir autorização judicial por requerimento conjunto, uma vez apurada a procedência das razões invocadas e ressalvados os direitos de terceiros.

Débora Gozzo defende a necessidade de eventuais mudanças do pacto antenupcial serem feitas por escritura pública e averbadas no Cartório de Registro de Imóveis no qual o pacto foi inscrito.[22] Não lhe foge a razão, principalmente quando enfocada a sua doutrina sob a égide do ainda vigente Código Civil de 1916. A alteração do regime matrimonial será sempre judicial, pouco importando a existência de precedente pacto, e a sentença deverá ser averbada no Cartório de Registro de Imóveis, logicamente dispensando a escritura pública, que fica substituída pela sentença judicial.

Rendendo-se o atual legislador à tendência mundial da mutabilidade do regime conjugal, tal dispositivo ainda está longe de pacificar as mais variadas correntes de opiniões. Os mais céticos afirmam que ficam abertas as portas do abuso à inevitável fraqueza do cônjuge ainda tomado pela cegueira da paixão. Se por um lado os casais poderão alterar o seu regime matrimonial, animados pelo estreitamento de suas relações, por outro, a falsa ilusão dessa mesma afinidade também poderá servir como porta de acesso à fraude e ao engodo da credulidade conjugal.

Casamentos celebrados no regime convencionado de completa separação de bens poderão ser alterados para a comunhão universal, convencido o consorte enuviado pela paixão das supostas e aparentes vantagens do casal em alterar judicialmente o seu regime de bens. Uma vez mudado o regime, surge de chofre a separação judicial unilateral e o crédito de uma meação primitivamente inexistente.

Não que os cônjuges estivessem a salvo da fraude ou do engodo com o vigente sistema da imutabilidade do regime matrimonial. Por sinal, doutrina e jurisprudência nunca proibiram a partilha desigual dos bens conjugais, ao permitirem em cotidiana prática que um consorte doasse ao outro toda sua meação ou significativa parcela de sua metade conjugal, apenas precisando ser pago o imposto de reposição. Esse mesmo princípio da imutabilidade já havia sido abrandado com a edição da Súmula nº 377 do Supremo Tribunal Federal,[23] que transforma o regime legal ou obrigatório da separação de bens (parágrafo único do art. 258 do Código Civil de 1916 e art. 1.641 do Código Civil de 2002) em regime de comunicação dos bens adquiridos na constância do casamento.

---

[22] GOZZO, Débora. Op. cit., p. 117.
[23] Súmula nº 377 do STF: "No regime de separação legal de bens, comunicam-se os adquiridos na constância do casamento."

Diante da subsistência da Súmula nº 377 do STF, para muitos, implicitamente revogada, conclusão lógica é que só subsistiria o regime convencional da separação absoluta de bens, eleito por pacto antenupcial e firmado por noivos que, efetivamente, pudessem escolher livremente o regime patrimonial, porque não elencados nos incisos I, II, III e IV do artigo 1.641 do Código Civil de 2002.

Afirma Débora Gozzo[24] que o princípio da imutabilidade do regime de bens foi atenuado, em sua aparente rigidez, pelo artigo 45 da Lei n. 6.515/77 (Lei do Divórcio), enquanto Zeno Veloso[25] recorda algumas decisões do Supremo Tribunal Federal permitindo contratar no pacto antenupcial a mudança do regime de bens, quando adotada inicialmente no pacto a separação de bens, mas condicionada a sua alteração incidental para a comunhão universal no caso de nascer um filho dos cônjuges.

Autorizada a mudança judicial do primitivo regime de bens, outra porta de fácil acesso à fraude de direito de terceiro pode surgir da geração de prole extraconjugal, pois uma vez noticiada informalmente a gravidez oriunda de relação adulterina, pode o consorte adúltero acertar com o seu cônjuge a mudança do regime nupcial dos bens, livrando-se de todo o trajeto até então seguido, de promover o seu divórcio, nele repassando todos os bens conjugais para a divorcianda e depois recasando com a ex-mulher pelo mesmo regime de bens, ou por outra eleição matrimonial entre eles repactuada, depois que já desaparecido o risco de o filho extraconjugal herdar bens da sua antiga meação.

Pelo Código Civil, essa *via crucis* desaparece, bastando alterar em pleno curso das núpcias o regime de comunicação patrimonial vigente para o da separação total de bens, e fica esvaziada a meação do pai adulterino, cujos bens terminam integralmente vertidos para a esposa. Com a morte dela, serão chamados à sua sucessão os seus herdeiros necessários, prejudicada a legítima do filho extraconjugal.

Essas e tantas outras possibilidades que só o tempo irá deflagrar cuidarão de demonstrar se o legislador acertou ao revogar o princípio da imutabilidade do regime de bens, ou se seguirá prevalecendo o nítido sentimento de que às vésperas da ruptura não anunciada, mesmo nos dias de hoje, um cônjuge ainda consegue abusar da boa-fé do outro ou dos interesses econômicos de terceiros.

De qualquer sorte, a lei relativa à estável convivência já vinha permitindo a mudança do regime de bens mesmo na constância da estável união. Contudo, a mudança judicial do regime de bens não comporta a via unila-

---
[24] GOZZO, Débora. Op. cit., p. 121.
[25] VELOSO, Zeno. Regime de bens, *In Direito de Família contemporâneo*, Belo Horizonte: Del Rey, Coord. PEREIRA, Rodrigo da Cunha, 1997, p. 97.

teral, compulsória, alcançada em processo litigioso que tenta vencer a resistência do cônjuge demandado, eis que o § 2º do artigo 1.639 do Código Civil exige pedido formulado por ambos os cônjuges, apurada a procedência das razões invocadas e ressalvados os direitos de terceiros.

Para evitar todos estes temores, seria muito mais adequado que a lei vetasse qualquer alteração do regime de bens que importasse em uma restrição ou renúncia de direitos, como a substituição de um regime de comunhão parcial ou universal de bens, para vertê-la em completa e retroativa separação de bens que já eram comuns ao casal, cuja possibilidade é amplamente admitida pela jurisprudência para as relações de união estável.

2.5. A retroatividade restritiva do contrato de convivência

Tormentosa discussão ocorre, diante da possibilidade reconhecida por boa parte da doutrina e da jurisprudência que admitem o pacto de separação convencional de bens firmado pelo casal às vésperas do seu casamento e estendendo a incomunicabilidade de seu patrimônio para o período em que mantiveram precedente união estável.

Cuida-se da retroatividade das disposições estabelecidas no pacto antenupcial quando convertida a precedente união estável em casamento ou mesmo na hipótese de simplesmente firmarem contrato de convivência, convencionando efeitos pretéritos para selar, com o regime da incomunicabilidade, também as aquisições procedidas desde o começo da união.

Francisco José Cahali[26] apresenta sólidos argumentos para conferir retroatividade ao contrato de convivência e assim fazer incidir os resultados da convenção sobre a situação já consumada, sendo perfeitamente viável aos conviventes estipularem em contrato de convivência ou em pacto antenupcial, que o patrimônio passado e futuro é considerado eminentemente particular e de propriedade exclusiva do seu respectivo titular, afastando da partilha qualquer bem apresto ou aqüesto. Significa outorgar aos conviventes ou futuros nubentes a liberdade plena de reconhecerem que viveram em união estável e que a sua relação passada e seus onerosos aqüestos poderão ser ressalvados pela eleição, em contrato, de um regime de separação de bens que está apagando as comunicações passadas.

Para Francisco Cahali,[27] impedir aos companheiros, com livre disposição sobre seus bens preexistentes ou futuros, de estipularem suas relações patrimoniais seria projetar restrições à capacidade civil e ao exercício da propriedade, tangenciando até a inconstitucionalidade, diante dos arts. 5º XXII, XXIII, e 170, III, da Constituição Federal de 1988.

---

[26] CAHALI, Francisco José. *Contrato de convivência na união estável*, São Paulo: Saraiva, 2002, p. 82.
[27] Idem, ob e p. cit.

Na mesma linha de argumentação escreve Simone Orodeschi Ivanov dos Santos[28] que o contrato de convivência se caracteriza pela possibilidade de retroação de suas disposições, considerando não existir qualquer vedação legal neste sentido, e que o ordenamento civil confere aos contratantes liberdade de dispor sobre o seu patrimônio.

São também as conclusões de Antônio Carlos Mathias Coltro, ao aduzir sobre a inexistência de qualquer empecilho na elaboração intercorrente de contrato de convivência, "a que seus efeitos atinjam os atos anteriormente a ele concretizados".[29]

É a festejada autonomia de vontade com tratamento diferenciado na união estável, particularmente diante da redação do art. 1.725 do Código Civil,[30] ao ordenar a aplicação na união estável da comunicação dos bens adquiridos de forma onerosa, afastando da mancomunhão os bens havidos a título gratuito ou por fato eventual. E esta presunção, que em princípio só se faz absoluta sobre os aqüestos adquiridos de modo oneroso, pode ser relativizada por contrato escrito, tanto para o futuro quanto para o passado, em fração diversa da metade ou em regime de separação de bens.

Essa tem sido a orientação do Tribunal de Justiça do Estado do Rio Grande do Sul, como ocorreu na Apelação Cível nº 70009019530,[31] ao aceitar a celebração de matrimônio pelo regime da separação convencional de bens, e assim alterou a comunhão de bens de um período de união estável

---

[28] SANTOS, Simone Orodeschi Ivanov dos. *União estável, regime patrimonial e direito intertemporal*, São Paulo: Atlas, 2005, p. 126.

[29] COLTRO, Antônio Carlos Mathias. Referências sobre o contrato de união estável. *Questões controvertidas no Direito das Obrigações e dos Contratos*, Coord. DELGADO, Mário Luiz e ALVES, Jones Figueiredo, v. 4. São Paulo: Método, 2005, p. 426.

[30] Art. 1.725. Na união estável, salvo contrato escrito entre os companheiros, aplica-se às relações patrimoniais, no que couber, o regime da comunhão parcial de bens.

[31] "Apelação Cível. Agravo Retido. Decisão que concede prazo para o advogado firmar a contestação. Possibilidade. Por analogia ao art. 284 do diploma processual civil, é de ser facultado à parte ré o suprimento de eventuais defeitos ou irregularidades, como a ausência de assinatura do patrono da peça de defesa. PEDIDO DE DECLARAÇÃO DE UNIÃO ESTÁVEL VEICULADO EM CONTESTAÇÃO – RECONHECIMENTO PELO AUTOR. Possível o reconhecimento da união estável, ainda que o pedido tenha sido formulado em contestação, quando o próprio autor reconhece a existência da relação, o que leva ao esvaziamento de eventual alegação de cerceamento do direito de defesa. No entanto, tendo o casal celebrado matrimônio pelo regime da separação convencional de bens, sucedendo a um período de união estável anterior, o pacto antenupcial faz as vezes do contrato escrito, antes previsto no art. 5º da Lei nº 9.278/96 e agora contemplado no art. 1.725 do Código Civil. Portanto, os bens adquiridos durante o período de união estável não se comunicam. SEPARAÇÃO LITIGIOSA. CULPA. DISCUSSÃO. Já se encontra sedimentado nesta Câmara o entendimento de que a caracterização da culpa na separação mostra-se descabida, porquanto o seu reconhecimento não implica nenhuma seqüela de ordem prática. ALIMENTOS. CÔNJUGE. Indemonstrada a necessidade alimentar do cônjuge jovem, saudável e apta para o trabalho, é de serem indeferidos os alimentos. REGULAMENTAÇÃO DE VISITAS. Tendo a mulher participado da criação do infante, que, estando sob a guarda exclusiva do varão, conviveu com o casal na qualidade de filho, revela-se impositiva a fixação das visitas. Apelo do varão desprovido à unanimidade, e apelo da virago provido em parte, por maioria, vencida, em parte, a relatora". (Apelação Cível nº 70009019530, da 7ª Câmara Cível do TJRS, Rel. Desa. Maria Berenice Dias, j. em 25/08/2004).

anterior, tendo o pacto antenupcial feito as vezes do contrato escrito e retirado a comunicação dos bens adquiridos durante a precedente relação estável.

Essa conclusão encontra sustentação no art. 5° da Lei n° 9.278, de 10 de maio de 1996, ao permitir que os conviventes afastem por contrato escrito a presunção de condomínio dos bens móveis e imóveis adquiridos a título oneroso, por um ou por ambos, na constância da união estável, em conformidade com o art. 1.725 do Código Civil.

Neste norte, tem realmente sido fértil a jurisprudência gaúcha, ao referir que a Lei n° 9.278/96, ao admitir a presunção de comunicação dos bens adquiridos onerosamente durante a união estável, também aceitasse que esta comunicação fosse afastada pela confecção de um contrato escrito regulando em sentido contrário.[32]

Contudo, o temário não tem sido assim tão pacífico em outras fontes de doutrina e até da legislação, como no Projeto de Lei n° 2.686/96, conhecido como "Estatuto do Concubinato", que previa no parágrafo único

---

[32] Esta foi a decisão tomada pela 7ª Câmara Cível do TJRS, na Apelação Cível n° 70007651292, datada de 30 de junho de 2004 e relatada pelo Des. Luiz Felipe Brasil Santos, com a seguinte ementa: "APELAÇÃO CÍVEL. DECLARATÓRIA DE UNIÃO ESTÁVEL. PARTILHA. PACTO DE SEPARAÇÃO TOTAL DE BENS. A existência da união estável, bem como seu período, é questão não controvertida pelas partes. O conflito diz apenas com a partilha dos bens adquiridos na vigência da relação e que estão em nome da mulher. Ocorre que, depois de vários anos de convivência em união estável, os companheiros decidiram celebrar casamento e firmaram pacto antenupcial no qual ajustaram a separação total tanto dos bens que cada um já possuía como dos que viessem a adquirir na constância do matrimônio. Essa cláusula alcançou também os bens adquiridos durante o período de união estável do casal, tendo em vista que firmaram o ajuste quando já era vigorante a Lei n° 9.278/96, que permitia, mediante contrato escrito entre os companheiros, afastar a comunicação dos bens adquiridos durante o convívio. Há que esclarecer a aparente contradição deste posicionamento com aquele que, há cinco anos passados, foi esposado quando do julgamento da Apelação Cível 599393766, (acórdão reproduzido nas fls. 450/464), o qual, inclusive, foi invocado como paradigma pela parte aqui autora. Não obstante a aparente semelhança das hipóteses, trata-se, em verdade, de situações fáticas – e, conseqüentemente, jurídicas – diversas. Naquele precedente, tratava-se de casamento realizado no ano de 1986. Logo, o período anterior de relacionamento regia-se pelos princípios aplicáveis à sociedade de fato (Súmula n° 380/STF), pois apenas com a Constituição Federal de 1988 é que se veio a introduzir em nosso meio o conceito de união estável como entidade familiar. E foi somente a Lei n° 9.278/96 que – admitindo a presunção de que os bens adquiridos durante o período de duração da união fossem comuns -, passou a aceitar que essa comunicação fosse afastada pela confecção de um contrato escrito em sentido contrário, hipótese antes inexistente. Ora, no caso em exame, o casamento veio a ser realizado em 24 de maio de 1997, quando já em vigor esse diploma legal. Por isso, viável aos companheiros a pactuação relativa aos bens adquiridos durante a união estável, afastando sua comunicação, o que poderia ser feito a qualquer momento, inclusive no pacto antenupcial precedente ao casamento. Deram provimento ao segundo apelo e julgaram prejudicado o primeiro. Unânime".
Na mesma linha de pensamento, a Apelação Cível n° 70009937582, também da 7ª Câmara Cível do TJRS, relatada pelo Des. Sérgio Fernando de Vasconcellos Chaves, em julgamento datado de 10/11/2004 e assim ementado: "DIVÓRCIO DIRETO. RECONVENÇÃO. PEDIDO DE RECONHECIMENTO DE UNIÃO ESTÁVEL EM PERÍODO ANTERIOR. INOCORRÊNCIA. 1. Embora viável o pedido de reconhecimento de união estável em período anterior ao casamento, não se reconhece tal característica ao relacionamento entretido quando não comprovada a estabilidade da relação nem a intenção de constituição de uma família. 2. Quando existe união estável antes do casamento, não se cogita de partilha quando o casal estabelece, em pacto antenupcial, a incomunicabilidade de todos os bens havidos antes e durante o casamento. Recurso desprovido".

do art. 4º que "as disposições contidas na escritura só se aplicarão para o futuro, regendo-se os negócios jurídicos anteriormente realizados pelos companheiros segundo o disposto nesta Lei, sem prejuízo da liberdade das partes dividirem os bens, de comum acordo, no momento da dissolução da entidade familiar".[33]

Por conta dessa dissensão e dos seus reflexos econômicos, jurídicos e sociais, merece reflexão mais detida a eficácia retroativa das disposições patrimoniais entre os conviventes que casam, pois não é por menos que a legislação brasileira exige a adoção de escritura pública para o pacto antenupcial e também não é sem motivo que o art. 1.639, em seu § 2º, só admite a alteração do regime de bens mediante autorização judicial em pedido motivado por ambos os cônjuges, apurada a procedência das razões invocadas e ressalvados os direitos de terceiros.[34]

A mutabilidade do regime de bens exige redobrada cautela do intérprete da lei, que tem a tarefa de julgar a viabilidade da mudança intercorrente do regime matrimonial dos cônjuges, porque sua alteração pode abrir as portas do abuso à inevitável fraqueza do cônjuge ainda tomado pela cegueira da paixão,[35] salientando Teresa Arruda Alvim Wambier[36] que, na conversão da união estável em casamento, celebrado com pacto antenupcial de separação de bens, existe justamente o risco de um dos nubentes impor o pacto de separação ao outro, exatamente para locupletar-se dos bens adquiridos pelo esforço comum de ambos, na constância da pretérita união fática.

José Francisco Cahali admite que a estipulação com efeito pretérito não é de todo ilimitada e realça que o contrato de convivência previsto no art. 5º da Lei nº 9.278/96 não corresponde a uma opção por determinado regime de bens, e que a sua finalidade é apenas a de definir os efeitos patrimoniais decorrentes da união, especialmente em razão da presunção de condomínio, e arremata: " Não sendo um *pacto antenupcial*, inexistindo

---

[33] CAHALI, Francisco José. Ob. cit., p. 81.

[34] "Retificação de regime de bens. Casamento. Regime de comunhão parcial. Alteração. Regime de separação. Dívidas do marido. Exclusão de bens da mulher. Inviabilidade. Prejuízo a credores. Sentença mantida. Apelação improvida. A regra inovadora do § 2º do art. 1.639 do atual Código Civil, que permite a modificação do regime de bens do casamento, não pode ser usada para prejudicar terceiros. Assim, se o objetivo visado com o pedido é proteger bens de um dos cônjuges com a redução da garantia de credores, mostra-se inviável a pretensão". (Apelação Cível nº 141161-6, da 1ª Câmara Cível do TJPR, Rel. Des. Troiano Netto, j. em 14/10/2003). Acórdão extraído da obra de CAHALI, Francisco José. *Família e Sucessões no Código Civil de 2002*, São Paulo:RT,v. 1, p. 117.

[35] MADALENO, Rolf. O regime de bens, *In Direito de Família e o novo Código Civil*, 4ª ed. Coord. DIAS, Maria Berenice e PEREIRA, Rodrigo da Cunha, Belo Horizonte: Del Rey, 2004, p. 170.

[36] WAMBIER, Teresa Arruda Alvim. União estável, seguida de casamento com separação de bens e patrimônio adquirido durante a convivência, *In O Direito de Família após a Constituição Federal de 1988*, Org. COLTRO, Antônio Carlos Mathias, São Paulo: Celso Bastos, 2000, p. 120.

previsão legal sobre regime de bens, inadequado dar retroatividade ao contrato sobre bens particulares preexistentes ao início da relação".[37]

Curioso impasse, pois desejando os conviventes que já mantêm uma precedente união estável contratar a incomunicabilidade dos bens já adquiridos durante a sua relação, poderão firmar o contrato de convivência previsto no art.1.725 do vigente Código Civil. Embora também possam desejar reverter a sua união livre em casamento e se fizerem a opção de pactuar um regime convencional de separação de bens, poderão em tese, atribuir efeito retroativo ao regime escolhido.

Afigura-se visivelmente injusta a aplicação jurisprudencial de dois pesos e duas medidas para a mesma situação fática. Acontece que, se um homem e uma mulher, vivendo em união estável, resolverem celebrar um contrato de separação de bens, esta avença não poderia incidir sobre os bens que já se tornaram comuns pelo relacionamento passado, só podendo refletir sobre o patrimônio futuro, mas nunca atingindo o acervo preexistente, fruto do esforço comum já empreendido, especialmente se segue hígida a união, pouco importando sejam conviventes ou cônjuges porque converteram a sua união em casamento.

A conversão da união estável em matrimônio é a mostra inquestionável de que a sua relação segue sólida e imperturbável, só reforçando a noção de comunhão de bens e de interesses, tanto que continuam a levar juntos a vida.[38]

Portanto, se a relação não sofreu qualquer solução de continuidade e seguem os conviventes inabaláveis em sua convivência afetiva, a única conclusão é no sentido de serem intocáveis os direitos já adquiridos, não podendo ser modificados, pois devem os agora cônjuges liquidar a vida patrimonial pregressa, promovendo a partilha dos bens amealhados durante o primeiro período da união, sob pena de restar escancarada a porta da burla e do enriquecimento indevido.

Basta observar que o súbito contrato de convivência regulando o passado patrimonial dos conviventes que seguem juntos, não permite a opção do regime da comunhão universal de bens, salvo que formalizem escritura de doação, para bens imóveis, pois é impossível transferir e acrescentar patrimônio de um parceiro para o outro através de mero contrato de convivência, embora possam adotar o regime da comunhão universal por pacto antenupcial, firmado às vésperas da conversão da união estável em casamento.

Portanto, se os cônjuges e conviventes, em princípio, podem estabelecer quantas disposições tenham por convenientes na administração e ges-

---

[37] CAHALI, Francisco José. Ob. cit., p. 82.
[38] WAMBIER, Teresa Arruda Alvim. Ob. cit., p. 121.

tão de seus bens, esta liberdade de contratar deve ficar sempre dentro dos limites do próprio contrato, observados os princípios da boa-fé, da ética e da lealdade, evitando o enriquecimento ilícito. Seria lícito qualquer regime novo que ampliasse a comunicação dos bens, como a adoção pelos ex-conviventes, em pacto pré-nupcial, da comunhão universal, quando substituem a comunhão parcial ou a total separação por um regime que agregue novos bens, mas jamais um regime que retire de um deles os bens já adquiridos de modo oneroso durante o período de relação estável antecedente à conversão em casamento ou à nova estipulação contratual, o que efetivamente justificaria dissolver uma sociedade afetiva de divisão de aqüestos e começar imediatamente outra nova relação com o mesmo parceiro, isto quando não optarem apenas por firmarem contrato de não-comunicação dos bens já adquiridos com o *status* de comuns. Por evidente que a hipótese instiga a promover a prévia liquidação dos bens da primeira relação, mesmo quando evidenciada a sua pura e simples continuação, notadamente, porque esse mesmo contrato que não admite acrescentar bens imóveis, senão através de uma escritura de doação, não pode admitir que um dos conviventes renuncie aos bens que já lhe pertencem pela presunção de condomínio e de comunicação do regime presumido da comunhão parcial, até porque é princípio consagrado de a renúncia sempre ter de ser expressa[39] e nunca presumida pela singela alteração contratual de um regime de comunicação de bens por outro de total separação, implicando a súbita e informal renúncia da meação dos aqüestos de um dos parceiros e a sua transferência para a meação do outro companheiro.

Sob o risco de convalidar a fraude, toda a modificação de um regime econômico de comunicação de bens, que na constância da união venha a restringir direitos, pressupõe a prévia liquidação do regime anterior e correlata divisão dos bens já amealhados pelo regime automático da comunhão parcial, aplicável à união estável na ausência de precedente contrato escrito.[40]

Aceitar a renúncia após a aquisição do patrimônio, por contrato escrito pelos conviventes ou porque decidiram casar e firmar pacto antenupcial de completa separação retroativa de bens, só poderia ser considerado como um contrato válido quando não prejudicasse terceiros e quando não atentasse contra a ordem pública. Aliás, não é por outra razão que a lei civil põe ao encargo do juiz de família a decisão sobre a mudança do regime matrimonial de bens, mandando que sejam declinadas as causas e criando todo um roteiro para que não haja prejuízos não só para terceiros, como especialmente para os cônjuges.

---

[39] Art. 114 do CC – Os negócios jurídicos benéficos e a renúncia interpretam-se estritamente.
[40] Art. 1.725 do CC – Na união estável, salvo contrato escrito entre os companheiros, aplica-se às relações patrimoniais, no que couber, o regime da comunhão parcial de bens.

Calha neste espaço questionar qual seria a reação judicial de uma pretensão de mudança do regime econômico de bens da comunhão universal de sólido e rico casamento, cujo cabedal foi construído exatamente durante o matrimônio. Seria assim tão simples aceitar que a esposa promovesse a renúncia retroativa de sua meação e optasse talvez já na quadra final de sua existência pelo regime convencional da completa separação de bens. E se a resposta for positiva, então está inaugurada a estrada que leva a doação gratuita dos bens conjugais a um dos consortes, deixando doravante de ser devido, por exemplo, imposto pelo excesso de meação na partilha dos bens conjugais, pois será muito mais econômico desdobrar a separação do casal em duas etapas: primeiro, promovendo a alteração do regime de comunhão para o de total separação, ficando o marido com a totalidade do acervo já registrado em seu nome; passo seguinte seria ajuizar a separação judicial consensual, nela informando inexistirem bens para dividir, tendo em conta que na atualidade estão casados pelo regime da completa separação de bens, conforme precedente alteração judicialmente homologada.

Por evidente que não quer a lei o enriquecimento sem causa, tanto que o vigente Código Civil contém regras expressas para a sua vedação.[41] Se bem visto, a renúncia de direitos requer menção expressa, por escritura pública ou por termo nos autos de uma separação judicial ou de dissolução de uma união estável. A renúncia dissimulada por simples contrato escrito de convivência, que afasta a presunção de comunhão parcial, deve ser rejeitada por seu nefasto efeito de enriquecer sem justa causa apenas o companheiro beneficiado pela renúncia do outro e por ser claramente contrário à moral e ao direito permitir restrições de ordem material e com efeito retroativo. Apagar acordos tácitos de comunhão parcial justamente quando a lei presume a comunicação dos bens pela inércia contratual dos conviventes não deixa de ser uma forma consciente de optar pelo regime da comunhão parcial, para depois permitir que, por mero contrato surgido muitas vezes no desgaste da relação, a sua renúncia fosse um meio de empobrecer a título gratuito um dos parceiros em benefício do outro.

E se convencionam dissolver uma entidade familiar para formatar outra de regime restritivo de bens, não obstante permaneçam em cena os mesmos figurantes da relação afetiva original, esta primeira sociedade que sequer se dissolve, mas apenas troca de titulação patrimonial, para dar lugar a novo regime de restrição de direitos por um singelo contrato particular, deve ser obrigada a promover a prévia liquidação do acervo já construído em nome do casal convivente, tratando seus personagens de fixar e ajustar os encontros e a divisão das meações que já lhes pertencem pelo precedente

---

[41] Art. 884. Aquele que, sem justa causa, se enriquecer à custa de outrem, será obrigado a restituir o indevidamente auferido, feita a atualização dos valores monetários.

silêncio contratual, pois nunca trataram de esboçar e contratar qualquer regime anterior de renúncia de suas meações.

Se quer a lei no ato de mutabilidade do regime de bens preservar os direitos e interesses de terceiros,[42] nunca foi desejo do legislador prejudicar o meeiro da relação afetiva, como se esquecesse a sua principal função de organizar e regulamentar os interesses materiais dos cônjuges e conviventes, porque ambos externam entidades familiares tuteladas pela Constituição Federal e não parece que, em tempos de estado democrático de direito, de igualdade e dignidade humana, pudesse ainda existir algum espaço para restrição de direitos e dissensões que apenas consagrariam a sempre odiosa fraude à meação.

2.6. O direito adquirido e a alteração do regime de bens

Afirmam os estudiosos que a alteração do regime de bens prevista no § 2º do artigo 1.639 do atual Código Civil, só será aplicável àqueles que se casarem após 11 de janeiro de 2003, quando entrou em vigor o atual Estatuto Civil. Significa afirmar que a mudança do regime de bens não será acessível às pessoas casadas sob a égide do Código Civil de 1916, que vedava, peremptoriamente, a mudança incidental do regime patrimonial adotado com o matrimônio. Assim sustentam com fundamento no ato jurídico perfeito, sufragado pelo artigo 5º inciso XXXVI, da Constituição Federal e pelo artigo 6º , § 1º , da Lei de Introdução ao Código Civil (Decreto-Lei n. 4.657/42), e que consagram o princípio da irretroatividade das leis.

Tal assertiva teria, inclusive, inquestionável sustentação na disposição colhida do artigo 2.039 do Código Civil, quando diz que: "O regime de bens nos casamentos celebrados na vigência do Código Civil anterior, Lei n. 3.071, de 1º de janeiro de 1916, é o por ele estabelecido".[43]

Segundo o entendimento esboçado por Leônidas Filippone Farrula Júnior,[44] quando o artigo 2.039 do Código Civil menciona que o regime de bens nos casamentos celebrados na vigência do Código Civil de 1916 "*é o por ele estabelecido*", estaria abarcando além das regras de cada um dos regimes do Código de 1916, também os artigos que com estas normas se

---

[42] Neste sentido é a lição colacionada por SANTOS, Simone Orodeschi Ivanov dos. Ob. cit., p. 128: "A retroatividade das disposições do contrato de convivência também encontra limitação, a fim de se preservarem negócios efetuados pelos conviventes com terceiros, levando em conta o patrimônio do devedor, no momento em fora foram celebrados.
[43] "Direito Civil. Modificação de regime de bens. Casamento celebrado na vigência do Código Civil anterior. Impossibilidade jurídica do pedido. Recurso improvido". (Apelação Cível nº 1.0000.00.347688-4/000(1), 4ª Câmara Cível do TJMG, Rel. Des. Audbert Delage, j. em 20/11/2003).
[44] FARRULA JÚNIOR, Leônidas Filippone. Do regime de bens entre os cônjuges. *In* LEITE, Heloísa Maria Daltro (Coord.) *O novo Código Civil do Direito de Família*, Rio de Janeiro: Freitas Bastos, 2002, p. 316.

inter-relacionam, como acontece com o artigo 230 do Diploma Substantivo Civil passado, quando ainda era imutável o regime conjugal de bens.

A nova disposição civil poderia ser suficientemente clara e pontual e ditar no artigo 2.039 que os casamentos celebrados sob a autoridade do Código de 1916 seguiriam com seu regime de bens imutável. Contudo, não faz essa ressalva e nem assim permite concluir o artigo 2.039 sob comento e mais do que isso, o próprio § 2º do artigo 1.639 do Código Civil não restringe a alteração do regime de bens somente aos casamentos celebrados a contar da sua vigência.

Começa que o Código Civil, no seu artigo 2.045,[45] revoga inteiramente a Lei 3.071, de 1º de janeiro de 1916 –, o Código Civil anterior. Logo, não há como imigrar para o artigo 230 (CC de 1916), *ab-rogado*, a partir da ressalva extraída do artigo 2.039 do Código Civil, quando diz que os regimes anteriores continuarão sendo respeitados e regulados pelos princípios da legislação passada, mas nada impede possam ser alterados pela legislação presente.

Exemplo decorre da eventual adoção no passado, do regime dotal não mais contemplado pelo Código Civil de 2002, mas nem por isso o regime dotal deixará de conduzir os efeitos econômicos do casal que ao tempo do Código Civil de 1916 o elegeu para regular as relações econômicas de seu casamento. Contudo, desejando alterar o seu primitivo regime, assim poderão proceder se estiverem presentes os pressupostos da nova lei, apresentando ao juiz de família pedido conjunto e motivado e apurada a procedência das razões invocadas pelo casal, sendo ressalvados os direitos de terceiros.

Outras amostras evidentes de incidência específica de ressalva aos direitos previstos pelo Código Civil de 1916 e não renovados pelo Diploma de 2002, mas que são resguardados pelo artigo 2.039 do CC, podem ser encontrados na dispensa da outorga do cônjuge no regime da total separação de bens, para a prática dos atos conjugais previstos no art. 1.647; e também na incomunicabilidade dos proventos do trabalho pessoal da cada cônjuge,

---

[45] Este artigo 2.045 é alvo de alteração pelo Projeto de Lei nº 6.960 de 2002, do Deputado Ricardo Fiúza, com a seguinte justificativa: "Art. 2.045: A lei complementar nº 95, de 26 de fevereiro de 1998 que dispõe sobre a elaboração, a redação, a alteração e a consolidação das leis, conforme determina o parágrafo único do art. 59 da Constituição Federal, ao disciplinar o processo legislativo, impõe que toda cláusula de revogação mencione expressamente os dispositivos revogados. Para se evitar a insegurança da revogação tácita, decorrente do fato da nova lei passar a disciplinar completamente determinados assuntos, é de toda conveniência que se faça menção expressa aos dispositivos revogados pelo novo Código, a saber: Lei 6.015, de 31/12/1973 (Lei dos Registros Públicos), arts. 71 a 75, por força dos arts. 1.515 e 1.516 do novo Código Civil: Lei 6.515, de 26/12/1977 (Lei do Divórcio), arts. 1º a 33, art. 44, art. 46, por força dos arts. 1.571 a 1.590 do novo Código Civil: Lei 8.069, de 13/07/1990 (Estatuto da Criança e do Adolescente), arts. 39 a 52, por força dos arts. 1.618 a 1.629 do novo Código Civil: Lei 8.560, de 29/12/1992 (Lei da Investigação da Paternidade), art. 1º *caput* e incisos I a IV, por fforça do art. 1.609 do novo Código Civil: Lei 8.971, de 29/12/1994 (Lei que regula o direito dos companheiros a alimentos e à sucessão), art. 1º , por força dos arts. 1.694 a 1.710 do novo Código Civil: Lei 9.278, de 10/05/1996 (Lei que regula o § 3º do art. 226 da Constituição Federal), arts. 1º a 7º , *caput* e art. 8º".

no regime da comunhão parcial de bens (art.1.659, inciso VI), proventos que eram partilháveis no regime da comunhão parcial de bens do Código Civil de 1916 (art.271, inciso IV).

Portanto, o artigo 2.039 do Código Civil não autoriza deduzir que o artigo 230 do Código Civil de 1916 siga regulando os matrimônios celebrados ao seu tempo, como se meramente derrogado para os casamentos contraídos sob a égide do vigente Código Civil.[46]

Nem se trata de direito adquirido, dado que um novo sistema substituiu o anterior, e existe uma nova disciplina no campo da mutabilidade do regime de bens, onde o § 2º, do artigo 1.639 do Código de 2002 revogou o artigo 230 do Código Civil de 1916.

A atual disposição, ao cuidar da mutabilidade do regime de bens, impõe norma cogente, editada na esteira da evolução da própria vida social, assim como em 1977 o divórcio foi promulgado com o mesmo propósito, ampliando os direitos conjugais, e ninguém poderia afirmar que a dissolução da sociedade conjugal só estaria ao alcance daqueles que casassem após a vigência da lei divorcista.[47]

É a lição sempre precisa de Pontes de Miranda, ao asseverar que, "a lei nova tem efeito imediato sobre as situações ainda não consumadas, a despeito da ligação do regime de bens à lei velha".[48]

---

[46] A propósito, os seguintes julgamentos: "REGISTRO CIVIL. REGIME DE BENS. ALTERAÇÃO. REQUISITOS. CASAMENTO CELEBRADO SOB A ÉGIDE DO CÓDIGO CIVIL DE 1916. POSSIBILIDADE. O ART. 2.039, CONSTANTE DAS DISPOSIÇÕES FINAIS E TRANSITÓRIAS DO Código Civil em vigor não impede a mudança do regime de bens para casamentos celebrados na vigência do Código Civil de 1916. Ao dispor que o *regime de bens nos casamentos celebrados na vigência do Código Civil anterior (...) é o por ele estabelecido,*claramente visa a norma resguardar o direito adquirido e o ato jurídico perfeito. Isso porque ocorreram diversas modificações nas regras próprias de cada um dos regimes de bens normatizados no Código de 2002 em relação aos mesmos regimes no Código de 1916, e, assim, a alteração decorrente de lei posterior viria a malferir esses cânones constitucionais. NEGARAM PROVIMENTO UNÂNIME." 7ª CC do TJRS, Apelação Cível nº 70010230324, julgada em 22/12/2004, relator Des. Luiz Felipe Brasil Santos; e "Direito de Família – Casamento – Regime de bens – Alterabilidade – Lei nova *versus* lei antiga – Princípio da igualdade. Não obstante celebrado sob a égide do Código Civil de 1916, o casamento poderá ter seu regime de bens alterado, desde que satisfeitos os requisitos do § 2º do art. 1.639 do atual Código Civil, na medida em que ali não se excepcionaram os casamentos anteriores, também não o fazendo o art. 2.039, salvo no tocante à ressalva da inalterabilidade automática do regime. Desaparecendo a motivação que impedia a alteração do regime de bens do casamento, não se justifica a distinção entre casamentos novos e antigos, uma vez que o instituto é único e, em se tratando de situação que exige requerimento conjunto, não haverá prejuízo para os cônjuges." TJMG – 4ª Câmara Cível – Apelação 1.0518.03.038304-7/001 – julgado em 20/05/2004, relator o Des. Moreira Diniz.

[47] "AÇÃO DE ALTERAÇÃO DE REGIME DE CASAMENTO – VARÃO QUE CONTAVA COM MENOS DE 60 ANOS À ÉPOCA DAS NÚPCIAS – LEI NOVA VERSUS LEI ANTIGA – POSSIBILIDADE DA CONVERSÃO – REFORMA DA SENTENÇA. A atual disposição que cuida da mutabilidade do Regime de bens – art. 1.639, § 2º – é norma cogente, editada na esteira da evolução da própria vida social, assim como em 1977 o divórcio foi promulgado com o mesmo propósito e ninguém poderia afirmar que a dissolução da sociedade conjugal só estaria ao alcance daqueles que se casassem após a vigência da lei divorcista." (Apelação Cível nº 1.0024.03.962911-8/001(1) da 8ª CC do TJMG, sendo Relator o Des. Silas Vieira).

[48] MIRANDA, Pontes de. *Tratado de Direito Privado*, Rio de Janeiro: Borsoi, Tomo VIII, 1955, p. 236.

Fosse essa a vontade do legislador e certamente teria formulado a expressa ressalva, não podendo ser esquecido que inexiste direito adquirido em um casamento com o regime de bens ainda em vigor, estando o acervo conjugal em estado de indivisão ou incomunicável, tendo sido eleita a separação total de bens.

É que no casamento os bens só se comunicam e abandonam o seu estado latente de indivisão quando desfeitas as núpcias, aí sim, incide o regime da comunicação ou da incomunicabilidade e indivisão. No entanto, os bens quando partilháveis só serão divididos depois de judicialmente desfeito o matrimônio, com a anulação, separação, divórcio, ou pela morte do cônjuge, mas até lá paira apenas uma expectativa de direito, como se fosse um pré-acordo que deita sob um regime previamente escolhido, mas que a nova lei permite modificar enquanto não desfeitas as núpcias.

Normas de Direito de Família integram o Direito Privado, são imperativas, de ordem pública, contendo alterações sempre produzidas com vistas à própria evolução social, e se a lei nova concede um benefício mais amplo, não há por que reduzir a capacidade dos casados antes do atual Código Civil, pois são efeitos derivados do estado de casados e da nova utilidade geral, disponibilizada em lei. Exemplo frisante seria a de uma lei nova que exclui do processo judicial o exame da culpa conjugal, e seria difícil sustentar que ela só seria aplicável aos novéis matrimônios, tal qual também sucederia se fossem reduzidos ou ampliados os deveres conjugais, que recairiam sobre todos os casais, e não apenas para aqueles casamentos celebrados após o advento do atual Código Civil.

Na esteira da incontestável possibilidade de retroação *ex tunc*, está a lição de Sérgio Gischkow Pereira,[49] quando assevera ter o próprio texto legislativo conduzido à possibilidade da eficácia retroativa, pois se assim não fosse perderia sentido a expressão "ressalvados os direitos de terceiros", já que ninguém pensaria em ressalvar direitos de terceiros se o regime só mudasse depois da sentença judicial.

É como também pensa Francisco José Cahali na revisão e atualização que fez na obra de Silvio Rodrigues,[50] concluindo que "a mutabilidade é característica do regime patrimonial do casamento e, como tal, submete-se de pronto ao novo regime legal pela eficácia imediata da norma nos termos do art. 6º da Lei de Introdução ao Código Civil".

A 7ª Câmara Cível do TJRS assim já decidiu na Apelação Cível nº 70006423891, julgada em 13 de agosto de 2003, sendo relator o desembargador Sérgio Fernando de Vasconcellos Chaves, entendendo, em voto unís-

---

[49] PEREIRA, Sérgio Gischkow. *A alteração do regime de bens: possibilidade de retroagir*, Revista Brasileira de Direito de Família, Porto Alegre: Síntese-IBDFAM, vol. 23, abril-maio 2004, p. 68.

[50] RODRIGUES, Silvio. *Direito Civil, Direito de Família*, atualizado e revisado por CAHALI, José Francisco. 28ª ed. São Paulo: Saraiva, 2004, p. 152-153.

sono, que a alteração tem efeito retroativo ao marco inicial do casamento – *ex tunc*.⁵¹ No mesmo sentido, definiu a Apelação Cível nº 70006709950, julgada em 22 de outubro de 2003, pelo mesmo relator.

Sustenta Luiz Felipe Brasil Santos que: "se houver opção por qualquer dos regimes que o Código regula, a retroatividade é decorrência lógica, pois, por exemplo, se o novo regime for o da comunhão universal, ela só será universal se implicar comunicação de todos os bens, posteriores e anteriores à alteração. Impossível seria pensar em comunhão universal que acarretasse comunicação apenas dos bens adquiridos a partir da modificação".⁵²

O Superior Tribunal de Justiça, quando instado a pronunciar-se acerca da alteração do regime matrimonial de bens de casamento ocorrido sob a égide do Código Civil de 1916, em voto do Ministro Jorge Scartezzini, admitiu a sua possibilidade no REsp. nº 730.546 – MG,⁵³ em cujo voto observou que: "a nova legislação a ser imediatamente aplicada não atingirá fatos anteriores, nem, tampouco, os efeitos consumados de tais fatos; incidirá, por óbvio, nos fatos futuros à sua vigência, bem assim com relação tão-somente aos efeitos vindouros dos fatos, ainda que pretéritos, em pleno

---

⁵¹ AC 70006423891- "Pedido de alvará judicial. Pedido de autorização para lavrar escritura pública de pacto antenupcial. Possibilidade jurídica da alteração do regime. Desnecessidade de escritura pública. 1. Não tendo havido pacto antenupcial, o regime de bens do casamento é o da comunhão parcial, sendo nula a convenção acerca do regime de bens, quando não constante de escritura pública, e constitui mero erro material na certidão de casamento a referência ao regime da comunhão universal. Inteligência do art. 1.640 do nCCb. 2. A pretensão deduzida pelos recorrentes que pretendem adotar o regime da comunhão universal de bens é possível juridicamente, consoante estabelece o art. 1.639, § 2º, do novo Código Civil, e as razões postas pelas partes são bastante ponderáveis, constituindo o pedido motivado de que trata a lei e que foi formulado pelo casal. Assim, cabe ao Julgador *a quo* apreciar o mérito do pedido e, sendo deferida a alteração de regime, desnecessário será lavrar escritura pública, sendo bastante a expedição do competente mandado judicial. O pacto antenupcial é ato notarial; a alteração do regime matrimonial é ato judicial. 3. A alteração do regime de bens pode ser promovida a qualquer tempo, de regra com efeito *ex tunc*, ressalvados direitos de terceiros. Inteligência do art. 2.039, do nCCb. 4. É possível alterar regime de bens de casamentos anteriores à vigência do Código Civil de 2002. Recurso provido."
⁵² SANTOS, Luiz Felipe Brasil. Autonomia de vontade e os regimes matrimoniais de bens, *In Direitos fundamentais do Direito de Família*, Coord. WELTER, Belmiro Pedro e MADALENO, Rolf Hanssen, Porto Alegre: Livraria do Advogado, 2004, p. 218.
⁵³ "Civil – Regime matrimonial de bens – Alteração judicial – Casamento ocorrido sob a égide do CC/1916 (Lei nº 3.071) – Possibilidade – Art. 2.039 do CC/2002 (Lei nº 10.406) – Correntes doutrinárias – Art. 1.639, § 2º, c/c Art. 2.035 do CC/2002 – Norma geral de aplicação imediata. 1. Apresenta-se razoável, *in casu*, não considerar o art. 2.039 do CC/2002 como óbice à aplicação de norma geral, constante do art. 1.639, § 2º, do CC/2002, concernente à alteração incidental de regime de bens nos casamentos ocorridos sob a égide do CC/1916, desde que ressalvados os direitos de terceiros e apuradas as razões invocadas pelos cônjuges para tal pedido, não havendo que se falar em retroatividade legal, vedada nos termos do art. 5º, XXXVI, da CF/88, mas, ao revés, nos termos do art. 2.035 do CC/2002, em aplicação de norma geral com efeitos imediatos. 2. Recurso conhecido e provido pela alínea *a* para, admitindo-se a possibilidade de alteração do regime de bens adotado por ocasião de matrimônio, realizado sob o pálio do CC/1916, determinar o retorno dos autos às instâncias ordinárias a fim de que procedam à análise do pedido, nos termos do art. 1.639, § 2º, do CC/2002". (REsp. nº 730.546-MG, Rel. Min. Jorge Scartezzini, j. em 23/08/2005).

curso de execução quando de sua vigência, não se cogitando, pois, de retroatividade legal ofensiva aos ditames constitucionais, por inobservância a ato jurídico perfeito", em consonância com o art. 2.035 do Código Civil ao prescrever que "a validade dos negócios e demais atos jurídicos, constituídos antes da entrada em vigor deste Código, obedece ao disposto nas leis anteriores, referidas no art. 2.045, mas os seus efeitos, produzidos após a vigência deste Código, aos preceitos dele se subordinam, salvo se houver sido prevista elas partes determinada forma de execução".

Em verdade, a possibilidade de modificar o regime de bens na plena vigência do casamento atende à evolução das relações dos casais do matrimônio e assim também da união estável, não-somente em razão da paridade dos gêneros sexuais, mas, sobremodo, porque quando implica comunicar patrimônio a parceiro que não os tinha em função da escolha inicial de regime de separação total de bens, representa o grato reconhecimento de uma união de efetiva e paritária construção econômica do casal.

E se a opção for o regime da comunhão parcial, que manda comunicar todos os bens adquiridos onerosamente no curso do casamento, não há como aceitar que os bens adquiridos durante muitos anos de matrimônio pudessem ficar de fora do regime modificado por livre opção, para só atribuir comunicação a partir do provimento judicial, criando limitação à alteração, e cuja restrição não previu o Código Civil, mas antes, permitiu que os casais pudessem justamente revisar suas anteriores escolhas, optar por corrigir a separação de bens que lhes negava a comunicação das riquezas amealhadas ao longo de uma sociedade formada pelo mais sincero afeto e por estreitos interesses comuns.

Não diverge desta conclusão José Antonio Encinas Manfré, para quem "importa ainda considerar, à falta de óbice da lei, ser possível a retroação dos efeitos dessa sentença à data da celebração do casamento, desde que, conjuntamente, os interessados requeiram nesse sentido ao juiz".[54]

---

[54] MANFRÉ, José Antonio Encinas. *Regime matrimonial de bens no novo Código Civil*, São Paulo: Juarez de Oliveira, 2003, p. 48.
Em outras oportunidades, a 7ª Câmara Cível do TJRS tornou a decidir pela alteração do regime de bens em casamento celebrado sob a égide do Código Civil de 1916, com a seguinte ementa: "Registro Civil. Regime de Bens. Alteração. Requisitos. Casamento celebrado sob a égide do Código Civil de 1916. Possibilidade. O art. 2.039, constante das disposições finais e transitórias do Código Civil em vigor não impede a mudança do regime de bens para casamentos celebrados na vigência do Código Civil de 1916. Ao dispor que o *regime de bens nos casamentos celebrados na vigência do Código Civil anterior (...) é o por ele estabelecido*, claramente visa a norma resguardar o direito adquirido e o ato jurídico perfeito. Isso porque ocorreram diversas modificações nas regras próprias de cada um dos regimes normatizados no Código de 2002 em relação aos mesmos regimes no Código de 1916, e, assim, a alteração decorrente de lei posterior viria a malferir esses cânones constitucionais. Negaram provimento. Unânime". (Apelação Cível n° 70010230324, Rel. Des. Luiz Felipe Brasil Santos, j. em 22/12/2004). "Registro Civil. Regime de Bens. Alteração. Casamento Celebrado na Vigência do Código Civil de 1916. A possibilidade de alteração do regime matrimonial de bens conferida aos cônjuges pelo Código Civil não afronta o ato jurídico perfeito e o direito adquirido. Houve uma otimização do princípio da autonomia da vontade do casal, consagrado no princípio da livre estipulação do pacto (art. 1.639 do

2.7. Teoria da não-retroatividade

Explica Miguel Maria Serpa Lopes[55] que uma lei ao entrar em vigor, sua eficácia define três dimensões: uma no sentido material, outra do ponto de vista temporal e a terceira de caráter espacial.

O sentido material da norma busca aplicar a regra à hipótese aventada, e como todas as leis têm um tempo de vida, cogita o legislador de sua revogação com o tempo e por isto mesmo que uma lei só deve ter eficácia no espaço de tempo de sua vigência.

Quando surgem conflitos de tempo e de espaço, considerando que duas leis vigem sobre um único fato, a adoção de um regime matrimonial ao tempo em que a legislação proibia a sua posterior alteração, calha indagar qual legislação deve se sobrepor diante deste conflito intertemporal decorrente do choque que se dá entre uma lei revogada e a que a ab-rogou, ou seja, entre uma lei vigente e outra que já não mais vige.

Transportado para o conflito de vigência entre a possibilidade ou não, de quem casou sob a égide do Código Civil de 1916 poder alterar o seu regime de bens com o advento do Código Civil de 2002, surge o primeiro impacto diante do princípio de a lei nova ser irretroativa, e isto poderia significar de ela não ser aplicável aos casamentos pretéritos, regidos ao tempo do Código Civil revogado.

Para Guillermo Borda,[56] a única lei vigente é a última e embora esta não seja a tese prevalente, no caso da alteração incidental do regime de bens, o artigo 2.039 do vigente Código Civil é categórico ao estabelecer que características especiais dos regimes do Código revogado seguem textualmente válidas, como se concordasse com a tese de Guillermo Borda, de ser vigente a última lei, tanto que o atual Código Civil brasileiro expressa em artigo novo, quais os característicos em vigor da lei revogada. Não diz, contudo, que o antigo artigo 230 da codificação revogada continuasse regendo os casamentos realizados ao tempo do Código Civil de 1916, mas pelo contrário, o novo Diploma Civil criou nova eficácia substancial destinada a reger a instituição matrimonial.

Código Civil), de forma que se revela descabido afastar tal ampliação de direitos aos casamentos celebrados sob a égide do antigo estatuto civil. Apelo provido". (Apelação Cível nº 70011082997 da 7ª Câmara Cível, Rel. Desa. Maria Berenice Dias, j. em 01/06/2005).
Da III Jornada de Direito Civil realizada pelo Conselho da Justiça Federal em Basília, nos dias 1º a 3 de dezembro de 2004, exsurgiu o seguinte enunciado: "A alteração do regime de bens prevista no parágrafo segundo do artigo 1.639 do Código Civil também é permitida nos casamentos realizados na vigência da legislação anterior".
[55] SERPA LOPES, Miguel Maria de. *Curso de Direito Civil*, vol. I. Rio de Janeiro: Freitas Bastos, 1996, p. 189.
[56] BORDA, Guillermo. *Retroactividad de la ley y los Derechos Adquiridos*, Buenos Aires, 1951, p. 101.

Mesmo porque, para o Direito brasileiro, o princípio da irretroatividade da lei só pode ser aplicado a um direito efetivamente adquirido, ou de uma situação jurídica definitivamente constituída ou ainda de um julgado sobre o qual não caiba mais recurso. E no âmbito do Direito de Família e, em especial, na esfera dos regimes de bens, como já visto linhas atrás, o regime matrimonial só se consolida com o término oficial das núpcias e quando o casamento já foi judicialmente desfeito, evidentemente que não haveria de ser falado em mudança consensual do regime de bens de um casamento juridicamente inexistente.

— 3 —
A retroatividade restritiva do contrato de convivência

3.1. Conceito de regime de bens

Para o livro do Direito de Família, constante no atual Código Civil, haviam sido projetados, por seu idealizador, apenas dois títulos e suas subdivisões, começando pelo Direito Pessoal, voltado para a regência dos princípios e normas que regulam a habilitação e celebração do casamento, sua validade e os efeitos que dele resultam, a dissolução da sociedade e do vínculo conjugal, as relações entre pais e filhos, o vínculo de parentesco e, passando pelo segundo título, relativo ao Direito Patrimonial, trata dos direitos reais e obrigacionais emanados das relações familiares.

Com o tempo, foram acrescentados ao projeto inicial dois novos títulos: um deles pertinente ao direito convivencial, para regular a união estável e o concubinato, e o outro, relativo ao direito assistencial focado para a tutela e a curatela.

O Direito de Família poderia seguramente ser dividido apenas em dois grandes temas, buscando reger as relações de família do ponto de vista pessoal, nele incluindo a união estável e, do ponto de vista patrimonial, regendo os efeitos econômicos do casamento e da convivência estável.

É o objetivo deste trabalho destacar as normas relativas ao regime econômico matrimonial e convivencial, levado a cabo pelo presente Código Civil brasileiro nas suas disposições sobre os regimes de bens entre os cônjuges e, no que couber, também às uniões estáveis.

Não se pode conceber um casamento sem regime de bens, pois são eles que disciplinam as relações econômicas entre os cônjuges durante o casamento e por igual, nas relações estáveis.[1]

Com o matrimônio, vêm os gastos destinados ao sustento da habitação, despesas comuns de manutenção da casa, dos cônjuges e dos filhos, quando

---
[1] PEREIRA, Caio Mário da Silva. *Instituições de Direito Civil, Direito de Família*, vol. V, 14ª ed. Rio de Janeiro: Forense, 2004, p. 187.

houver. E como não há casamento sem regime patrimonial, o Código Civil trata de disciplinar uma série de normas encarregadas de aclarar a origem, a titularidade e o destino dos bens conjugais, facultando algumas opções convencionais de livre escolha do regime nupcial em contrato pactício.[2]

A nova topografia familista do Código Civil ocupa-se fundamentalmente da idéia de sua privatização, inspirada na concepção contratualista do matrimônio. O Direito brasileiro passa por uma importante mudança, saindo de um sistema de eleição do regime de bens e sua imutabilidade e passando para um sistema de liberdade de escolha e de mudança incidental do regime matrimonial.

O vigente Código Civil introduziu no Direito brasileiro o princípio da mutabilidade do regime econômico do casamento e permitiu a alteração do regime de bens ou de algumas de suas regras após o casamento, adquirindo os cônjuges uma maior liberdade de atuação e desta forma desfazendo a idéia de que geralmente a mulher podia sofrer os influxos psicológicos do esposo, sem chegar a manifestar a sua vontade em condições de plena liberdade, tornando-se refém do marido.

Sempre foi temor do legislador que a mudança dos pactos pudesse ocultar uma falta de liberdade, ou uma vontade viciada, também servindo a proibição de mudança do regime matrimonial como elemento de segurança dos direitos de terceiros.

3.2. A paridade conjugal

A legislação brasileira recepciona com bastante atraso os fundamentos da mudança do regime econômico do casamento, especialmente quando alguns Códigos, como o do México, já admitem a modificação do regime de bens desde 1870; o da Guatemala, desde 1877; o da Costa Rica, desde 1888 e, enquanto isto, os sul-americanos seguiram fiéis ao principio da imutabilidade, não obstante na Europa, a legislação da Alemanha possibilite modificar o regime matrimonial, conforme o § 1.432 do BGB; também o Código Civil francês recepciona a mudança desde 1968, e a Espanha, desde 1975.[3]

É que depois da Segunda Guerra Mundial foi se aprofundando a idéia de liberdade e de igualdade entre os gêneros sexuais, fazendo desaparecer a exigência da outorga marital e a figura do marido como representante de uma mulher considerada frágil e dependente, apontando a doutrina três

---

[2] MADALENO, Rolf. *Regime de bens*, In Direito de Família e o novo Código Civil, Coord. DIAS, Maria Berenice e PEREIRA, Rodrigo da Cunha, 4ª ed. Belo Horizonte: Del Rey- IBDFAM, 2005, p. 166.

[3] Ver neste sentido MOZOS, José Luis de Los. *Comentários ao Código Civil y Compilaciones Forales*, Tomo XVIII, vol. 1º, Madrid: Editoriales de Derecho Reunidas, 1982, p. 187.

fatores que influíram na organização do regime matrimonial: a começar pelas transformações econômicas e sociais surgidas pós-guerra, a idéia de igualdade dos cônjuges e que só foi acolhida entre nós com a Carta Federal de 1988 e, por fim, o princípio da não-intervenção judicial na nova concepção de família.[4]

Incorporado pelo Direito brasileiro o princípio da igualdade, nasce uma nova forma de comunidade afetiva, que em sua grande maioria adota um regime de comunidade dos aqüestos, como resultado econômico de uma verdadeira associação, em total paridade de deveres, consideradas as funções de ajuda mútua e a conseqüente divisão dos resultados econômicos surgidos desta parceria.

José Luis de Los Mozos põe *em xeque* o princípio da igualdade dos cônjuges, que diz ser meramente formal, e não real, do mesmo modo que é diferente a situação entre comprador e vendedor e entre mandatário e mandante e, que o contrário seria aceitar uma forma de "hermafroditismo jurídico", pois mesmo que o legislador tenha utilizado a expressão *igualdade*, o que verdadeiramente quer e propugna é uma *igualdade real* e não formal, e esta igualdade só pode ser alcançada mediante o reconhecimento de uma liberdade equivalente entre os que são iguais e os que se entendem como iguais. A igualdade real deve ser uma igualdade de fato, e não apenas uma igualdade jurídica, não sendo desconhecido que o homem e a mulher ainda estão em posições jurídicas diferentes e que, portanto, sua liberdade deve ser vista segundo os contornos da própria dependência, gerando, com efeito, alguma restrição à liberdade plena de contratar o regime.[5]

3.3. A mudança do regime matrimonial

Com o estabelecimento constitucional da paridade dos gêneros sexuais, no tocante ao matrimônio, foi preciso admitir o sistema de modificação do regime de bens depois de celebrado o casamento, ainda que os cônjuges nada tenham pactuado antes das núpcias. Agora os nubentes podem mudar de regime ou modificar algumas de suas cláusulas contratadas, desde as que suas alterações não prejudiquem os direitos de terceiros, como estabelece o § 2° do art. 1.639 do Código Civil.

Para garantir que os direitos de terceiros não restem afetados até pelo desconhecimento da alteração do regime de bens, a lei impõe a publicidade da mudança *post nuptias*, pedindo ainda o legislador que os cônjuges justifiquem a sua pretensão.

---

[4] Este princípio pode ser está sob certa forma recepcionado pelo art. 1.513 do Código Civil brasileiro.
[5] MOZOS, José Luis de Los. Ob. cit., Tomo XVIII, vol. 1°, p. 209.

Como já dito, a regra de transição da imutabilidade para mutabilidade do regime matrimonial depois de celebrado o casamento é conseqüência do princípio da igualdade e da privatização do Direito de Família, que vem adicionando uma interpretação mais contratualista ao matrimônio e permitindo que as suas relações se impregnem do princípio consensualista do Direito Civil patrimonial, deixando que os nubentes possam ir adaptando as regras de sua vida em comum às mudanças e ao amadurecimento das suas relações pessoais e afetivas.

Até porque, se bem analisado, o outrora rígido Direito familista brasileiro será imperioso concluir que sempre foi possível burlar a proibição de mudança do regime econômico de bens do casamento, pois os cônjuges jamais deixaram de intermediar, entre si, sem qualquer controle externo, escrituras de doações, assim como sempre puderam constituir empresas com livre determinação de suas participações sociais com quotas ou ações, não obstante inicial resistência do legislador passado, reeditada pelo atual codificador, estabelece a proibição de contrato de sociedade entre cônjuges casados no regime da comunhão universal de bens, ou no da separação obrigatória, ou destes para com terceiros.[6]

No passado, querendo os cônjuges burlar a proibição de alteração do regime matrimonial, podiam dissolver a sua relação, liquidar o regime de bens e estabelecer outro regime na nova união e, assim, elidir a vedação do art. 230 do Código Civil de 1916. Quisessem dividir bens de modo distinto ou evitar a sua partição, era suficiente dispor, em sua separação consensual, a exata linha de condução e o destino final dos bens, abençoando as suas cláusulas separatórias pela homologação judicial que dava toque final e oficial à dissimulada mudança posterior do regime de bens.

A jurisprudência brasileira vem pacificando as primeiras dúvidas ainda surgidas a despeito da alteração do regime de bens no curso do casamento, especialmente acerca da regra transitória do art. 2.039 do Código Civil, pois, constantes as incertezas em saber se os casamentos celebrados ao tempo da codificação revogada também podiam ser alvo de aplicação da nova regra de mutabilidade do regime. Sem maior sentido a preocupação, pois bastava concluir que o ato de não aceitar a retroatividade da alteração do regime de bens para alcançar os matrimônios postos sob a égide da antiga codificação seria justamente negar o princípio constitucional da igualdade, isto sem falar que seria atentar contra a dignidade das pessoas, pois só algumas seriam consideradas em pé de igualdade, e muitas outras não teriam acesso à nova legislação.

O Superior Tribunal de Justiça, em decisão da 4ª Turma, relatada pelo Ministro Jorge Scartezzini, no REsp nº 730546, entendeu em admitir a al-

[6] Art. 977 do CC. Faculta-se aos cônjuges contratar sociedade, entre si ou com terceiros, desde que não tenham casado no regime da comunhão universal de bens, ou no da separação obrigatória.

teração do regime de bens de casamento contraído antes da vigência do atual Código Civil.

3.4. A mudança do regime de bens na transição da convivência para o casamento

Tormentosa discussão ainda ocorre, no entanto, na possibilidade reconhecida por boa parte da doutrina e da jurisprudência que admite pacto de separação convencional de bens firmado pelo casal às vésperas do seu casamento e estendendo a incomunicabilidade de seu patrimônio para o período em que mantiveram precedente união estável.

Cuida-se da retroatividade das disposições estabelecidas no pacto antenupcial quando convertida a precedente união estável em casamento ou mesmo na hipótese de simplesmente firmarem contrato de convivência, convencionado efeitos pretéritos para selar com o regime da incomunicabilidade, também as aquisições procedidas desde o começo da união.

Francisco José Cahali apresenta sólidos argumentos para conferir retroatividade ao contrato de convivência e assim fazer incidir os resultados da convenção sobre a situação já consumada, sendo perfeitamente viável aos conviventes estipularem, em contrato de convivência ou em pacto antenupcial, que o patrimônio passado e futuro são considerados particulares e de propriedade exclusiva do seu respectivo titular, afastando da partilha qualquer bem apresto ou aqüesto. Significa outorgar aos conviventes ou futuros nubentes a liberdade plena de reconhecerem que viveram em união estável e que a sua relação passada e seus onerosos aqüestos poderão ser ressalvados pela eleição, em contrato, de um regime de separação de bens que está zerando as comunicações passadas.

Diz Francisco Cahali, em reforço de suas considerações, que impedir aos companheiros, com livre disposição sobre seus bens preexistentes ou futuros, de estipularem suas relações patrimoniais seria projetar restrições à capacidade dos conviventes, impondo-lhes uma limitação contrária à capacidade civil e ao exercício da propriedade, tangenciando até a inconstitucionalidade, diante dos arts. 5º, XXII, XXIII, e 170, III,[7] da Constituição Federal de 1988.[8]

Na mesma linha de argumentação, escreve Simone Orodeschi Ivanov dos Santos,[9] entendendo, justamente, que o contrato de convivência se caracteriza pela possibilidade de retroação de suas disposições, considerando

---

[7] Art. 5º, XXII [é garantido o direito de propriedade], XXIII [a propriedade atenderá a sua função social], art.170, III [função social da propriedade].
[8] CAHALI, Francisco José. *Contrato de convivência na união estável*, São Paulo: Saraiva, 2002, p. 82.
[9] SANTOS, Simone Orodeschi Ivanov dos. *União estável, regime patrimonial e direito intertemporal*, São Paulo: Atlas, 2005, p. 126.

que não há qualquer vedação legal neste sentido, e que o ordenamento civil confere aos contratantes liberdade de dispor sobre o seu patrimônio.

São de igual as conclusões extraídas por Antônio Carlos Mathias Coltro, ao aduzir sobre a inexistência de qualquer empecilho na elaboração intercorrente de contrato de convivência, "a que seus efeitos atinjam os atos anteriormente a ele concretizados".[10]

É a festejada autonomia de vontade com tratamento diferenciado na união estável, particularmente diante da redação colhida do art. 1.725 do Código Civil,[11] que manda aplicar à união estável a comunicação dos bens exclusivamente adquiridos de forma onerosa, afastando da mancomunhão presumida os bens havidos a título gratuito ou por fato eventual. E esta presunção, que em princípio só se faz absoluta sobre os aqüestos adquiridos de modo oneroso, pode ser livremente relativizada por contrato escrito dos conviventes, cogitando em estabelecer em pacto escrito, tanto para o futuro quanto para o passado, fração diversa da metade ou regime de separação de bens.

É a lição trazida por Guilherme Calmon Nogueira da Gama quando realça a expressão, *no que couber,* constante do art. 1.725 do Código Civil, concluindo que na "união fundada no companheirismo revela-se impossível cogitar de qualquer dos regimes comunitários – mesmo o da comunhão parcial nunca existirá na sua plenitude quanto aos companheiros, como já foi analisado na evolução legislativa – razão pela qual o princípio do pacto (de convivência), em matéria de união extramatrimonial, sofre bastante restrição quanto aos bens que podem ter regras de comunicabilidade estabelecidas em decorrência da autonomia da vontade".[12]

Esta tem sido a orientação desenvolvida, por exemplo, pelo Tribunal de Justiça do Estado do Rio Grande do Sul, como ocorreu na Apelação Cível nº 70009019530, da 7ª Câmara Cível, relatada pela Desembargadora Maria Berenice Dias, em 25 de agosto de 2004, aceitando a celebração de matrimônio pelo regime da separação convencional de bens, que convertia um período de união estável anterior, tendo o pacto antenupcial feito as vezes do contrato escrito e retirando pela vontade contratual dos ex-conviventes que casaram, a comunicação dos bens adquiridos durante a precedente relação estável.

---

[10] COLTRO, Antônio Carlos Mathias. "Referências sobre o contrato de união estável", *In Questões controvertidas no direito das obrigações e dos contratos,* vol. 4, Coordenção DELGADO, Mário Luiz e ALVES, Jones Figueiredo, São Paulo: Método, 2005, p. 426.

[11] Art. 1.725. Na união estável, salvo contrato escrito entre os companheiros, aplica-se às relações patrimoniais, *no que couber,* o regime da comunhão parcial de bens.

[12] GAMA, Guilherme Calmon Nogueira da. Regime legal de bens no companheirismo, *In Questões controvertidas no novo Código Civil no Direito de família e das Sucessões,* vol. 3, São Paulo: Método, 2005, p. 357.

Esta conclusão encontraria sustentação no art. 5º da Lei nº 9.278, de 10 de maio de 1996, ao permitir que os conviventes afastassem por contrato escrito a presunção de condomínio dos bens móveis e imóveis adquiridos a título oneroso, por um ou por ambos, na constância da união estável, constando agora, a opção do contrato escrito, no art. 1.725 do Código Civil.

Neste norte, tem realmente sido fértil a jurisprudência gaúcha ao referir que a Lei nº 9.278/96, ao admitir a presunção de comunicação dos bens adquiridos onerosamente durante a união estável, também aceitou que esta comunicação fosse afastada pela confecção de um contrato escrito em sentido contrário.[13]

Contudo, o temário não tem sido assim tão pacífico em outras fontes de doutrina e até da legislação, como no caso do Projeto de Lei nº 2.686/96, conhecido como "Estatuto do Concubinato", que previa no parágrafo único do art. 4º, que "as disposições contidas na escritura só se aplicarão para o futuro, regendo-se os negócios jurídicos anteriormente realizados pelos companheiros segundo o disposto nesta Lei, sem prejuízo da liberdade das partes dividirem os bens, de comum acordo, no momento da dissolução da entidade familiar".[14]

Por conta desta dissensão e dos seus reflexos econômicos, jurídicos e sociais, merece reflexão mais detida a eficácia retroativa das disposições patrimoniais entre os conviventes, pois, não é por menos que a legislação brasileira exige a adoção de escritura pública para o pacto antenupcial e também não é sem motivo que o art. 1.639, em seu § 2º, só admite a alteração do regime de bens, mediante autorização judicial em pedido motivado de ambos os cônjuges, apurada a procedência das razões invocadas e ressalvados os direitos de terceiros.

3.5. O temor do logro e do enriquecimento indevido

Sempre defendi que a mutabilidade do regime de bens exige redobrada cautela do intérprete da lei, que tem a tarefa de julgar a viabilidade da mudança intercorrente do regime de bens dos cônjuges, pois sua livre pos-

---

[13] Esta foi a decisão tomada pela 7ª Câmara Cível do TJRS, na Apelação Cível nº 70007651292, datada de 30 de junho de 2004 e relatada pelo Des. Luiz Felipe Brasil Santos. Na mesma linha de pensamento a Apelação Cível nº 70009937582, também da 7ª Câmara Cível do TJRS, relatada pelo Des. Sérgio Fernando de Vasconcellos Chaves, em julgamento datado de 10/11/2004, e assim ementado: "DIVÓRCIO DIRETO. RECONVENÇÃO. PEDIDO DE RECONHECIMENTO DE UNIÃO ESTÁVEL EM PERÍODO ANTERIOR. INOCORRÊNCIA. 1. Embora viável o pedido de reconhecimento de união estável em período anterior ao casamento, não se reconhece tal característica ao relacionamento entretido quando não comprovada a estabilidade da relação nem a intenção de constituição de uma família. 2. Quando existe união estável antes do casamento, não se cogita de partilha quando o casal estabelece, em pacto antenupcial, a incomunicabilidade de todos os bens havidos antes e durante o casamento. Recurso desprovido."
[14] CAHALI, Francisco José. Ob. cit., p. 81.

sibilidade poderia abrir as portas do abuso à inevitável fraqueza do cônjuge ainda tomado pela cegueira da paixão,[15] salientando Teresa Arruda Alvim Wambier,[16] que na conversão da união estável em casamento, celebrado com pacto antenupcial de separação de bens, existe justamente o risco de um dos nubentes impor o pacto de separação ao outro, exatamente para locupletar-se dos bens adquiridos pelo esforço comum de ambos, na constância da pretérita união fática.

O próprio e culto professor José Francisco Cahali admite que a estipulação com efeito pretérito não é totalmente ilimitada e ressalta que o contrato de convivência previsto no art. 5º da Lei nº 9.278/96 não corresponde a uma opção a determinado regime de bens e que a sua finalidade é apenas a de definir os efeitos patrimoniais decorrentes da união, especialmente em razão da presunção de condomínio. Por fim, portanto, não há como contratar na união estável, um regime de comunhão universal, cujos aprestos só poderiam ingressar no acervo do outro por expressa e própria doação. E arremata: "Não sendo um *pacto antenupcial*, inexistindo previsão legal sobre regime de bens, inadequado dar retroatividade ao contrato sobre bens particulares preexistentes ao início da relação ao pretenderem as partes, a comunhão de bens anteriores à convivência, o instrumento apropriado é, se relativo à imóvel, a doação, com as suas formalidades, não o contrato de convivência".[17]

Curioso impasse, pois desejando os conviventes que mantêm uma precedente união estável ajustar a incomunicabilidade dos bens já adquiridos durante a sua relação, poderão firmar o contrato de convivência previsto no art. 5º da Lei nº 9.278/96, que cedeu lugar para o art.1.725 do vigente Código Civil,[18] mas também podem desejar reverter a sua união livre em casamento e se fizerem a opção de pactuar um regime convencional de separação de bens, poderão, em tese, atribuir efeito retrooperante ao regime escolhido.

Afigura-se visivelmente injusta a aplicação, pela jurisprudência, de dois pesos e duas medidas para a mesma situação fática. Acontece que, se um homem e uma mulher, vivendo em união estável, resolverem celebrar um contrato de separação de bens, esta avença não poderia incidir sobre os bens que já se tornaram comuns pelo relacionamento passado, só podendo refletir sobre o patrimônio futuro, mas nunca atingindo o acervo preexis-

---

[15] MADALENO, Rolf. *Direito de Família e o novo Código Civil*, Ob. cit., p. 170.

[16] WAMBIER, Teresa Arruda Alvim. União estável, seguida de casamento com separação de bens e patrimônio adquirido durante a convivência. *In O Direito de Família após a Constituição Federal de 1988*, Org. COLTRO, Antônio Carlos Mathias, Celso Bastos Editor: São Paulo, 2000, p. 120.

[17] CAHALI, Francisco José. Ob. cit., p. 82.

[18] Art. 1.725. Na união estável, salvo contrato escrito entre os companheiros, aplica-se às relações patrimoniais, no que couber, o regime da comunhão parcial de bens.

tente, fruto do esforço comum já empreendido, especialmente se segue hígida a união, pouco importando se como conviventes ou como cônjuges que converteram a convivência estável em casamento.

A conclusão evidente é que a perpetuação do relacionamento é a mostra inquestionável de que a sua relação segue sólida e imperturbável, só vindo a reforçar a noção de comunhão de bens e de interesses, tanto que continuam a levar juntos a vida.[19]

Portanto, se a relação não sofreu qualquer solução de continuidade e seguem os conviventes inabaláveis em sua convivência afetiva, a única conclusão é no sentido de que os direitos já adquiridos não podem ser modificados, pois devem liquidar a vida patrimonial pregressa, promovendo a partilha dos bens amealhados durante o primeiro período da união, sob pena de restar escancarada a porta da burla e do enriquecimento indevido, sendo oportuno o alerta feito por Guilherme Loria Leoni, de existirem "contratos que são verdadeiras imposições de um cônjuge a outro para que a união se mantenha – isto é coação, mais uma espécie de vício de vontade a ser visto".[20]

Basta observar que o súbito contrato de convivência regulando o passado patrimonial dos conviventes que seguem juntos não permite a opção do regime da comunhão universal de bens, salvo que formalizem escritura de doação, para bens imóveis, pois é impossível transferir e acrescentar patrimônio de um parceiro para o outro, apenas com um contrato de convivência, embora possam adotar o regime da comunhão universal, por pacto antenupcial, firmado às vésperas da conversão da união estável em casamento.

O contrato incidental de convivência só tem tráfico para empreender um regime de separação de bens, ou seja, só serve para impor restrições, e não para ampliar ou acrescer direitos.

Portanto, se em princípio, cônjuges e conviventes podem estabelecer quantas disposições tenham por convenientes na administração e gestão de seus bens, esta liberdade de contratar deve ficar sempre dentro dos limites do próprio contrato, observados os princípios da boa-fé, da ética e da lealdade, e evitando o enriquecimento ilícito. Seria lícito qualquer regime novo que ampliasse a comunicação dos bens, como a adoção, pelos ex-conviventes, em pacto antenupcial, da comunhão universal, em que trocam a comunhão parcial ou a total separação de bens por um regime que agregue novos bens, mas jamais que possa retirar bens já adquiridos de modo oneroso durante o período de relação estável que antecedeu à conversão em casa-

---

[19] WAMBIER. Teresa Arruda Alvim. Ob. cit., p. 121.
[20] LEONI, Guilherme Loria. *Responsabilidade civil, a exclusão da responsabilidade do cônjuge ou convivente nas relações contratuais conjuntas por inexistência de proveito comum*, Juruá:Curitiba,2005, p. 59.

mento ou a nova estipulação contratual, o que efetivamente justificaria dissolver uma sociedade afetiva de divisão de aqüestos e começar imediatamente outra nova relação com o mesmo parceiro, isto quando não optarem apenas por firmar contrato de não-comunicação dos bens que já haviam adquirido o *status* de comuns. Por evidente, que a hipótese instiga a promover a prévia liquidação dos bens da primeira relação, mesmo que reste evidenciada a sua pura e simples continuação, notadamente, porque este mesmo contrato que não admite acrescentar bens imóveis, senão através de uma escritura de doação, não pode admitir que um dos conviventes renuncie aos bens que já lhe pertencem pela presunção de condomínio e de comunicação, até porque é princípio consagrado de que a renúncia sempre há de ser expressa[21] e nunca presumida pela singela alteração contratual de um regime de comunicação de bens em outro de total separação, implicando a súbita e informal renúncia da meação dos aqüestos de um dos parceiros e a sua inclusão na meação do outro.

Sob o risco de convalidar a fraude, toda a modificação de um regime econômico de comunicação de bens, que na constância da união venha a restringir direitos, pressupõe a prévia liquidação do regime anterior e correlata divisão dos bens já amealhados pelo regime automático da comunhão parcial, aplicado à união estável, na ausência de precedente contrato escrito.[22]

Aceitar a renúncia após a aquisição do patrimônio, por contrato escrito pelos conviventes ou porque decidiram casar e firmar pacto antenupcial de completa separação retroativa de bens só poderia ser considerada válida quando não prejudicasse terceiros e quando não atentasse contra a ordem pública. Aliás, não é por outra razão que a lei civil põe ao encargo do juiz de família a decisão sobre a mudança do regime matrimonial de bens, mandando que sejam declinadas as causas e criando todo um roteiro para que não haja prejuízos não só para terceiros, como inclusive para os cônjuges.

Calha neste espaço requestionar qual seria a reação judicial de uma pretensão de mudança do regime econômico da comunhão universal de bens de sólido e rico casamento, cujo cabedal foi construído exatamente durante matrimônio. Seria assim tão simples aceitar que a esposa promovesse a renúncia retroativa de sua meação, optando talvez, na quadra final de sua existência, pelo regime convencional da completa separação de bens. E se a resposta for positiva, então está inaugurada a estrada que leva a doação gratuita dos bens conjugais a um dos consortes, deixando doravante de ser devido, por exemplo, imposto pelo excesso de meação na partilha dos bens

---

[21] Art. 114 do CC – Os negócios jurídicos benéficos e a renúncia interpretam-se estritamente.
[22] Art. 1.725 do CC – Na união estável, salvo contrato escrito entre os companheiros, aplica-se às relações patrimoniais, no que couber, o regime da comunhão parcial de bens.

conjugais, pois será muito mais econômico desdobrar a separação do casal em duas etapas: primeiro, promovendo a alteração do regime de comunhão para o de total separação, ficando, por exemplo, o marido com a integralidade dos bens que já estavam registrados em seu nome; passo seguinte será ajuizar a separação judicial consensual, nela informando inexistirem bens para dividir, tendo em conta que na atualidade estão casados pelo regime da completa separação de bens, conforme precedente alteração judicialmente homologada.

Por evidente que não quer a lei o enriquecimento sem causa, tanto que o vigente Código Civil contém regras expressas para a sua vedação.[23] Se bem visto, a renúncia de direitos requer menção expressa, por escritura pública ou por termo nos autos de uma separação judicial ou de dissolução de uma união estável. A renúncia dissimulada por simples contrato escrito de convivência, que afasta a presunção de comunhão parcial, deve ser rejeitada por seu nefasto efeito de enriquecer sem justa causa apenas o companheiro beneficiado pela renúncia do outro e por ser claramente contrário à moral e ao Direito, permitir restrições de ordem material de efeito retroativo. Apagar acordos tácitos de comunhão parcial justamente quando a lei presume a comunicação dos bens pela inércia contratual dos conviventes, o que não deixa de ser uma opção consciente pelo regime da comunhão parcial, para depois permitir que, por mero contrato surgido muitas vezes do desgaste da relação a renúncia destes, fosse um meio de empobrecer um dos parceiros em benefício do outro, a título exclusivamente gratuito.

E se convencionam dissolver uma entidade familiar para formatar outra de regime restritivo de bens, não obstante permaneçam em cena os mesmos figurantes da peça original, esta primeira sociedade que sequer se dissolve, mas apenas troca de titulação patrimonial, para dar lugar a novo regime de restrição de direitos por mero contrato particular, deve ser obrigada a promover a prévia liquidação do acervo já construído em nome do casal convivente, tratando seus personagens de fixar e ajustar os encontros e a divisão das meações que já lhes pertencem pelo precedente silêncio contratual, pois nunca trataram de esboçar e contratar qualquer regime anterior de renúncia de suas meações.

Ora, se quer a lei no ato de mutabilidade do regime de bens preservar os direitos e interesses de terceiros,[24] sem sombra de dúvida que jamais foi desejo do legislador aceitar que justamente o meeiro da relação afetiva reste

---

[23] Art. 884. Aquele que, sem justa causa, se enriquecer à custa de outrem, será obrigado a restituir o indevidamente auferido, feita a atualização dos valores monetários.
[24] Neste sentido é a lição colacionada por SANTOS, Simone Orodeschi Ivanov dos. Ob. cit., p. 128: "A retroatividade das disposições do contrato de convivência também encontra limitação, a fim de se preservarem negócios efetuados pelos conviventes com terceiros, levando em conta o patrimônio do devedor, no momento em fora foram celebrados".

prejudicado em seus direitos, como se o legislador não soubesse que a sua principal função é a de organizar e regulamentar os interesses materiais tanto dos cônjuges como dos conviventes, pois ambos expressam a entidade familiar tutelada pela Constituição Federal e não parece que em tempos de estado democrático de Direitos, de igualdade e dignidade humana, pudesse ainda existir algum espaço para restrição de direitos e dissensões que apenas consagrariam a sempre odiosa fraude à meação.

— 4 —

A prova ilícita no Direito de Família e o conflito de valores

4.1. A prova

Segundo Francesco Carnelutti,[1] entre todos os fatos afirmados pelas partes em um processo, existe uma zona neutra de ações afirmadas tão-só por uma ou algumas das partes, mas não admitidos, embora possam existir ou não. São acontecimentos havidos por controvertidos e, portanto, se constituem em matéria de prova, deparando-se o julgador com a afirmação positiva de um e a negativa do outro, sendo necessário proporcionar os meios processuais de prova para a solução do impasse entre duas aparentes, mas contraditórias verdades.

A função da prova processual é fornecer ao juiz os elementos e argumentos de sua decisão, afastando suas dúvidas e inquietações, para que possa concluir com convicção e segurança.

Assim, só haverá necessidade de prova a despeito de alguma alegação contestada, cuja exatidão e verossimilhança precisarão ser comprovadas, de regra, pela iniciativa das partes interessadas na sua demonstração processual, com influência no resultado da sentença, sendo certo aduzir que o juiz não está restrito à iniciativa probatória dos litigantes, porque não atua na demanda como se fosse um mero espectador, mas ao contrário, pode e até deve, de ofício, comandar a busca dos elementos comprobatórios havidos como necessários à instrução do processo, inclusive indeferindo as diligências inúteis ou meramente protelatórias (art. 130 do CPC).

Contudo, salvo expressas exceções, quem alega, tem a tarefa de demonstrar a veracidade entre o fato constitutivo de seu direito e o fundamento jurídico de seu pedido, pois disto depende a formação de convencimento do juiz, cuja avaliação da prova é discricionária, atendendo aos elementos constantes dos autos, ainda que não alegados pelas partes, mas ditará na sua sentença, os motivos que lhe formaram o convencimento (art.131 do CPC).

---

[1] CARNELUTTI, Francesco. *La prueba civil*, 2ª ed. Buenos Aires: Depalma, 1982, p. 15.

4.2. A formação da convicção pela prova

Como é da estrutura do procedimento ordinário brasileiro, há uma fase do processo destinado especificamente à instrução da demanda, desta feita destinada à coleta de um conjunto complementar e tradicional de provas, consistente nos depoimentos pessoais das partes e audiência das testemunhas arroladas e, se necessário e viável, também pode ser realizada prova pericial. A rigor, contudo, a fase de instrução do processo não responde a um momento exato do procedimento, e assim acontece porque, por exemplo, no tocante às provas materiais, o autor tem a obrigação de instruir a petição inicial com os documentos indispensáveis à propositura da ação (art. 283 do CPC) e, por sua vez, tem o réu o ônus de especificar as provas que deseja produzir, juntando com a contestação o acervo material relacionado à sua defesa para servir de contraprova processual.

Entretanto, nenhum rigor absoluto comanda a instrução do feito, mesmo porque, nem toda a demanda prescinde da determinação de provas, quando, por exemplo, a questão de mérito for apenas de direito, ou, sendo de direito e de fato, não houver necessidade de produzi-la em audiência, ou ainda, quando ocorrer a revelia, permitindo possa o juiz conhecer diretamente do pedido, proferindo sentença (art. 330 do CPC), não se tratando de direitos indisponíveis (art. 320, II do CPC), como usualmente são aqueles provenientes das relações de família.

Também não dependem de prova os fatos notórios afirmados por uma das partes e confessados pela outra, bem como aqueles admitidos como incontroversos e, por fim, aqueles fatos em cujo favor milita presunção legal da existência ou de veracidade (art. 334 do CPC).

O artigo 212 do Código Civil admite a prova do fato jurídico pela confissão, documento, testemunha, presunção ou perícia, enquanto o artigo 440 do Código de Processo Civil também abre a possibilidade da inspeção judicial de pessoas ou coisas, como importante elemento de pesquisa da verdade dos acontecimentos.

Em qualquer caso, pode o juiz determinar de ofício ou a requerimento da parte, as provas necessárias à instrução do processo, indeferindo as diligências inúteis ou meramente protelatórias (art. 130 do CPC), apreciando livremente a prova, atento aos fatos e circunstâncias constantes dos autos, ainda que não alegados pelas partes; embora deva indicar na sentença os motivos que lhe formaram o convencimento (art. 131 do CPC).

Neste contexto, os meios probatórios buscam alcançar a verdade e a partir dela ou o mais próximo possível da realidade, realizar a justiça das decisões judiciais, mas não uma justiça a qualquer preço e sem nenhum limite, tendo em conta que certos meios probatórios podem ser vetados, quando afetam direito fundamental considerado mais relevante.

4.3. Princípios da prova

A função atual do Direito é de estimular o desenvolvimento social da ação humana, no pertinente ao valor supremo da dignidade pessoal, em seu nome são criadas as regras jurídicas a serem aplicadas pelo juiz. Entretanto, na dinâmica da vida e dos interesses sociais, nem sempre o Direito tem seu sistema de regras inteiramente contextualizadas, não sendo nada raro deparar com lacunas e antinomias, ou simplesmente não encontrar respostas para o caso concreto e não previsto em lei.

Também a realidade muda, e o Direito precisa contemplar estes novos parâmetros sociais, o que tem sido obtido com o uso da jurisprudência, ao promover o harmonioso encontro do Direito com os novos padrões de conduta, sintonizados com a felicidade e a realização da pessoa humana.

Portanto, numa dimensão acima das regras, figuram os princípios, como base de sustentação de todo o sistema legal brasileiro, quer no campo do direito material, quer processual.

Assim também sucede no âmbito da prova no processo civil, instituto envolto em diversos princípios, todos eles atuando como pilares fundamentais de sua estrutura e direção. Sendo o processo judiciário uma ciência autônoma, a prova está dotada de princípios próprios, considerados verdadeiros enunciados, muitos deles com assento na Constituição Federal, como "o do contraditório, da ampla defesa, da oralidade, da imediatidade física do juiz, da concentração, da publicidade, da verdade real, do livre convencimento motivado, da comunhão, da imaculação", ou da proibição de prova obtida por meios ilícitos (art. 5°, incisos XII e LVI da CF).[2]

Disposição estabelecida por igual, no artigo 332 do Código de Processo Civil, de serem admitidos todos os meios legais, bem como os moralmente legítimos, ainda que não especificados no Código. Destarte, na conformidade do artigo 332 do CPC, como princípio de prova, todos os meios legais são aptos para demonstrar a verdade dos fatos, sobre os quais se funda o pedido da ação ou da defesa, ainda que não tenham sido legalmente previstos, mas só servirão como prova se forem moralmente legítimos.

Impõe assim a Carta Federal restrições à liberdade probatória, não admitindo a prova ilícita, que rompe o equilíbrio das partes no processo, tal qual aquela obtida por meios moralmente ilegítimos, como ocorre com a violação do sigilo de correspondência, podendo integrar este rol a interceptação da correspondência virtual, e das comunicações telegráficas, ou de dados e comunicações telefônicas, à exceção, nesta última hipótese, quando

---
[2] GIORGIS, José Carlos Teixeira. O Direito de Família e as provas ilícitas, *In Direitos fundamentais do Direito de Família*, Porto Alegre: Livraria do Advogado, Coord. WELTER, Belmiro Pedro e MADALENO, Rolf Hanssen, 2004, p. 140.

realizada por ordem judicial, para fins de investigação criminal ou instrução processual penal (art.5°, inc. XII, da CF).

O valor maior a ser protegido é o da dignidade da pessoa humana, o que, portanto, permite consignar a possibilidade de relativização da garantia constitucional de vedação da prova ilícita, quando estiver em risco a supremacia dos direitos da pessoa humana, sua honra e sua dignidade.

4.4. Provas típicas e atípicas

As provas textualmente identificadas em lei são denominadas de típicas, em contraponto com as provas chamadas de atípicas ou inominadas.[3] São provas não reguladas expressamente em lei, contudo, tampouco vetadas, mas ao contrário, surgem de diversas passagens da legislação processual, tanto que o juiz pode buscar nestas outras fontes de convencimento, maiores subsídios para atender aos postulados judiciais. Estas provas atípicas ou menos convencionais podem servir como úteis elementos de revelação da verdade, como ocorre, por exemplo, com a prova emprestada de outro processo; ou quando o oficial de justiça certifica em seu mandado qualquer passagem fática ou circunstância que interesse à elucidação da demanda, ainda que não tenha sido especialmente ordenado o seu deslocamento para a verificação de algum fato específico. Também quando peritos prestam esclarecimento diretamente em juízo, ou quando as partes apresentar pareceres técnicos e documentos elucidativos (art.427 do CPC).

Ingressam ainda neste rol de provas atípicas as declarações fornecidas por terceiros; ou comportamento das partes e das testemunhas fora do processo, sob cujas circunstâncias podem ter inequívoca influência na formação do convencimento do juiz, como no caso de entrevistas concedidas à imprensa falada, escrita e televisada. Essas situações podem contribuir indiretamente para a elucidação da causa, embora o juiz não possa fundamentar sua sentença com lastro nestes elementos recolhidos no comportamento extraprocessual das partes e testemunhas, mas seguramente servirão para a melhor compreensão do julgador no exame da matéria probatória.[4]

Darci Guimarães Ribeiro indica como fonte adicional de prova atípica os *fatos notórios*, que dispensam comprovação, conforme inciso I do art.334 do CPC, integrando ainda nominata; as *presunções,* previstas no inciso IV do art. 334 do CPC e no artigo 212, IV, do Código Civil, as *regras de experiência*, do artigo 335 do CPC, que se dividem em comuns ou técnicas, conforme prescindam ou não de conhecimento especializado.[5]

---

[3] CAMBI, Eduardo.*A prova civil, admissibilidade e relevância*, São Paulo: RT, 2006, p. 40.
[4] LOPES, João Batista. *A prova no Direito processual civil*, 2ª ed. São Paulo: RT, 2002, p. 170-171.
[5] RIBEIRO, Darci Guimarães. *Provas atípicas*, Porto Alegre: Livraria do Advogado, 1998, p. 96/110.

Acresce ser preciso levar também em consideração a tecnologia virtual, surgida com a disseminação do clonado documento eletrônico, que, numa definição genérica, é aquele confeccionado pelo computador.[6] É fantástico da comunicação universal da Internet, onde a ciência da computação revolucionou os meios de comunicação, como no passado sucedeu com o telégrafo e o telefone, não mais se concebendo uma sociedade que não se sirva da comunicação virtual.

A circunstância de serem provas atípicas não as torna diferenciadas e estranhas ao ordenamento processual brasileiro, porque que a lei brasileira aceita todos os meios de prova em direito admitidos, conforme art. 332 do CPC, que estatui: "Todos os meios legais, bem como os moralmente legítimos, ainda que não especificados neste Código, são hábeis para provar a verdade dos fatos, em que se funda a ação ou a defesa".

4.5. Prova ilícita e prova ilegítima

Há certo conjunto de provas considerado proibido ou vedado, e compreende duas categorias. A das provas ilegítimas, quando produzidas em afronta à lei, como no caso de profissionais que devem guardar sigilo daquilo que lhes é dito em razão de sua profissão ou ofício; e as provas ilegítimas, obtidas através de meios ilícitos, violando a lei material. O artigo 5º da Constituição Federal acolhe qualquer meio de prova processual que não tenha sido obtido por meios ilícitos.

Para José Carlos Teixeira Giorgis, a prova ilícita é obtida com violação das garantias constitucionais e do direito material, ao passo que a prova ilegítima decorre da transgressão das regras processuais.[7] A violação de correspondência ou a interceptação telefônica é prova ilícita, como ilícita é a prova obtida mediante tortura ou maus-tratos (art. 5º, inc. X, da CF), enquanto ilegítima é a prova consistente do depoimento escrito de advogado que tenha representado profissionalmente a parte, contra quem este documento é produzido, ou do padre que deve guardar segredo das confissões que lhe são passadas por seu ofício religioso.

Para Luiz Francisco Torquato Avolio,[8] a prova ilegítima fere normas de direito processual, como no caso da testemunha com dever profissional de sigilo que tem a obrigação de se recusar a depor, ou na hipótese do testemunho de parente consangüíneo ou por afinidade. Uma vez colhidos os depoimentos destas pessoas, que devem guardar sigilo em função do

---

[6] Idem, ob. cit., p. 133.
[7] GIORGIS, José Carlos Teixeira. Ob cit. p. 150.
[8] AVOLIO, Luiz Francisco Torquato. *Provas ilícitas, interceptações telefônicas e gravações clandestinas*, São Paulo: RT, 1995, p. 39.

ofício, da profissão ou do parentesco, a prova é nula, por violar lei material, salvo que esta prova ilícita seja determinante para o resultado do processo.[9]

Na prova ilícita, há infração a normas ou princípios de direito material, notadamente de direito constitucional.[10] A prova ilicitamente obtida fere de morte os direitos fundamentais previstos pela Constituição Federal e atinentes à intimidade, à liberdade e à dignidade humana, além de outras garantias definidas em normas infraconstitucionais, capazes de violarem direitos como a integridade física, a propriedade, inviolabilidade do domicílio, sigilo da correspondência e da comunicação telefônica.

Contudo, os direitos fundamentais vinculados à intimidade e à dignidade da pessoa encontram larga proteção nas demandas cíveis, muito especialmente nas causas familistas, que são confrontadas na suposição de proteção de um valor maior, quando busca preservar a intimidade dos cônjuges, a integridade psíquica dos filhos e a garantia da subsistência onde houver dependência alimentar, permitindo quebrar o sigilo e o uso de provas ilícitas, mas ponderáveis pelo princípio da proporcionalidade.

4.6. Provas ilícitas

Segundo Eduardo Cambi,[11] a busca da verdade não é um valor absoluto no processo e tampouco justifica ir ao seu encalço a qualquer preço. Ela precisa ser temperada com os demais valores presentes no contexto processual e assim, naturalmente sujeita às restrições dos excessos e desvarios de uma incontida ilicitude, tudo em consideração a valores de maior estatura moral.

Daí a vedação legal à prova ilícita contida tanto no artigo 5°, inc. LVI, da Carta Federal, como no artigo 332 do Código de Processo Civil, ao aduzirem, ambos os dispositivos, só serem admitidos os meios de prova legais e moralmente legítimos, mesmo que não previstos expressamente em lei.

Para João Batista Lopes,[12] a prova ilícita está agrupada em quatro correntes doutrinárias: a) aquela que admite a prova ilícita; b) a que não admite as provas obtidas por meios ilícitos; c) a que as rejeita com fundamento em princípios constitucionais e d) a corrente que não aceita as provas ilícitas como princípio geral de direito, contudo admite eventuais exceções.

Segundo João Batista Lopes,[13] o sistema brasileiro está inquestionavelmente vinculado ao fundamento constitucional da prova ilícita, o que

---
[9] CARNAÚBA, Maria Cecília Pontes.*Prova ilícita,* São Paulo: Saraiva, 2000, p. 79.
[10] Idem, ob. cit., p. 39.
[11] CAMBI, Eduardo.Ob. cit., p. 63.
[12] LOPES, João Batista. *A prova no Direito Processual Civil,* 2ª ed. São Paulo: RT, 2002, p. 96-97.
[13] Idem. Ob. cit., p. 97.

explica porque Cambi propõe o abandono definitivo da dicotomia *provas ilícitas-provas ilegítimas*, devendo ser sancionando tratamento unitário para a ilicitude, passando a dominar ambas de *provas inconstitucionais*, porquanto infringem o art. 5°, inc. LVI, da CF. Assim, sempre que violarem direitos fundamentais constitucionalmente tutelados, não poderão ser admitidas como meio de prova.[14]

Valendo-se da lição de José Carlos Barbosa Moreira, em exaustivo estudo sobre a prova ilícita nas ações de destituição do poder familiar, Douglas Fischer[15] aponta a existência de duas correntes para o problema jurídico da chamada prova ilícita, cuidando uma destas doutrinas da constatação do ato ilícito e do seu categórico afastamento como meio probatório e a outra corrente pautando pela admissão da prova, mas respondendo o autor da prova por sua ilicitude na seara própria.

O aproveitamento das provas obtidas com infringência às normas de direito material tem sido alvo de calorosas controvérsias doutrinárias e jurisprudenciais, prevalecendo o entendimento de que o juiz não deve considerá-las. Muito embora, e já de longo tempo, pois é texto escrito ainda sob a égide da Constituição Federal de 1979, em que Alcides de Mendonça Lima[16] dizia não poder o juiz abstrair-se de conhecer o fato e julgá-lo, apenas porque a prova foi considerada ilícita ou imoral. Especialmente se a parte dispuser somente daquela prova, por cuja natureza, não enseja, normalmente outro meio, pois sua repulsa irá ensejar uma sentença injusta e para o juiz importa é fazer justiça. Se o ato for ilegal ou imoral e favorecer aquele que somente levanta a imoralidade ou a ilicitude do meio, e nada contrapõe à autenticidade da prova e a veracidade dos fatos atestados por esta mesma prova, conclui Mendonça Lima, naquele tempo, que um direito não pode servir para cometer uma injustiça e, por evidente, já defendia o juízo da ponderação.

Prevalece, portanto, pela moderna doutrina, a tese do abrandamento da proibição da prova ilícita em casos excepcionais em que se buscam tutelar direitos constitucionais proporcionalmente mais valorados, pois o cerne da questão está em encontrar o equilíbrio entre os dois valores contrapostos.[17]

Assim também pensa José Carlos Teixeira Giorgis,[18] ao explicitar viver o juiz um cruciante dilema para decidir entre a verdade e a segurança

---

[14] CAMBI, Eduardo. *A prova civil...*, ob. cit., p. 67.
[15] FISCHER, Douglas. Prova ilícita na ação de destituição do poder familiar – uma investigação à luz da hermenêutica constitucional, *In Ações de Direito de Família*, Coord. MADALENO, Rolf, Porto Alegre: Livraria do Advogado, 2006, p. 192.
[16] LIMA, Alcides de Mendonça. *A eficácia do meio de prova ilícito no CPC brasileiro*, Porto Alegre: Ajuris, vol. 38, novembro de 1986, p. 106.
[17] BEDAQUE, José Roberto dos Santos. *Poderes instrutórios do juiz*, São Paulo: RT, 1991, p. 96.
[18] GIORGIS, José Carlos Teixeira. Ob. cit., p. 159.

jurídica, pois se afastasse prova considerada ilícita, em contrapartida, terminaria afetando direito protegido pela ordem constitucional e pela dignidade da pessoa humana.

4.7. A utilização da prova ilícita no Direito de Família

A própria natureza das questões processuais debatidas no âmbito do Direito de Família é peculiar e deve ser vista com um evidente e indissociável juízo de ponderação. Prova de aplicação deste juízo de ponderação consiste na possibilidade de serem auscultadas no juízo familista as pessoas que são impedidas de deporem, como o cônjuge, ascendentes, descendentes e colaterais até o terceiro grau (art.405, § 2°, inc. I, do CPC), salvo se assim o exigir o interesse público, ou, tratando-se de causa relativa ao estado da pessoa, não houver outro modo de obter a prova. Mesmo no caso de depoimento de criados e serviçais com liames de dependência, por cujos vínculos não poderiam depor, salvo quando estritamente necessário (§ 4°, art. 405), e usualmente serão testemunhos necessários pela proximidade que têm com os fatos e a intimidade verificada na privacidade do domicílio familiar.

São admitidos os depoimentos de empregados domésticos nas ações de família, como disse Sérgio Gilberto Porto,[19] não somente porque estas pessoas conhecem os fatos ocorridos no recesso do lar, mas porque muitas vezes elas mantêm vínculos com ambos os litigantes, surgindo justamente desta particularidade o conhecimento daquilo que ocorre na intimidade da casa. No entanto, este vínculo bilateral já não se faz mais presente nas ações revisionais de alimentos, quando são largamente utilizados os depoimentos dos servidores domésticos para provarem a necessidade de majoração dos alimentos, ou nas demandas de alteração de guarda ou de regulamentação de visitas, quando os casais já estão separados, e as testemunhas guardam apenas um vínculo unilateral de trabalho e de dependência financeira.

De qualquer modo, não há, efetivamente, como desprezar com a natural moderação, o depoimento de parentes e empregados domésticos, quando geralmente são eles que podem prestar os esclarecimentos dos fatos ocorridos na vida familiar.

Não se pode perder de vista, no entanto, que será decisão do juiz avaliar a necessidade ou conveniência da tomada destes depoimentos de pessoas, em princípio, impedidas de deporem, como será exclusivamente do decisor avaliar a real e final prestabilidade destes testemunhos, que sabe, de antemão, estão imantados de uma carga muito elevada e compreensível de parcialidade, cometendo ao magistrado promover a conveniente filtra-

---

[19] PORTO, Sérgio Gilberto. *Prova:Generalidades da teoria e particularidades do Direito de Família*, Porto Alegre:Ajuris, n° 39, março, 1987, p. 124.

gem desta prova que entrelaça sentimentos, interesses e comprometimento pessoal.

Aqui se faz notoriamente presente o juízo da adequação entre os meios e os fins, onde o próprio legislador tratou de estabelecer os mecanismos de razoabilidade na utilização da prova que, em princípio, seria vetada, não admitindo a ouvida de testemunhas impedidas, contudo, considerando razoável a coleta desta prova em situações preestabelecidas, pertinentes ao interesse público ou ao estado das pessoas.na seara do Direito de Família, a pretensão visada pela ordem jurídica não é como poderia parecer num primeiro momento, o interesse particular de cada um dos litigantes contrapostos na demanda, ou um destes protagonistas em relação aos seus filhos ou parentes, mas sim, a intangibilidade da própria instituição familiar, que tem valor transcendental.

Lembra Lourival de Jesus Serejo Sousa[20] ser freqüente a utilização de escutas telefônicas, gravações clandestinas e movimentação de detetives particulares nas demandas de separação judicial ou de custódia judicial dos filhos.

Recorda Yussef Said Cahali[21] quão raras são as provas diretas do adultério na ação de separação judicial, uma vez que seus protagonistas se cercam de todos os cuidados, buscando desviar-se dos olhares denunciadores. Conseqüentemente, os autores das ações separatórias se valem da prova indireta do adultério, aportando aos feitos toda a sorte de indicativos e elementos que, na sua soma, resultam em fortes indícios e presunções, quase invencíveis, da ocorrência de infidelidade conjugal.

Diante da dificuldade em obter a prova direta do adultério, precisamente pelos cuidados dos quais se cerca o par adúltero para evitar o flagrante, Cahali considera admissível o recurso a todo o gênero de provas do adultério no juízo cível, para efeitos de dissolução da sociedade conjugal, e justamente em razão das peculiaridades desta infração considerada pela doutrina, como a mais infamante das causas de separação.[22]

Portanto, há um afrouxamento no rigor da prova direta do adultério, mas também há, em contrapartida, um afrouxamento dos meios utilizados para a mesma prova da infidelidade carnal.

---

[20] SOUZA, Lourival de Jesus Serejo. As provas ilícitas e as questões de Direito de Família, *In Revista Brasileira de Direito de Família*, Porto Alegre: Síntese-IBDFAM, vol.2, jul-ago-set., 1999, p. 10.

[21] CAHALI, Yussef Said. *Divórcio e separação*, Tomo 1, 6ª ed. São Paulo: RT, 1991, p. 720.

[22] MADALENO, Rolf, "A infidelidade e o mito causal da separação", *In Revista Brasileira de Direito de Família*, Porto Alegre-Síntese-IBDFAM, out-nov-dez, n° 11, 2001, p. 152. A propósito do adultério como a mais infamante das causas separatórias, é de ser observado não ser ele a única forma de violação do dever de fidelidade, que tem conceito muito mais amplo, estando o adultério apenas na ante-sala da infidelidade. Fidelidade é gênero do qual o adultério é apenas uma das espécies de infração. Dependesse o divórcio da prova direta do adultério e raros seriam os processos, aceitando a jurisprudência a presunção do adultério, quando demonstrados deslizes conjugais flagrados na conduta leviana ou irregular do cônjuge com terceiro, a excessiva intimidade ou afeição carnal com pessoa de outro sexo.

O depoimento do cúmplice no adultério, por exemplo, está protegido pela regra do artigo 406, inciso I, do CPC, ao estabelecer a possibilidade de o partícipe do adultério se escusar de depor sobre fatos que lhe acarretem grave dano. Contudo, só esta recusa em depor já seria, provavelmente, suficiente para aplicar o princípio de veracidade por *presunção,* instituída pelo artigo 335 do Código de Processo Civil, que permite ao juiz aplicar as regras de experiência comum, subministradas pela observação daquilo que ordinariamente acontece, de sorte que melhor seria a testemunha indicada como co-autora do adultério negar o fato em juízo ou a sua co-autoria.

Ao lado do adultério tradicional, surge o *adultério virtual*, cuja expressão Marilene Guimarães[23] prefere substituir por *infidelidade virtual*, considerando só existir adultério virtual se da troca das comunicações eletrônicas resultar o relacionamento carnal. Na relação virtual que se ressente do contato físico, existiria tão-somente um laço erótico-afetivo platônico, mantido à distância através de um computador, podendo ser falado em quase adultério, em verdade, apenas em infidelidade moral.[24]

Estes relacionamentos virtuais que navegam pelo véu da Internet, Alexandre Rosa[25] compara aos tempos em que os amantes mantinham seus contatos às escondidas, nas alcovas retratadas pelo Marquês da Sade.

E nesta alcova virtual a intimidade também merece preservação constitucional, por ser prova ilícita aquela obtida no campo da informática, se interceptada ao tempo da emissão do e-mail ou se já estiver armazenado na caixa postal do usuário.[26]

Alexandre Rosa também observa ser proibido adentrar nos arquivos do companheiro sem o devido consentimento, salvo sendo comum a conta do provedor, mas desde que não existam senhas individuais, em cuja hipótese haveria arbitrária intromissão e violação de sigilo de comunicação. É prova ilícita a utilização judicial de documentos abortados de dados transmitidos pela Internet para a comprovação de infidelidade virtual e vai além, pois entende também não existir nenhuma possibilidade de autorização judicial para a invasão dos fluxos de dados transmitidos via telefone, como no caso do *e-mail*, por completa falta de previsão legal.[27]

A interceptação pelo consorte da correspondência endereçada a terceiro por seu cônjuge, por suspeita de adultério, tem dividido a doutrina, entendendo alguns que, por exemplo, o marido tem o direito de interceptar a

---

[23] GUIMARÃES, Marilene Silveira. *Adultério virtual, infidelidade virtual*, Belo Horizonte:IBDFAM, Anais do II Congresso Brasileiro de Direito de Família – A família na travessia do milênio –, 2000, p. 439.

[24] Idem. Ob., cit., p. 445.

[25] ROSA, Alexandre. *Amante virtual, (in)conseqüências no Direito de Família e Penal*, Florianópolis: Habitus Editora, 2001, p. 21.

[26] SOUZA, Lourival de Jesus Serejo de. *As provas ilícitas e as questões de Direito de Família*, Revista Brasileira de Direito de Família, Porto Alegre: Síntese, jul-ago-set 1999, p. 12.

[27] ROSA, Alexandre. Ob. cit., p. 41.

correspondência da mulher para com o seu cúmplice, enquanto outros descartam a produção desta prova obtida por meio ilícito, acreditando Yussef Said Cahali[28] na admissibilidade desta modalidade de prova, sendo irrelevante se a carta foi obtida por meios ilícitos ou desleais, ou interceptada pelo acaso dos acontecimentos, sendo função dos juízes decidirem conforme as provas lhes forem apresentadas e se elas foram hábeis para dar certeza e condições de convicção ao julgador, desimporta ao processo tenha esta correspondência sido interceptada ilicitamente.

Tenha-se, por exemplo, em consideração, a possibilidade legal de o juiz compelir terceiro a exibir a correspondência pela via processual da exibição de documento ou coisa, ajuizada em caráter incidental e apensa ao processo ordinário de separação judicial. Portanto, não parece se revista de ilicitude o entranhamento direto de missiva interceptada pelo cônjuge, que desconfiava da fidelidade de sua mulher, assim como não viola nenhum valor extremo, quando a mesma vítima de adultério localiza correspondência de infidelidade virtual de seu cônjuge com terceiro.

Ainda na doutrina de Yussef Said Cahali,[29] também a prova colhida por grampo telefônico tem sido admitida de forma incondicional em sede de atuação das ações de Direito de Família, desde que reste demonstrada a autenticidade da voz e da gravação e verificada a impossibilidade de fraude ou de inserção maliciosa de trechos, ou a sua mera subtração, que pudesse permitir a intolerável distorção do real sentido da fala captada, forjando a sua descontextualização.

Sua admissibilidade estaria implícita no art. 332 do CPC, quando admite todos os meios legais, bem como moralmente legítimos de prova, não tendo consignado nenhuma ressalva à gravação, só existindo restrições do uso de gravações clandestinas no plano do processo penal, porque haveria afronta ao sigilo de comunicações, muito embora Cahali reconheça a tendência jurisprudencial em não admitir como prova a gravação obtida pelo cônjuge inocente, através de gravação interceptada do cônjuge culpado e terceiro.[30]

---

[28] CAHALI, Yussef Said. Ob. cit., p. 726.
[29] CAHALI, Yussef Said. Ob. cit., p. 732.
[30] "Indenização por perdas e danos. Abalo moral. União estável. Infidelidade do companheiro. Análise da culpa para aplicação do instituto. Uso de aparato eletrônico para flagrante de adultério. Prova ilícita". (Apelação Cível n°70006974711 da 7ª CCTJRS, rel. Des. José Carlos Teixeira Giorgis, j. 17/12/2003). Ou em sentido contrário, por não respeitar a conversa telefônica envolvendo terceiro, o REsp n°9.012-RJ, relator Ministro Nilson Naves, j.24/02/1997: "Processo civil. Prova. Gravação de conversa telefônica feita pela autora da ação de investigação de paternidade com a testemunha do processo. Requerimento de juntada da fita, após a audiência da testemunha, que foi deferido pelo juiz. Tal não representa procedimento em ofensa ao disposto no art. 332 do Cód. De Pr. Civil, pois aqui o meio de produção da prova não é ilegal, nem moralmente ilegítimo. Ilegal é a interceptação, ou a escuta de conversa telefônica alheia. Objetivo do processo, em termos de apuração da verdade material ("a verdade dos fatos em que se funda a ação ou a defesa"). Recurso especial não conhecido. Votos vencidos".

Pensa Cahali, que sequer inviabiliza a sua utilização como prova judicial a circunstância de a Constituição Federal de 1988 ter inserido dentre os direitos e garantias fundamentais do indivíduo, ao prescrever ser inviolável o sigilo da correspondência e das comunicações telegráficas e telefônicas, salvo por ordem judicial, e para fins de investigação criminal ou instrução processual penal (art. 5° inc.XII) e de serem inadmissíveis as provas obtidas por meios ilícitos (art. 5° inc. LVI), porque um direito não pode servir para encobrir uma injustiça cometida, sendo função do juiz dar valor ao conteúdo da prova, e não ao modo como ela foi obtida, ainda que violado algum direito registrado em lei.[31]

Termina por advogar em verdade, a ponderação casuística da prova que, em princípio, se afigura ilícita, mas pode ser admitida para decidir os interesses conflitantes.

Não é por outra razão que José Carlos Teixeira Giorgis,[32] referindo-se ao Direito de Família, anota ser tema delicado a aplicação do princípio da proporcionalidade, que deve ser bem temperado para não permitir excessos.

4.8. Princípio da proporcionalidade

Em defesa do juízo de ponderação, já se apresentava Pontes de Miranda,[33] quando afirmava existir o direito ao sigilo e de resguardo da personalidade, mas é um direito que cede diante de outro mais importante a ser protegido, como nas hipóteses em que confronta com o direito à vida, à integridade física, à verdade ou à honra.

O princípio da proporcionalidade no âmbito probatório foi aplicado pelos tribunais alemães ao admitirem, em caráter excepcional, a prova obtida com violação ao mandamento constitucional, desde que esta fosse a única prova possível e razoável trazida com o propósito de proteger outros valores fundamentais havidos como mais urgentes na avaliação dos julgadores.[34]

O princípio da proporcionalidade reconhece a ilicitude da prova, entretanto, permite que o juiz coteje os valores postos em entrechoque, no propósito de escolher e decidir pelo melhor caminho na aplicação da justiça, tendo em conta que os direitos fundamentais comportam restrições em favor e na defesa da ordem jurídica, assentado exatamente na ponderação de dois ou mais valores de aparente identidade de dimensão, mas que no caso concreto terminam por ceder naquelas hipóteses "em que a sua observância

---

[31] CAHALI, Yussef Said. Ob. cit., p. 738.
[32] GIORGIS, José Carlos Teixeira. Ob cit. p. 166.
[33] MIRANDA, Pontes de. *Tratado de Direito Privado*, São Paulo:RT, vol. 7, 1983, p. 131.
[34] BERGMANN, Érico R. *A Constituição de 1988 e o princípio da proporcionalidade*, Porto Alegre: Estudo MP 5, 1992, p. 16.

intransigente levaria à lesão de um outro direito fundamental ainda mais valorado".[35]

O caminho a ser encontrado é o do equilíbrio entre dois valores que entram em rota de colisão, considerando ser esta a orientação constitucional, cujo objetivo não é outro senão o de proteger os direitos fundamentais da pessoa. De lembrar, contudo, que o constituinte brasileiro contemplou extenso rol aberto de direitos fundamentais explícitos e outros não previstos expressamente, encontrando-se dentre eles a ponderação de princípios.

Os *princípios* respeitam a um axioma inexorável e inafastável, senão pela regra da sua proporcionalidade, pois são os princípios, e não as regras, os mais importantes a serem considerados, até porque as regras encontram sua fundamentação nos princípios de Direito.

O princípio da proporcionalidade se impõe como instrumento de solução de conflitos que se entrechocam e se surgir conflito de *princípios*, pondera Rizzato Nunes,[36] "o caso concreto apontará o caminho a ser trilhado para que o intérprete coloque em relevo esse ou aquele princípio", podendo existir alguns que, de antemão, já se apresentam mais importantes do que outros, ou não. Equilibrando os valores e interesses de princípios contrapostos, certamente logrará o juiz harmonizar os diferentes valores constitucionais, podendo ponderar sobre a restrição probatória, por exemplo, para proteger valor jurídico mais relevante.

Segundo Eduardo Cambi,[37] o princípio da proporcionalidade é o de harmonizar os diversos direitos, bens ou valores constitucionalmente reconhecidos, cabendo ao magistrado ponderar sobre a necessidade e a conveniência da prova ilícita trazida aos autos, dela podendo evidentemente se utilizar quando assim lhe parecer absolutamente imprescindível para a apuração da verdade. Pode ser no âmbito penal, para evitar a condenação de um inocente, ou no juízo de família, para comprovar uma causa separatória, se não o for para a amarga solução, fato de grave repercussão social e familiar, como acontece na disputa da guarda ou do poder familiar, e inconciliável a guarda conjunta.

Como não admitir, na ponderação de valores em entrechoque, a coleta clandestina de gravações de vídeo ou de voz, de cenas de maus-tratos físicos ou mentais à criança, ou de abusos sexuais, para, no melhor interesse do menor, embasar a troca de sua custódia legal.[38]

O magistrado não deixa de ponderar valores probatórios quando decide sobre a exumação de um cadáver para a realização de prova científica

---

[35] BERGMANN, Érico R. Op. cit., p. 18.
[36] NUNES, Rizzato. *O princípio constitucional da dignidade da pessoa humana, doutrina e jurisprudência*, São Paulo: Saraiva, 2002, p. 34.
[37] CAMBI, Eduardo. *Direito constitucional à prova no processo civil*, São Paulo: RT, 2001, p. 170.
[38] FISCHER, Douglas. Ob. cit., p. 204.

em DNA em investigatória de paternidade, pois tratará de atribuir maior valor à identidade da pessoa do investigante em detrimento da preservação do cadáver exumado.

Não age de forma distinta quando autoriza a quebra do sigilo bancário para apurar a capacidade econômico-financeira do devedor de alimentos de um profissional liberal ou trabalhador autônomo, e cuja quebra de sigilo seria o único meio de prova, senão o mais relevante, já que demonstraria, de forma direta, a exata exteriorização de riqueza do alimentante.

Ou quando num caso de gravação clandestina de conversa providenciada pela mulher com o ex-marido, o julgador se utilizou do critério da proporcionalidade ao valorar mais o direito à prova que o sacrifício da intimidade.[39]

É de ser ponderado que, em todos estes exemplos trazidos da prática processual do juízo de família, o próprio julgador tem deferido a utilização destes que são considerados meios proibidos de prova e constitucionalmente protegidos, mas que antes de mais nada, cuidam de fato, de buscar a necessária verdade, valendo-se, enfim, da compreensível relativização da proibição constitucional de uso da prova dita ilícita, especialmente no juízo

---

[39] "AÇÃO PAULIANA. GRAVAÇÃO DE CONVERSA ENTRE MARIDO E MULHER. PEDIDO DE JUNTADA PELA ÚLTIMA. PROVA DE DEFRAUDAÇÃO DO PATRIMÔNIO COMUM. DECISÃO QUE CONSIDERA A PROVA COMO ILÍCITA. OFENSA AO DIREITO DA INTIMIDADE. DESCABIMENTO. APLICAÇÃO DO PRINCÍPIO DA PROPORCIONALIDADE. PONDERAÇÃO DO DIREITO À PROVA. LIMITAÇÃO QUE CEDE À PROVA RELEVANTE. INTERESSES DA BUSCA DA VERDADE E DA SEGURANÇA JURÍDICA QUE SACRIFICAM, NO CASO CONCRETO, A TUTELA DA INTIMIDADE. RESTRIÇÃO CONSTITUCIONAL SUPERADA PELA ORIGINALIDADE DA PROVA PARA A DESCOBERTA DA VERDADE. ASSIM, É RAZOÁVEL A UTILIZAÇÃO DE GRAVAÇÃO DE CONVERSA ENTRE MARIDO E MULHER, MESMO QUE UM DOS INTERLOCUTORES DESCONHEÇA A IMPRESSÃO SÔNICA FEITA PELO OUTRO.
A preservação da garantia constitucional da privacidade, por não ser absoluta, não pode servir para cometimento de injustiça, nem obstáculo invencível que venha a favorecer quem violou o direito material que alicerça a pretensão contraposta, cabendo ao juiz dar valor ao conteúdo da prova, independente do meio com que foi obtida, ainda que com superação de certos direitos consignados na Lei Magna ou na legislação ordinária. No âmbito do Direito de Família a prova tem singularidades que impõem um tratamento específico diversamente dos outros campos jurídicos, e que decorrem da natureza da relação conjugal, onde as violações do dever são clandestinas, embaraçando a sua visibilidade e constatação. O direito à intimidade, como qualquer outro, não pode sobrepor-se de maneira absoluta a outros dignos da tutela judiciária, podendo submeter-se ao direito à prova, também constitucionalmente assegurado, aplicando-se o princípio da proporcionalidade, aqui se ponderando favoravelmente os interesses ligados à reta administração da justiça e sacrificando-se a privacidade. O direito à prova é o direito da parte em utilizar todas as provas de que dispõe para demonstrar a veracidade dos fatos em que se funda a pretensão e que seria inútil se não se vinculasse ao direito de aquisição da prova, desde que admissíveis e relevantes. Assim, o objeto do direito à prova é o direito da parte à prova relevante, que cede aos direitos fundamentais, desde que ela não detenha outra forma de comprovação. Desta forma, prevalecem os interesses da verdade e da segurança jurídica, restando à coletividade assegurar-se contra a obtenção ilícita com o manejo da responsabilidade civil ou penal para o autor que malferiu a moral. É razoável a produção de prova oriunda de gravação de conversa entre marido e mulher, em que se utilizaram meios comuns, mesmo que um deles desconheça a existência da impressão sônica, uma vez que não há quebra da privacidade. Agravo provido, para autorizar a produção do clichê sônico". (Agravo de Instrumento n°70005183561 da 7ª CC do TJRS, Rel. Des. José Carlos Teixeira Giorgis, j. e 12/03/2003).

familiarista, sempre que se mostrarem relevantes para a justa solução da demanda.[40]

Fazer uso da proporcionalidade nada mais significa do que proteger da melhor forma possível a dignidade da pessoa, tendo anotado pontualmente Moacyr Amaral Santos,[41] só poder estar de um lado a certeza sobre a relação de direito litigiosa. E esta certeza, acrescenta José Carlos Teixeira Giorgis,[42] é a que justamente leva a não poder existir uma interpretação rígida do texto constitucional, notoriamente quando a própria Constituição Federal ressalva a quebra do sigilo telefônico na seara penal, não havendo como se imaginar que em demandas cíveis se relevassem valores de menor importância, estando a depender o uso da prova ilicitamente coletada da casuística processual, sem esquecer que o legislador processual especificou, no artigo 131 do Código de Ritos, a livre apreciação judicial das provas, levado o juiz apenas por seu convencimento pessoal fundamentado, mas sem se descurar, como em boa hora ensina María Josefa Méndez Costa,[43] que a família é o primeiro e mais fundamental, o mais específico, mais real e concreto encontro humano do homem, razão pela qual, tudo nela é fundamental, pois é a família a base de toda a sociedade.

---

[40] "Processo civil. Prova. Gravação de conversa telefônica feita pela autora da ação de investigação de paternidade com testemunha do processo. Requerimento de juntada da fita, após a audiência da testemunha, que foi deferido pelo juiz. Tal não representa procedimento em ofensa ao disposto no art. 332 do Cód. De Pr. Civil, pois aqui o meio de produção da prova não é ilegal, nem moralmente ilegítimo. Ilegal é a interceptação, ou a escuta de conversa telefônica alheia. Objetivo do processo, em termos de apuração da verdade material 'a verdade dos fatos em que se funda a ação ou a defesa'. (Recurso especial não conhecido. Votos vencidos". (REsp. nº 9.012/RJ, rel. Min. Nilson Naves, j. em 24/02/1997).

[41] SANTOS, Moacyr Amaral. *Prova judiciária no cível e comercial*, vol.1, 5ª ed. São Paulo: Saraiva, 1983, p. 443.

[42] GIORGIS, José Carlos Teixeira. Ob. cit., p. 159.

[43] COSTA, Maria Josefa Méndez. *Los principios jurídicos em las relaciones de família*, Buenos Aires: Rubinzal-Culzoni Editores, 2006, p. 37.

— 5 —

A companhia de capital fechado no Direito de Família

5.1. Introdução

No direito societário brasileiro, há uma gama diversa de sociedades empresárias que podem ser, em parte, classificadas segundo o critério da responsabilidade dos seus membros. De acordo com esse critério, existem sociedades de responsabilidade ilimitada, limitada ou mista. Na de responsabilidade ilimitada, o sócio responde inclusive com os seus bens particulares; na sociedade limitada, a responsabilidade dos sócios é limitada ao valor de sua contribuição ou o valor do capital social. Nas sociedades anônimas, a responsabilidade limita-se ao preço de emissão das ações adquiridas ou subscritas pelos acionistas.

Portanto, a responsabilidade dos sócios gira em torno dos limites impostos, primeiro pela lei, para cada tipo de sociedade sem descurar-se da responsabilidade surgida da administração societária, ressalvados os casos de aplicação da teoria da desconsideração da personalidade jurídica regulamentada pelo art. 50 do Código Civil brasileiro.

A desconsideração da personalidade jurídica é aplicada em situações de uso abusivo da forma societária, a qual serve apenas como instrumento de fraude à lei, para subtrair a empresa ou o sócio da obrigação contratual e causar danos a terceiros.

São inúmeras as formas de fraude pelo abuso societário, as quais englobam até atos pertinentes ao dinâmico movimento do direito familista, sempre intensamente carregado por dissensões subjetivas que mesclam amor e ódio, e, assim, contribuem para o total descontrole das emoções, de modo a levar ao impulso do cônjuge empresário em causar algum dano material ao seu sócio afetivo, que assim acabaria pagando pela ousadia do seu desamor.

Nessa prática fraudatória, que grassava durante muitos anos na seara familista, a ira conjugal, solta e sem riscos, era favorecida pelo rigor ético e jurídico conferido pelo art. 20 do Código Civil revogado, a proibir que, sob qualquer pretexto, pudesse haver confusão entre o patrimônio da sociedade e os bens particulares dos sócios.

Portanto, não é de hoje a percepção dos conflitos gerados no âmbito do direito societário quando se trata de promover a dissolução das relações afetivas e a correlata partilha dos bens, os quais compõem o seu acervo econômico envolvendo direitos.

5.2. A fraude societária

O tema não é inédito, nem mesmo quando visto sob a ótica da fraude exclusivamente conjugal ou da união estável. O embate não diverge no fundo, da teimosa busca de uma nova visão processual dos conflitos conjugais envolvendo empresas que sejam capazes de solucionar o entrave causado, neste caso, especificamente, pela fraude instaurada com a mudança do tipo societário.

Convém ter presente que a fraude entre cônjuges ocorre com freqüência, valendo-se o esposo fraudador da estrutura societária já existente ou de uma empresa especialmente criada para desenvolvê-la e assim subtrair bens do acervo comum para repassá-los à pessoa jurídica.

O tema é bastante recente na literatura jurídica brasileira e encontra como norma padrão o art. 50 do Código Civil. As manobras realizadas através do mau uso da personalidade societária encontram forte eco no Direito de Família, quando se trata de sonegar alimentos e fraudar a meação, considerando que a incorporação de bens a uma sociedade empresária ou mesmo o afastamento do cônjuge sócio do quadro societário da empresa conjugal equivale à sua alienação para terceiro.

Embora a alteração de contrato societário possa ser idealizada apenas para privar a mulher do exercício de seus direitos sobre os bens comunicáveis e possa parecer perfeita quanto ao seu fundo e à sua forma, por atender às condições de sua existência e validade e, obedecer às regras de publicidade, é ineficaz em relação ao cônjuge ou convivente lesado, por ter sido o meio ilícito exatamente usado em detrimento dos legítimos direitos de partição patrimonial do cônjuge.[1]

Tem trânsito no Direito de Família brasileiro a aplicação episódica do superamento da personalidade jurídica sempre que o sócio cônjuge ou convivente procurar por meio do abuso da sociedade deslocar bens particulares pertencentes à sociedade afetiva, para a sociedade empresária ou de outra modelagem, quando os bens que já compõem o capital social da empresa são desviados ou reduzidos a um valor irrisório, de modo a nada representar

---

[1] MADALENO, Rolf. *A efetivação da 'disregard' no Juízo de Família*, Porto Alegre: Livraria do Advogado, 1999, p. 64.

no acerto final de composição da partilha. Ao ser detectada a manobra arquitetada para gerar uma fraude no direito à partilha do parceiro ou nos alimentos judicialmente arbitrados, procurar-se-á, por meio da desconsideração da personalidade jurídica, recompor o patrimônio abusiva ou fraudulentamente dilapidado; também não se permitirá qualquer abalo no crédito alimentar.

Para Arnaldo Rizzardo,[2] no âmbito do Direito de Família, não haveria propriamente a despersonalização, mas a desconsideração da personalidade para evitar que sejam atingidos os bens postos ao abrigo da sociedade empresarial. Elenca inclusive, várias hipóteses caracterizadoras do desvio de bens, com o propósito de subtrair o patrimônio na partilha, merecendo destaque, entre outras variantes, aqueles expedientes que ensaiam "a aparente retirada do cônjuge da sociedade comercial; a transferência da participação societária a outro sócio, ou mesmo a estranho, com o retorno depois da separação; a alteração do estatuto social, com a redução das quotas ou patrimônio da sociedade; a transformação de um tipo de sociedade em outro, como de sociedade por quotas para a anônima".

5.3. As sociedades de família

A maioria das companhias fechadas de pequeno ou médio porte são apoiadas em uma estrutura exclusivamente familiar e usualmente não têm as suas ações vendidas em bolsa de valores. Por conta disso e pelas próprias características de sua gestão, sua configuração carrega elementos claramente diferenciados das companhias abertas. Em uma sociedade anônima de capital aberto, é até comum que o seu diretor não tenha nenhuma relação direta para com os proprietários e que não seja membro da família, como acontece nas empresas familiares, que unem os integrantes da direção por seus vínculos consangüíneos.

As sociedades familiares iniciam com a atividade pessoal de um empresário que vai crescendo e ampliando os seus negócios e, na medida de seu desenvolvimento, passa a agregar outros membros de sua família.

Conflitos internos que envolvem separação de seus membros, acionistas e administradores surgem, de hábito, pelo intenso desafeto familiar, especialmente nos casos de separação ou de dissolução dos vínculos afetivos de seus membros. Essa freqüente causa de tremor endêmico motiva um tratamento diferenciado, sempre que seja detectado o seu uso abusivo, da entidade eminentemente familiar, que, então, se movimenta apenas a serviço da fraude à meação referente à relação conjugal ou à união estável.

---

[2] RIZZARDO, Arnaldo. "Casamento e efeitos da participação social do cônjuge na sociedade", In *Direitos Fundamentais do Direito de Família*, Belmiro Pedro Welter e Rolf Hanssen Madaleno (Coords.), Porto Alegre: Livraria do Advogado, 2004, p. 55.

A Lei nº 6.404/76, no seu art. 4º, separa as sociedades abertas daquelas de capital fechado, pela admissão ou não dos seus valores mobiliários à negociação na Comissão de Valores Mobiliários. Assim ocorre porque, sempre que a sociedade anônima de capital aberto necessitar de recursos ou pretender aumentar o seu capital social, poderá buscar a alternativa de obter recursos diretamente com o público investidor por meio da emissão de novas ações no mercado de capitais.

Com o rompimento do vínculo matrimonial, nenhuma dificuldade será encontrada na liquidação da partilha, diante da cotação oficial das ações e de sua singela divisão matemática por dois para, dessa forma, reembolsar o cônjuge co-acionista, em companhias abertas com ações negociadas no Mercado de Valores Mobiliários.

Situação diferente encontra-se na partilha de uma companhia fechada, cujas ações não gozam de oferta pública e tornam praticamente impossível vender um pacote de ações recebidas em pagamento de uma meação na partilha conjugal.

Para o direito de Família, tem relevante importância a diferença entre a companhia aberta em relação à sociedade anônima de capital fechado ou familiar, e portanto, merece atenção e diferente solução.

Por se tratar de uma empresa de capital fechado, com um reduzido número de sócios, suas peculiares características também dificultam e até impedem o ingresso de outros sócios. Tal configuração também pode engessar a retirada do sócio e, com maior motivação, dificultar a desvinculação do acionista cônjuge. Quando isso acontecer no âmbito do Direito de Família, deve ser relativizada a proibição da venda de ações da companhia fechada familiar, pois, certamente, será a única solução para libertar o cônjuge que fica prisioneiro dessa sociedade de exclusiva formatação familiar.

O tema ainda é bastante controvertido, sua versão processual mais corriqueira, são feitos separatórios que envolvem partilha de sociedades limitadas, cujo capital social é dividido em quotas, mas cuja partilha é dificultada ao serem transformadas em sociedades anônimas às vésperas da separação e com boa dose de ousadia, no curso do próprio processo de dissolução afetiva, tudo no propósito de dificultar a partilha referente à relação conjugal ou à união estável, pois, em tese, não caberia a dissolução parcial de uma sociedade anônima e, na prática, o meeiro ficaria preso à empresa, ao ex-cônjuge, ao passado e, pior ainda, ficaria sem seus recursos financeiros, por só deter ações que não circulam.

5.4. A fraude pela mudança do tipo social

Mostra a vivência processual, que, uma das formas mais corriqueiras de fraude à meação conjugal é a expedita via da manipulação do estatuto social, especialmente eficaz naquelas típicas sociedades de família em que os esposos empresários buscam inviabilizar com a mudança do tipo social, a parcial dissolução da sociedade empresária, particularmente quando transformadas em sociedades fechadas, que "não se compadecem com as intromissões de estranhos".[3]

Companhias fechadas contam com um pequeno número de sócios, e suas ações não são ofertadas ao público no mercado de valores imobiliários, porque não captam recursos para o seu financiamento, dado que seus aportes vêm da contribuição dos próprios acionistas.

Empresas familiares são comuns na economia brasileira, e quando algum de seus integrantes enfrenta processo de separação judicial de modo a ameaçar a estabilidade do capital social ao pôr em pauta a partilha do seu patrimônio empresarial, repentinamente procura-se alterar o tipo societário dessas empresas. Ao compulsar demandas separatórias que discutem divisão de patrimônio, é corriqueiro deparar com cônjuges e conviventes empresários os quais se valem de sociedades anônimas para acobertar e proteger o patrimônio societário que procuram excluir da partilha referente ao fim do casamento ou da união estável.

Em primeiro lugar, o capital das sociedades anônimas divide-se em unidades denominadas ações, e as sociedades fechadas, entre as quais se situam as de capital familiar, não costumam emitir títulos, tampouco anotam a sua circulação no livro de registros de ações. Sua administração, não raramente, confunde-se com a dos próprios acionistas controladores, que são, em regra, seus diretores, com cargos vitalícios na administração. Por controlar, de modo permanente, a maioria dos votos nas deliberações da assembléia geral, isso quando realizam assembléias, abusam de seu poder na direção das atividades da empresa, em formato nada diferente daquele controle que já exercem na empresa limitada, tendo apenas alterado o tipo societário, para uma sociedade anônima, a fim de atender aos caprichos do cônjuge ou do convivente em estágio de separação, com a desculpa de pretender proteger o patrimônio familiar, e desse modo decisivo, atuar com segurança na direção de uma sociedade anônima existente apenas no mundo da ficção.

Entre as companhias familiares, é muito comum encontrar acionistas que não estão apenas representados por seu capital, mas que exercem uma participação fundamental na administração da empresa, de modo a configurar, na prática, uma verdadeira sociedade de pessoas, porém fantasiada de sociedade capital.

---

[3] LOUREIRO, Luiz Guilherme. A atividade empresarial do cônjuge no novo Código Civil, In. *Novo Código Civil, questões controvertidas*. Mário Luiz Delgado e Jones Figueirêdo Alves (Coords.). São Paulo: Método, 2004, p. 241.

Lembra, com muita propriedade, Priscila M. P. Corrêa da Fonseca[4] não ser outra a razão da existência do art. 206, inc. II, *b*, da Lei n° 6.404/76, ao determinar a dissolução da companhia "quando provado que não pode preencher o seu fim". Certamente, uma companhia de fachada autoriza o decreto de sua dissolução quando na realidade nada mais representa do que uma verdadeira sociedade de pessoas.

Fábio Konder Comparato[5] recomenda que se evite a errônea presunção de que a sociedade anônima é sempre alheia ao *intuitu personae* e à *affectio societatis, além d*e ressaltar existirem verdadeiras sociedades anônimas de pessoas.

Hugo E. Rossi[6] testemunha extremos desse jaez, os quais diz ocorrerem com reiteração, ao fazer-se uso da desestimação da sociedade anônima com configuração claramente irregular, pois conta apenas com os mesmos sócios da primitiva sociedade limitada.

Para Hugo Rossi, "os sócios não podem pretender ser tratados como acionistas de uma sociedade anônima se reiteradamente seguem condutas próprias de sócios de outro tipo de sociedade," comportamento que demonstra não ter existido de fato, o propósito de atuar como uma sociedade anônima.

É o que acontece com alarmante freqüência nas sociedades limitadas de exclusivo capital familiar, quando o cônjuge em demanda de separação altera o tipo originário de uma sociedade limitada para o de uma sociedade anônima de meia dúzia de acionistas, todos membros da mesma família e apenas unidos no propósito de impedirem a partilha da empresa na meação do cônjuge dissidente. Com esse prosaico expediente contratual, o cônjuge separado fica sem poder acessar as quotas sociais por meio da apuração de haveres, que só seria possível, em princípio, se a empresa preservasse a configuração de sociedade limitada.

São de cristalina evidência o uso abusivo e o desvio da função societária, toda ela manejada para afastar o ingresso do cônjuge na empresa familiar, o que fica mais visível ainda quando são apuradas as irregularidades e as omissões dos administradores no exercício legal dos atos de administração de uma sociedade anônima. Na sociedade anônima simulada, os acionistas não se reúnem, não convocam assembléias gerais para deliberações, até porque, usualmente, é o cônjuge separando que, como acionista

---

[4] FONSECA, Priscila M. P. Corrêa da. *Dissolução parcial, retirada e exclusão de sócio.* São Paulo: Atlas, 2002, p. 83.

[5] *Apud* Idem, cit., p. 83, nota 41.

[6] ROSSI, Hugo E. Actuación anómala y desestimación del tipo en la sociedad anónima "cerrada", sus efectos sobre la responsabilidad de los socios, In *Conflictos en sociedades "cerradas" y de familia,* . Martín Arecha, Eduardo M. Favier Dubois, Efraín H. Richard e Daniel R. Vítolo (Coords). Buenos Aires, 2004, p. 67-170.

controlador, exprime a vontade social da empresa de forma a confundir-se com a própria administração. Por vezes não são convocadas assembléias, porque todos os acionistas são da mesma família e só têm o trabalho de firmar as atas previamente elaboradas, assinando o livro de presença, sem nada examinar, discutir ou votar, já que, apenas o diretor que controlava a sociedade limitada segue administrando e deliberando sobre os destinos da sociedade anônima, que apenas trocou sua capa externa. Enfim, o administrador familiar da sociedade anônima criada apenas para o processo de separação judicial de acionista diretor prescinde, nesse caso, de uma das mais caras atribuições a um administrador de uma sociedade por ações, que é o dever de lealdade para com os interesses, para com as finalidades da empresa, sem valer-se do tipo societário para atender aos seus interesses pessoais.

Quando isso acontece, configura-se a farsa montada pelos novos acionistas ao mudarem o tipo social na contramão da real finalidade social da empresa.

São artifícios como estes que devem ser considerados dentro da margem de movimentação processual encabeçada para a episódica aplicação da desconsideração da personalidade jurídica, quando ficar patente que a alteração do tipo societário não passou de uma vil transgressão de direitos, com a única finalidade de impedir o acesso do outro cônjuge ou convivente à sua meação patrimonial. Nesse ponto, calha a advertência de Lucíola Fabrete Lopes Nerilo,[7] quando diz não ser preciso que o cônjuge figure como sócio da empresa para ser engendrada a fraude com a utilização da personalidade jurídica.

A Lei do Anonimato prescreve em seu art. 154, que, em decorrência da função social da empresa, o seu administrador deve exercer as atribuições que a lei e o estatuto lhe conferem na consecução dos fins e dos interesses da companhia, satisfeitas as exigências do bem público e da função social da empresa.

No entanto, quando o administrador ou controlador da sociedade confunde o seu patrimônio com o patrimônio da sociedade e utiliza ente jurídico como instrumento de sua atividade individual, afiguram-se presentes os pressupostos de desconsideração da personalidade jurídica.

Clóvis V. do Couto e Silva[8] já dizia em conferência ministrada no ano de 1989: "Na época em que se desconhecia o conceito de transparência ou desconsideração da pessoa jurídica – que é recente no direito brasileiro –, já existiam disposições legais claramente indicativas da possibilidade de se responsabilizar os administradores."

---

[7] NERILO, Lucíola Fabrete Lopes. *Manual da sociedade limitada no novo Código Civil*, Curitiba: Juruá, 2004, p. 67-68.
[8] SILVA, Clóvis V. do Couto e. *Grupo de sociedades*, RT 647/20.

Diante disso, há de concordar-se, mais uma vez, com Lucíola Fabrete Lopes Nerilo,[9] quando recorre à despersonificação como instrumento para combater o desrespeito aos direitos alheios, recurso legal de que se vale o julgador para preservar a verdadeira essência da pessoa jurídica e assim também preservar a integridade patrimonial do terceiro prejudicado, ao desconsiderar episodicamente o ato que abusou ou violou direito de outrem, sem precisar extinguir a sociedade, como no caso da transformação do tipo societário que apenas visou aos interesses pessoais do controlador majoritário de sociedade familiar.

Não foge ao exemplo o caminho enveredado pela maioria da Quarta Turma do STJ no Resp n. 111.294/PR, julgado em 19/09/00, com a relatoria do Ministro Barros Monteiro, lavrando o voto vencedor o Ministro César Asfor Rocha, que admitiu a dissolução parcial em sociedade anônima familiar ao perceber o engessamento dos sócios minoritários, os quais poderiam representar a figura do cônjuge ou convivente, meeiro de acionista, uma espécie de subsócio, sem acesso ao valor monetário de sua meação.

5.5. O cônjuge ou convivente como subsócio

Uma vez dissolvida a sociedade conjugal ou a estável convivência pela ruptura judicial ou pela morte de um sócio, interessa tomar ciência se o cônjuge ou convivente separado ou sobrevivente ingressará na sociedade em decorrência da partilha das quotas sociais ou se for impossível o seu ingresso na condição de sócio por ausência de previsão contratual e por falta de *affectio societatis*, o parceiro supérstite ou separado procurará receber o valor monetário equivalente a sua meação societária. Trata-se de receber a expressão monetária equivalente ao patrimônio social, representado por quotas ou ações de seu cônjuge na sociedade e levadas à partilha judicial.

Como é vedada a cessão ou a partilha das quotas sem a alteração do contrato e sem o consentimento dos demais sócios, o ex-cônjuge ou ex-companheiro não poderá ingressar como sócio da empresa, mas não deixará de ser sócio do sócio, um subsócio, condômino de quotas com o ex-cônjuge.

Caso o subsócio deseje romper com o condomínio societário, terá de recorrer a uma ação de apuração de haveres em quota ou participação social contra o sócio e ex-cônjuge, não contra a empresa, já que a separação estabeleceu uma comunhão de quotas entre o ex-casal. O meeiro é credor do ex-cônjuge, que, por sua vez, é sócio da empresa: nessa condição, poderá receber seu crédito com a compensação, se possível, de outros bens conjugais. Diante da falta ou da insuficiência de bens particulares do ex-cônjuge

---

[9] NERILO, Lucíola Fabrete Lopes. *Responsabilidade civil dos administradores nas sociedades por ações*. Curitiba: Juruá, 2002, p. 73.

empresário, cumpre proceder a um balanço especial da sociedade para efeito de pagamento das quotas sociais.

Mas, no caso de se tratar de uma sociedade anônima, em tese não há como promover a sua dissolução parcial para pagamento da meação do subsócio.

Na sociedade anônima de capital aberto, não haveria maiores dificuldades com a mera divisão física das ações, e nenhum prejuízo arcaria o ex-cônjuge ou ex-companheiro que recebesse ações em pagamento de sua meação.

Como já foi referido, as companhias de capital aberto buscam seus recursos junto ao público em geral ao oferecer os valores mobiliários de sua emissão a qualquer interessado, do que decorre uma profunda preocupação do legislador para com a tutela jurídica dos interesses dos investidores. As companhias abertas têm seus valores negociados em bolsa de valores, e seu procedimento atende às normas específicas, fiscalizadas pela Comissão de Valores Mobiliários.

Assim ocorre na defesa intransigente contra a fraude, do grande número de interessados que investem seus recursos nos mercados de valores mediante oferta pública.

Desse modo, os detentores de ações são minuciosamente informados sobre a situação patrimonial, econômica e financeira da sociedade, podendo acompanhar com muita segurança o valor das suas ações e, caso queiram, negociá-las conforme suas cotações em pregões nas bolsas de valores.

Por sua vez, as companhias com pequeno número de sócios que não captam recursos com o público em geral têm seu cabedal construído pelas contribuições de seus próprios acionistas: por conta disso, no caso de separação judicial ou de dissolução da convivência de um dos acionistas, a sociedade cujas ações não são negociadas em bolsa entra a partilha com o pagamento da meação do cônjuge por meio da entrega pura e simples de uma quantidade de ações de circulação embotada. O cônjuge que recebeu essas ações de companhia fechada na partilha de seu patrimônio conjugal, fica à deriva dos acontecimentos pois, sem conseguir transferir as ações que compuseram sua meação, pois não há como ofertá-las ao público, tem como seus únicos e prováveis interessados, os outros sócios, de forma que o meeiro sujeita-se a receber o preço vil que lhe for ofertado como única opção de descarte dos desvalorizados papéis. Logo, sem nenhuma chance de negociação, o meeiro assiste passivo ao massacre econômico da lei da oferta e da procura, isso se não agonizar inerte e impotente, diante da desvalorização de sua participação acionária, pela subscrição particular de novos títulos que terminam reduzindo o valor de suas ações e aumentando o capital dos sócios remanescentes.

É que o capital social também pode ser reduzido por manipulação em Assembléia Geral convocada por sócios que são entre si amigos e parentes.

Basta que os sócios componentes da estrutura familiar da empresa aumentem o capital social com a subscrição particular de novas ações, em simples deliberação por assembléia ou pelo Conselho de Administração, para crescer a sua participação e descapitalizar as ações que estão na titularidade do ex-cônjuge de sócio o qual dissolveu sua união afetiva. Assim, suas ações sofrem redução de seu valor nominal, isso quando os sócios familiares não optarem pelo caminho inverso da diminuição do patrimônio da empresa.

É fato que a base da economia mundial está alicerçada nas empresas familiares, que contam com relevante participação acionária de uma família ou de grupos familiares, em sua maioria administrada por componentes dessa mesma célula familiar, detentores do controle acionário. Tratam, ao seu talante, de neutralizar qualquer assédio de pessoas estranhas ao núcleo familiar e aos interesses societários, e, se porventura, ocorrer de uma partilha colocar em risco o domínio e a posse das ações da empresa familiar, logo se articulam para que suas participações não escorreguem das mãos e do poder da família.[10]

Como expôs Tullio Ascarelli, citado por Waldirio Bulgarelli,[11] na empresa familiar: "pequena ou grande que seja, as ações são distribuídas entre poucas mãos; a forma ao portador quando adotada, o é mais por considerações de natureza fiscal do que no intuito de facilitar a circulação; o financiamento é assegurado por meio de chamadas contas-correntes dos próprios sócios e são, portanto, relativamente mais freqüentes capitais nominais por demais modestos em relação ao patrimônio real, e, não capitais aguados, todos ou quase todos os acionistas ocupam cargos sociais, retirando indiretamente parte dos lucros da sociedade sob forma de remunerações pessoais, e assim por diante."

Enquanto as relações conjugais apresentarem-se harmônicas, sob total controle e interação, os interesses e as metas empresariais serão comuns, voltados ao crescimento do conjunto familiar, sendo facilmente aceitas as hierarquias profissionais. Essa relação na empresa, no entanto, será contaminada pelo ocasional desentendimento conjugal, que se refletirá nos interesses patrimoniais da empresa familiar.

---

[10] Nesse sentido, Apelação Cível nº 597013036, relator Desembargador José Carlos Teixeira Giorgis, 7ª Câmara Cível, TJ, 27/11/97, com esta ementa: "Embargos. Penhora de patrimônio de sociedade. Alegação de que nada tem com a execução. Desconsideração da pessoa jurídica. Cabível a constrição de acervo pertencente a uma empresa, de que faz parte a sociedade executada, e que pertence a um conglomerado familiar em que as titulares e patrimônios se interpolam e se substituem. Apelação improvida."

[11] BUGARELLI, Waldirio. *Sociedades comerciais*. São Paulo: Atlas, 1991, p. 44.

É claro que o pagamento da meação do cônjuge com ações de uma sociedade anônima fechada e familiar representará, na prática, apenas o físico repasse de ações de nenhum valor econômico ao ex-cônjuge que não atua na empresa, e que não mais pertence à família a qual controla o capital e a administração da companhia. A impossibilidade de promover a oferta pública das ações cedidas em pagamento da meação inviabiliza a liquidação e o reembolso de sua real expressão econômica.

A estrutura da sociedade anônima fundamenta-se na importância de seu capital em detrimento da personalidade dos sócios, ao contrário do que sucede nas sociedades de pessoas. É certo que a companhia reúne em torno de si as pessoas que a constituem, mas o seu vínculo é exclusivamente direcionado ao capital que mobilizam e por meio do qual exercem o controle e a participação na sociedade. As companhias fechadas não se afastam dessa ótica, mas reservam-se a um número menor de sócios, amiúde representado por uma família que busca, no seu próprio ambiente, os recursos para a sua formação. Sociedades de capital contrapõem-se às sociedades de pessoas; por isso, o que permite atentar para a hipótese de fraude ou de abuso societário caso a companhia movimente-se, exclusivamente, no interesse dos sócios e administradores, em detrimento dos acionistas minoritários. Ocorre, assim, o desvirtuamento orgânico da sociedade anônima familiar para a obtenção abusiva de benefícios aos sócios majoritários e administradores, de modo a atuar em contraste aos preceitos de uma verdadeira sociedade de capital, pois convoca assembléias de gabinete, carentes de efetivas deliberações, ou renova os administradores nos cargos de direção da empresa, como se fosse uma gestão de alguns dos sócios. Tais atitudes levam à desestimação do tipo societário, porque não se trata de uma sociedade anônima, mas de uma sociedade de pessoas travestida da personalidade anônima. É evidente que os sócios não podem pretender ser tratados como acionistas de uma sociedade anônima, se, paulatinamente, praticam atos próprios de uma sociedade de pessoas com responsabilidade limitada.

Prova está na Exposição de Motivos da Lei nº 6.404/76 (Lei das Sociedades Anônimas), ao prescrever que: "não é mais possível que a parcela de poder, em alguns casos gigantesca, de que fruem as empresas, e através delas, seus controladores e administradores, seja exercida em proveito apenas de sócios majoritários ou dirigentes, e não da companhia, que tem outros sócios, e em detrimento, ou sem levar em consideração os interesses da comunidade".

Tais desvirtuamentos permitem a aplicação episódica da desconsideração da personalidade jurídica, pois não é justo nem juridicamente aceitável permitir o manejo promíscuo do patrimônio social, quando, a toda evidência, a empresa só recebeu o título externo de sociedade anônima, já que se movimenta apenas em prol dos interesses de poucos sócios e administradores, tendo sido constituída, em realidade, com o único propósito de inviabilizar a sua parcial dissolução, para engessar o ex-cônjuge de sócio, que não terá como transformar suas ações em finanças pessoais.

Assim, as sociedades anônimas não estão imunes à superação da sua personalidade jurídica, especialmente quando for verificado que a sua transformação de sociedade de responsabilidade limitada em companhia fechada serviu apenas para o ilícito interesse de inibir a partilha do acervo conjugal no percentual incidente sobre o patrimônio da empresa.

Essas verdadeiras sociedades anônimas de pessoas, em suas deliberações, exacerbam suas funções ao se valer, abusivamente, do tipo social de companhia fechada para impedir a dissolução de parte da empresa que ficou em mãos do cônjuge co-acionista, de modo a projetar, necessariamente, a aplicação episódica da desconsideração da personalidade jurídica. Isso porque, quando a companhia fechada não passa de um mero *alter ego* de uma sociedade de pessoas que atuam *intuitu personae* na empresa familiar, o que evidencia ter a estrutura contratual apenas o objetivo de fraudar a divisão conjugal das quotas ou ações conjugais, alterando, às vésperas ou mesmo no curso da ação de separação judicial ou da dissolução de união estável, o tipo social de responsabilidade limitada para o de sociedade anônima fechada.

Em regra, a desconsideração inversa da personalidade jurídica ocorre no Direito de Família em momento anterior à separação judicial, pois o marido empresário trata de marginalizar o patrimônio que deveria integrar o processo de partilha dos bens comuns e comunicáveis. É nesse momento que deve funcionar o poder discricionário do juiz na apreciação das provas que enfrenta no processo, pelo dever inerente que tem de buscar a verdade. No caso de lesão a direito de cônjuge ou de companheiro também pelo uso abusivo da chancela societária, deve o juiz formar a sua convicção em conformidade com a sua livre consciência, acatando para tanto, todos os meios admissíveis de prova, sem limitações, inclusive os indícios e as presunções.

A desconsideração da personalidade jurídica pode servir de pronta resposta ao insidioso expediente de fuga ao dever de integral execução da partilha da meação societária, e ela sempre tem lugar quando, nas sociedades de capital os interesses pessoais dos controladores e dos administradores buscarem frustrar os direitos de terceiros. Talvez a solução melhor sequer precise passar pela anulação ou pela dissolução da sociedade, mas apenas suspender a eficácia do ato constitutivo, como no episódio formulado em fraude à meação de ex-cônjuge.

Dessa forma, se um cônjuge empresário transforma a sua primitiva sociedade limitada em sociedade anônima fechada, com o propósito de impedir que seu cônjuge ou seu companheiro acesse às quotas e à sua partilha, com a posterior extinção de um condomínio em apuração de haveres, está, de modo induvidoso, perpetrando uma fraude ao direito do cônjuge.

Não será demasia considerar que em situações especialmente forjadas no curso de uma separação afetiva na qual um dos cônjuges ou conviventes participa de sociedade empresária, é perfeitamente plausível a dissolução parcial de sociedade que primitivamente era constituída por quotas de responsabilidade,mas que, pela maliciosa vontade do sócio majoritário – cônjuge ou convivente –, foi transformada em sociedade anônima

Quando não desaparecerem as partes integrantes do antigo ente jurídico, que sofreu a transformação de sociedade limitada a anônima, mesmo que os sócios e a sociedade se submetam às novas regras imperativas ao novo tipo societário, a mera conversão para um novo tipo societário não pode prejudicar terceiros, como demonstra com clareza o art. 1.115 do Código Civil. Especialmente quando essa conversão foi procedida no curso da separação judicial litigiosa ou de dissolução contenciosa de uma união estável, com o único e evidente propósito de embotar a liquidação dos haveres do cônjuge meeiro.

Ao ser reconhecida a fraude à meação, basta que a sentença de separação suspenda, circunstancialmente, a eficácia do ato constitutivo, para reconhecer, relativamente ao cônjuge que reivindica a sua meação, o direito ao primitivo pacote de quotas e à sua parcial dissolução judicial, se não for possível compensar as quotas com outros bens do casamento ou com bens particulares do cônjuge empresário. A desestimação da personalidade jurídica não importaria no descarte da sociedade anônima que retomaria o tipo anterior da sociedade limitada, apenas produziria a inaplicabilidade dos efeitos da mudança do tipo societário em relação ao cônjuge meeiro que foi alvo da fraude na partilha, de forma a permitir que ele compense seus prejuízos, ou que retire da sociedade o equivalente monetário à sua meação.

Pronunciou-se, nesse sentido, o STJ, que, por sua Quarta Turma, no REsp. nº 35285-RS, em voto do relator ministro Antônio Torreão, em 14/12/93, embora sem referência à teoria da desconsideração da personalidade jurídica, permitiu a retirada dos sócios dissidentes de sociedade por quotas cujo tipo social foi transformado em sociedade anônima pela vontade destoante do sócio majoritário, conferindo-lhes o pagamento dos seus haveres por via da liquidação em dissolução parcial: "Comercial. Sociedade por quotas de responsabilidade. Transformação em sociedade anônima por vontade do sócio majoritário. Retirada dos sócios dissidentes. Dissolução parcial, com pagamento dos haveres tal como se de dissolução total tratasse, em face das peculiaridades do caso concreto. Decisão que não implicou ofensa aos artigos 20 do Código Civil, 291 e 302 do Código Comercial e 668 do CPC de 1939. Ausência de dissídio jurisprudencial. Recurso não conhecido. Unânime."

5.6. A dissolução parcial

O recesso é a modalidade de dissolução parcial dos vínculos societários, bem como é a forma pela qual o sócio expõe a sua vontade de abandonar a sociedade. Na Lei das Sociedades por Ações, o art. 137 permite ao acionista dissidente retirar-se da companhia mediante o reembolso do valor de suas ações, assim como o sócio-quotista, ao retirar-se da sociedade, tem o direito de ser reembolsado com a quantia correspondente ao seu capital.

No âmbito do casamento e da união estável, quando um casal dissolve o seu relacionamento e decide pela partilha de seus bens, caso exista a comunicação de quotas sociais ou ações de uma companhia que está registrada apenas em nome de um dos parceiros o qual detém o *status* de sócio ou de acionista, ao seu consorte podem ser adjudicadas quotas ou ações que não lhe conferem a condição de sócio. O cônjuge não-sócio terá um crédito pelo valor das quotas contra o seu esposo sócio, já que não pode ser admitido no quadro social por mero crédito de sua meação na partilha, ou pela cessão hereditária das quotas, salvo expressa previsão no contrato social.

Portanto, o cônjuge de sócio é meeiro das quotas, e sua meação seria mais conveniente se fosse preenchida com outros bens diversos da sociedade. Caso isso não seja possível e seja rejeitado o cônjuge como novo sócio, encaminha-se a demanda de apuração de haveres advinda da parcial dissolução da sociedade.

O art. 1.027[12] do Código Civil inibiu a liquidação das quotas dos herdeiros ou meeiros de cônjuges sócios, ao estabelecer que apenas os sócios remanescentes estariam legitimados a requerer a dissolução judicial da sociedade.

Segundo a nova diretriz legal, comete apenas aos sócios que permanecerem na empresa a decisão acerca da liquidação das quotas do sócio retirante ou de cessionário de suas quotas, de modo a impossibilitar que os herdeiros ou o meeiro de sócio consigam liquidar o valor das quotas e receber os seus haveres.

É a conclusão a que chega Edmar Oliveira Andrade Filho,[13] ao informar que os sócios já não mais podem contar com o pragmático pedido de dissolução parcial, que muito se prestaria para postulações arbitrárias e caprichosas, embora o vigente Código Civil não tenha desamparado os sócios que se sintam prejudicados.

---

[12] Art. 1.027. Os herdeiros do cônjuge de sócio, ou o cônjuge do que se separou judicialmente, não podem exigir desde logo aparte que lhes couber na quota social, mas concorrer à divisão periódica dos lucros, até que se liquide a sociedade.
[13] ANDRADE FILHO, Edmar Oliveira. *Sociedade de responsabilidade limitada*. São Paulo: Quartier Latin, 2004, p. 272.

Murilo Zanetti Leal[14] cita o Anteprojeto de Lei de Sociedades de Responsabilidade Limitada elaborado pela Comissão presidida por Arnoldo Wald, anteprojeto este que se dissocia do novo Código Civil exatamente quando, em seu art. 31, prevê entre diversas formas de cessão de quotas também aquelas oriundas do regime matrimonial, conferindo o direito de preferência em sua aquisição à sociedade e aos demais sócios, na contramão do atual art. 1.027, o qual impede ao cônjuge de sócio exigir desde logo a parte que lhe couber na quota social. Portanto, com a dicção do atual art. 1.027 da nova codificação civil, o legislador procurou evitar a dissolução parcial requerida pelo ex-cônjuge do sócio ao conferir-lhe apenas a condição de condômino, com direito, se houver, apenas aos lucros periódicos.

Tal solução é inconciliável com a regra constitucional do art. 5º, inc. XX, no sentido de que ninguém poderá ser compelido a associar-se, a permanecer associado ou a permanecer em condomínio contra a sua vontade, por prazo indeterminado e ao talante dos sócios remanescentes. É inaceitável que o cônjuge meeiro fique vinculado indefinidamente à sociedade, quer isso ocorra na sociedade limitada, quer isso ocorra na sociedade anônima de capital fechado.

Aceitar esse retrocesso, aparentemente ordenado pelo art. 1.027 do Código Civil, seria voltar a negar valor ao bem partilhado, o que geraria consequências lesivas ao patrimônio do cônjuge meeiro, como já dissera o Ministro Carlos Alberto Menezes Direito por ocasião do julgamento do REsp nº 114.708-MG.[15]

É que a dissolução parcial, formalizada pela via da liquidação de parte da sociedade, tem por escopo verificar a parcela a ser paga ao sócio que se retira ou que é afastado da sociedade, em conformidade com os reais valores do patrimônio social, de modo a conciliar os interesses do sócio dissidente e daqueles que permanecem na sociedade.

Como explica Rubens Requião: "Faz-se a avaliação de todos os valores sociais, segundo os preços correntes no mercado, e que prevaleceriam se a sociedade fosse totalmente dissolvida".[16]

Já na sociedade anônima, há expressa previsão de retirada do acionista, que será reembolsado do valor de suas ações. Tem sido grande a insatisfação com o critério legal de reembolso previsto para o caso de recesso acionário, que não se confunde com a parcial dissolução.

O acionista e o detentor ou titular das ações, ao subscrever a ação ou adquiri-la em pagamento de sua meação com a separação judicial, conquista

---
[14] LEAL, Murilo Zanetti. *A transferência involuntária de quotas nas sociedades limitadas*. São Paulo: RT, 2002, p. 85.
[15] Acórdão citado por Priscila M. P. Corrêa da Fonseca. *Dissolução parcial*. cit., p. 111.
[16] REQUIÃO, Rubens. *A preservação da sociedade comercial pela exclusão do sócio*. Curitiba: Acadêmica, 1959, p. 188.

na sociedade anônima o estado de sócio, de forma que pode ceder seus direitos sem necessidade de alterar o contrato social, tratando apenas de transferir suas ações no livro da sociedade. Mas, como é sabido, tudo funciona muito bem nas companhias de capital aberto, pois certamente encontrará mercado para negociar seus títulos, ao contrário da hermética companhia fechada que aniquila a expropriação financeira oriunda do pagamento da meação conjugal com ações da empresa familiar.

Os pretórios brasileiros vinham rejeitando a possibilidade da dissolução parcial nas sociedades anônimas, por impossibilidade jurídica do pedido, entendendo que a dissolução parcial de uma sociedade anônima seria procedimento incompatível com a Lei do Anonimato, que já prevê o direito de recesso no seu art. 137, com o reembolso do valor das ações do sócio retirante: assim concluíam que a parcial dissolução social seria um instituto exclusivo das sociedades de responsabilidade limitada e ao alcance do sócio-quotista.

Por sinal, o tema da dissolução da sociedade não é estranho à sociedade anônima, pois é princípio adotado no art. 207 da Lei n°. 6.404/76, em que se dispõe: "a companhia dissolvida conserva a personalidade jurídica, até a extinção, com o fim de proceder à liquidação."

Priscila Corrêa esclarece a matéria: "O entendimento de que a inconveniência da dissolução parcial em relação às companhias abertas decorreria do fato de que ao acionista que deseja, retira-se da sociedade, sempre se faria viável recorrer à venda de suas ações em bolsa ou em mercado de balcão nem sempre é sustentável, porque – como se sabe – apenas um pequeno número de companhias abertas tem, efetivamente, suas ações negociadas em bolsa".[17]

O que dizer em relação às companhias fechadas de cunho eminentemente familiar, nas quais representaria um absurdo permitir que os herdeiros ou meeiro aquinhoados por força do regime conjugal, da união estável ou da sucessão, ficassem indefinidamente vinculados à sociedade.

5.7. A apuração de haveres na nova codificação

A apuração de haveres consiste em promover o balanço de todo o patrimônio da sociedade, encarregando o perito de proceder ao inventário dos bens que compõem o ativo da sociedade e descrever o passivo social, para assim mensurar o montante do ativo líquido da sociedade caso ela seja inteiramente dissolvida. Com essa técnica, é possível mensurar a participação societária do sócio dissidente e igualmente a de seus eventuais sucessores ou meeiro, dado que a apuração de haveres é a mera conseqüência de rompimento de contrato em relação ao titular das quotas que se desvincula da sociedade.

---

[17] FONSECA, Priscila M. P. Corrêa da. *Dissolução parcial. Ob. cit.*, p. 86.

A liquidação parcial é resultado de uma fictícia liquidação total que é movimentada, porém sem o pagamento do passivo e a divisão real dos haveres. Trata-se apenas de uma operação matemática que proporcionará aos sócios a real avaliação de sua participação societária.

Na apuração de haveres, impõe-se a exata verificação física e contábil dos valores do ativo, a qual não se limita à simples leitura do último balanço da empresa, pois deve pesquisar o verdadeiro acervo patrimonial, salvo previsão em contrário o contrato social. Não por outra razão, o art.1.031 do Código Civil pede balanço especial, realizado na data da apuração dos haveres, que seja capaz de exprimir, com fidelidade e clareza, a situação real da empresa, atendidas as suas peculiaridades, a fim de indicar distintamente, o ativo e o passivo, como textualmente ordena o art. 1.188 do Código Civil.

Esse balanço deve ser especialmente elaborado por ocasião da retirada do sócio, com a finalidade específica de avaliação de seus haveres, com a exata verificação física e contábil dos valores do ativo, de modo a refletir o real valor do patrimônio societário e, portanto, o montante a ser pago ao sócio dissidente, seu meeiro ou aos seus herdeiros.

São regras que podem e devem ser admitidas também para as sociedades anônimas em singulares situações, como já se pronunciou o STJ, ao pugnar pela apuração de haveres em sociedade anônima, como no REsp. n° 63.378, publicado no DJ em 09/10/95: "Sociedade Anônima. Exclusão de sócio. Apuração de haveres. Hipótese que mais se aproxima do resgate que do reembolso. Inexistência de ilegalidade no fato de determinar-se sejam os haveres dos excluídos apurados mediante apuração de haveres do valor real do ativo e passivo da sociedade".

Esse era o caminho que começava a se esboçar com maior intensidade no Judiciário, pela tese da chamada *dissolução parcial* das sociedades que, embora largamente aceita no tocante às sociedades limitadas, também vinha sendo judicialmente movimentada com relação às companhias fechadas.

Como refere Priscila Fonseca,[18] o novo diploma civil não mais contempla a chamada dissolução parcial ensejada pela doutrina e pela jurisprudência, posto que o art. 1.033 do Código Civil arrola hipóteses restritas de retirada de sócio, tendo afastado a opção pretoriana da liquidação parcial.

Por seu turno, o art. 1.034 do Código Civil regulamenta a dissolução judicial da sociedade por outras três hipóteses: I – anulada a sua constituição; II – exaurido o seu fim social; III – verificada a inexeqüibilidade de seu fim social.

Ao projetar a continuidade jurisprudencial da apuração de haveres como forma peculiar de retirada de sócio, Priscila Fonseca duvida de que

---

[18] FONSECA, Priscila M. P. Corrêa da. *Dissolução parcial. Ob. cit.*, p. 199.

os pretórios se afastem da ampla solução da dissolução parcial que agora também se espraia, em tempo certo, para as companhias fechadas. A autora encontra a fórmula processual na disposição do art. 1.031 do Código Civil de 2002, o qual ordena, para os casos em que a sociedade se resolver relativamente a um sócio, que a sua quota seja liquidada com base na situação patrimonial da sociedade, à data da resolução, verificada em balanço especialmente levantado, sempre, é claro, que o estatuto social não preveja outra forma e desde que ela não seja lesiva aos interesses do sócio dissidente, dos seus herdeiros ou dos seus cessionários.

Na certeza de que a jurisprudência continuará determinando o cálculo dos haveres devidos ao sócio dissidente, como largamente sucedia antes do advento da vigente codificação, Priscila Fonseca[19] assevera que a liquidação parcial prevista no art. 1.031 do Código Civil somente será afastada se o estatuto social prever outra solução contratual, como demonstrou a doutrina italiana formada em torno de idêntica norma. Com efeito, não há outra lógica conclusão, pois meeiro ou herdeiro de sócio não são considerados sócios, atuam em uma faixa secundária, como condôminos ou subsócios. Como não podem ingressar na sociedade, senão pela vontade dos demais sócios, a forma ampla da apuração de haveres continuará a ser aplicada com respaldo no critério de avaliação agora expresso no art. 1.031 do atual diploma civil, que textualmente contempla a forma liquidação dos haveres quando a sociedade resolver-se em relação a um sócio ou às suas quotas.

De tudo o que foi discutido, deflui-se que a codificação vigente favorece, ao contrário do que possa parecer, a ocorrência processual da apuração de haveres decorrente de retirada de sócio, ou para pagamento da participação patrimonial de seus herdeiros ou meeiro, com sua saudável ampliação para o âmbito das companhias fechadas, notadamente aquelas de estrito capital familiar, sempre que a fachada empresarial for abusivamente utilizada para frustrar o pagamento da meação do cônjuge ou convivente, com a maliciosa modificação de seu tipo social de responsabilidade limitada, para sociedade anônima.

Nessas hipóteses, que se mostram bastante freqüentes na esfera do direito familista e sucessório, a saudável e eficiente mescla dos arts. 50 e 1.031 do Código Civil em vigor, permite que a episódica aplicação da desconsideração da personalidade jurídica e a parcial dissolução societária reponham ao meeiro e aos herdeiros de sócio, a exata correspondência econômica e financeira de sua participação social.

Esse mesmo espírito de correção de fraude serve tanto desconsideração da personalidade jurídica, como à dissolução parcial de sociedade anônima, contrariando a lógica das leis, mas conciliando a lógica dos fatos e

---

[19] FONSECA, Priscila M. P. Corrêa da. *Dissolução parcial. Ob. cit.,* p. 209.

do real direito, ao impedir que subsócios ou sócios retirantes se eternizem contra a sua vontade, na sociedade de capital familiar.

Foi como decidiu a Quarta Turma do STJ, no REsp. nº 111.294-PR, com voto condutor do Ministro César Asfor Rocha, assim ementado: "Direito Comercial. Sociedade Anônima. Grupo Familiar. Inexistência de lucros e de distribuição de dividendos há vários anos. Dissolução Parcial. Sócios Minoritários. Possibilidade. Pelas peculiaridades da espécie, em que o elemento preponderante, quando do recrutamento dos sócios, para a constituição da sociedade anônima envolvendo pequeno grupo familiar, foi a afeição pessoal que reinava entre eles, a quebra da *affectio societatis* conjugada à inexistência de lucros e de distribuição de dividendos, por longos anos, pode se constituir em elemento ensejador da dissolução parcial da sociedade, pois seria injusto manter o acionista prisioneiro da sociedade, com seu investimento improdutivo, na expressão de Rubens Requião. O princípio da preservação da sociedade e de sua utilidade social afasta a dissolução integral da sociedade anônima, conduzindo à dissolução parcial. Recurso parcialmente conhecido, mas improvido."

— 6 —

O preço do afeto

6.1. A importância do afeto

Volta e meia, juízes e tribunais têm se deparado com demandas buscando atribuir valor venal à negligência do afeto em postulações fundadas no inarredável princípio da dignidade da pessoa humana e no valor supremo de uma paternidade responsável, sobretudo, quando também é dever primordial da família, da sociedade e do Estado colocar a criança e o adolescente a salvo de toda a forma de negligência, crueldade ou opressão.

A omissão injustificada de qualquer dos pais no provimento das necessidades físicas e emocionais dos filhos sob o poder parental ou o seu proceder malicioso, relegando descendentes ao abandono e ao desprezo, tem propiciado o sentimento jurisprudencial e doutrinário de proteção e de reparo ao dano psíquico causado pela privação do afeto na formação da personalidade da pessoa.

Também não é mais novidade alguma, a preocupação mundial para com os interesses superiores da criança e do adolescente, centrando na família, o núcleo de proteção e compreensão dos filhos, pois é a família a estrutura que molda o desenvolvimento psíquico da criança.[1]

Conforme Eduardo de Oliveira Leite,[2] "o desenvolvimento físico e moral da criança, a qualidade de suas relações afetivas e sua inserção no grupo social constituem pontos de referência do interesse do menor."

Aliás, mostram a lógica e o bom-senso que a criança e o adolescente precisam ser nutridos do afeto de seus pais, representado pela proximidade física e emocional, cujos valores são fundamentais para o suporte psíquico e para a futura inserção social dos filhos. Pouco importa sejam os vínculos de ordem genética, civil ou socioafetiva, pois têm os pais a obrigação de exercerem a sua função parental, essencial à formação moral e intelectual

---
[1] FRAGA, Thelma. *A guarda e o direito à visitação sob o prisma do afeto*, Rio de Janeiro: Impetus, 2005, p. 50.
[2] LEITE, Eduardo de Oliveira. *Famílias monoparentais*, São Paulo: RT, 1997, p. 197.

de sua prole, mesmo porque um filho "só crescerá de forma saudável, através das salutares construções que importam na ausência de rupturas dos vínculos socioafetivos".[3]

O amor que molda a estrutura psíquica da prole é construído no cotidiano dos relacionamentos, e é particularmente favorecido pela unidade afetiva dos pais, sabendo-se que a separação gera para os filhos dolorosas mudanças com a repentina perda do convívio na mesma habitação; isto quando os próprios irmãos não são separados, e novos personagens assumem como padrastos, o lugar do genitor na reconstrução afetiva dos pais.

Depara a descendência, com uma significativa modificação de seus hábitos e rotinas, tendo sido alterado o foco de seus primitivos cuidados e interesses. Também sofrem os filhos o refluxo de seu padrão de vida, que decai pela redução dos recursos do guardião, e conduz, pela dependência alimentar, para uma constante expectativa quanto ao seu regular suprimento. Assim como gera na criança e no adolescente de pais separados uma necessidade maior de supressão das suas carências, que igualmente surgem durante todo o seu desenvolvimento emocional, sobremodo quando o filho da ruptura ainda carrega o falso sentimento de ter sido o responsável pela separação de seus pais.

E justamente por conta das separações e dos ressentimentos que remanescem na cisão da sociedade conjugal, não é nada incomum deparar com casais apartados, usando os filhos como *moeda de troca*, agindo na contramão de sua função parental e pouco se importando com os nefastos efeitos de suas ausências; suas omissões e propositadas inadimplências dos seus deveres. Terminam os filhos, experimentando vivências de abandono, mutilações psíquicas e emocionais, causadas pela rejeição de um dos pais e que só servem para magoar o genitor guardião. Como bombástico e suplementar efeito, baixa a níveis irrecuperáveis a auto-estima e o amor próprio do filho enjeitado pela incompreensão dos pais.

6.2. Um olhar no passado

Lídia Makianich de Basset[4] convida o leitor a mirar-se no passado para poder compreender a tradicional resistência do Direito em não admitir a reparação dos prejuízos ocasionados por um membro da família a outro na frustração das visitas, sendo o dano muito mais acentuado quanto mais próximo for o vínculo.

Escreve que, somente no início da década de 1990 começaram a ser admitidos pelos tribunais alguns casos de responsabilidade civil subjetiva

---
[3] Idem, ob. cit., p. 77.
[4] BASSET, Lídia Makianich de. *Derecho de visitas*, Buenos Aires: Hammurabi, 1993, p. 219-230.

com ressarcimento intrafamiliar, independentemente de qualquer norma especial, pois nenhum artigo de lei pertinente ao Direito de Família proíbe o regime geral da responsabilidade civil.

A sociedade, representada pelas gerações mais distantes, vivenciava um modelo hierárquico das relações familiares estando mulher e filhos subordinados à autoridade do marido, afirmando, os moralistas, que a subordinação da mulher estava fundada na autoridade marital das Sagradas Escrituras, pois Deus teria dito a Eva que ela ficaria sobre a autoridade do esposo, que a dominaria e que a partir desta passagem, esta prerrogativa do homem proviria de seu direito natural.[5]

Ao tempo do Código Civil de 1916, dispunha o artigo 233 a unidade de direção do marido, designado para ser o chefe da sociedade conjugal, e a família se caracterizava como uma entidade eminentemente patriarcal, hierarquizada, matrimonializada e patrimonializada. Pertencia ao esposo, investido na função de cabeça do casal, o poder diretivo de toda a família, e à mulher e aos filhos, competia tão-somente aceitar que deviam obediência ao *pater familiae*, a bem da paz, da harmonia e da felicidade familiar.

Eram os tempos do *"papai sabe-tudo"*, festejada série de tevê que na década de 60 retratava o cotidiano de uma típica família americana de chefia paterna. Guardada sua origem e a sua distância geográfica, o já falecido ator Robert Young encarnava a mesma imagem encontrada na tradicional família brasileira, estruturada no poder marital do marido. O pai era senhor absoluto da sua célula familiar, ele representava a cabeça do casal, depois vinha a sua esposa, que precisaria ser legítima, advinda das justas núpcias e os seus filhos. Naquele tempo em que o *papai sabia tudo,* o marido ocupava a chefia da comunidade familiar e dizia a lei que sua esposa era sua auxiliar, apenas como era sabido, *pro forma*, pois exercia um papel familiar de exclusiva administração do lar, e das tarefas dos filhos, tudo supervisionado pela crítica construtiva da autoridade marital. Dentro desta autoridade centrada no esposo e pai, a mulher, sem direito de escolha, carregava em seu nome o apelido do cônjuge e o seguia na eleição de cada domicílio familiar. Impensável equiparar os sexos, pois no consenso daquelas gerações, para a mulher a natureza reservara atividades mais leves, tarefas caseiras, de repetição e de nenhuma edificação pessoal no grupo familiar e social. Era função de um típico pai-de-família concentrar na sua autoridade marital a chefia dos seus dependentes, e a administração do patrimônio conjugal, pois só o homem reunia os atributos de um gestor de negócios.

Ser *papai sabe-tudo*, representava, para a esposa e filhos, acatar a superior sabedoria do marido, aceitar a sua absoluta chefia conjugal, quase como se também fosse o segundo pai da própria mulher, por respeito às

---
[5] KLUGER, Viviana. *Escenas de la vida conyugal*, Buenos Aires: Editorial Quorum, 2003, p. 150.

crenças e aos costumes de um estilo de vida familiar. Naquele tempo, a sabedoria do pai anestesiava pensamentos e abafava quaisquer discrepâncias de opinião, pois que cultura e costume facultavam somente ao homem traçar os destinos de sua família, ainda que pudesse apresentar desatinadas soluções. A famosa série apresentava um pai capaz, inteligente, verdadeiro norte de toda a família de concepção romana-judaica-cristã, era o estereótipo da típica sociedade familiar de sexos desiguais, cuja chave de felicidade estava centrada na autoridade do pai.

Mas os tempos avançaram e remodelaram a estrutura familiar, e nos dias de hoje, não há mais espaço para séries, filmes e novelas que outorguem ao pai o terrível papel da soberana sabedoria, como governo único da família parental. É outra a sua atual perspectiva no seu modelo ocidental, em que o pátrio poder já não é um poder do homem, mas um poder de ambos os genitores. Subsiste atualmente a coesão do grupo, que deixou de se alicerçar na autoridade outrora incontrastável do marido, e sua meta, o bem-estar de todos, depende do esforço de cada integrante da cada vez mais reduzida célula familiar.

União afetiva e família têm como essência e razão de existência a sua comunhão espiritual, onde mulher e homem trabalham em igualdade de direitos, princípios, valores e oportunidades, em uma atmosfera que visa ao crescimento e à fortificação da unidade familiar.

A emancipação da mulher concorreu para a substancial modificação da vida afetiva, elevando casamento e união estável ao mesmo patamar, mas, substancialmente, ocupando ambos os parceiros uma posição de completa paridade, sem lugar para tolos e inúteis preconceitos, esquecida a modelagem da chefia do homem, e da dependência feminina, como se capacidade e intelecto pudessem ser realmente mais frágeis na mulher.

Seguramente, a família contemporânea traz na sua estrutura a direção da igualdade, numa parceria de idéias e de consecução, a bem da dupla afetiva e dos seus filhos, pois como citou certa feita Orlando Gomes, *a verdadeira coesão da família não depende da autoridade de um dos cônjuges, mas, depende sim, da união dos dois* e neste novo gênero de paridade conjugal, ninguém sabe tudo.

6.3. O revogado pátrio poder

Neste contexto, para Denise Damo Comel,[6] a noção de pátrio poder era diametralmente oposta à atual, e seu exercício era um privilégio do marido, a quem a lei outorgara a expressão que tradicionalmente indicava a superioridade do pai.

---
6 COMEL, Denise Damo. *Do poder familiar*, São Paulo: RT, 2003, p. 28.

Portanto, dentro daquela estrutura seus membros estavam subordinados à autoridade do chefe da família, sujeitados os filhos ao despótico poder paterno, que se acentuava sobre toda a movimentação familiar, dele emanando todas as regras de conduta, de permissão e de restrição de ação, desde os comezinhos hábitos domésticos, como na indicação dos horários de saída e de regresso dos filhos ao lar, passando pela correção física das faltas e infrações da prole.

O pai era o patrão dos filhos, com o dever de dirigir-lhes a criação e educação ladeada pela ajuda materna; era dele o ônus de sustento da prole, devendo lhes propiciar, sempre que necessário, atendimento médico ou hospitalar, habitação, vestuário, educação, incluída a orientação religiosa, zelar por sua formação moral e poder lhes corrigir, com moderação, os eventuais desvios. Sob o poder da potestade, era do pai a expressão final para o casamento de filho adolescente, e mesmo para a sua emancipação, representando e assistindo a prole enquanto ainda não apresentasse capacidade de fato para a aquisição e gozo de seus direitos.

Tinha o titular do pátrio poder o direito de exigir obediência e respeito dos filhos e o comando da disciplina sobre a sua descendência, assim como estava apto a ordenar que prestassem os serviços próprios de sua idade e condição, e de tê-los sob a sua companhia e guarda, exercendo um direito de visitas no caso de separação com solução pela custódia materna. Ainda no uso de seu poder parental exerce o pai a administração legal do patrimônio dos filhos menores, mesmo que não tivesse a sua guarda em caso de separação judicial, com a prerrogativa do benefício do usufruto legal de todo o acervo, empregando livremente o produto desse usufruto, com o propósito de enfrentar as despesas arrostadas pelo núcleo familiar.

Na clássica lição de J. V. Castelo Branco Rocha,[7] o pátrio poder já foi um conjunto de direitos vinculado à autoridade protetora do pai, e concluía que os direitos envolvidos no pátrio poder, constituíam o instrumento de execução da missão confiada aos genitores, que sem as prerrogativas do poder parental, não atingiriam a sua tarefa, mas já advertia ter sido instituída a autoridade paterna em proveito dos filhos e de seus legítimos interesses, podendo responder pelo abuso de direitos,[8] por algum desvio de função ligada à ordem econômica, ou algum abuso capaz de alterar o exercício do pátrio poder em sua estrutura hierárquica.

Diante deste quadro que relegava extrema importância e influência ao poder do pai, seria inimaginável pensar em impor qualquer espécie de dano, notadamente por agravo moral intrafamiliar, em um contexto de absoluta hierarquia e de incontestável subordinação ao provedor da família, que

---

[7] BRANCO, J. V. Castelo. *O pátrio poder*, São Paulo: Livraria e Editora Universitária, 1978, p. 35.
[8] Idem, ob. cit., p. 39.

estava habilitado por lei e pela realidade sociofamiliar a exercer o pátrio poder com exclusiva autoridade.

Mas esta estrutura foi sendo alterada com a crescente incorporação da mulher ao mercado de trabalho e com o desenvolvimento das teses de igualização dos gêneros sexuais, exigindo, as novas contingências da vida, que também os filhos procurassem recursos externos com o seu labor pessoal, deixando o marido de ser o único provedor da família. Na medida em que esposa e filhos foram adquirindo os seus próprios direitos e a sua independência pessoal, a autoridade do pai perdeu o seu caráter despótico, cedendo seu lugar para uma direção compartilhada da família, e os filhos atingindo a sua maioridade cada vez mais cedo, como aconteceu no Brasil com a edição do artigo 5º do Código Civil de 2002, que fez cessar a menoridade aos dezoito anos.

Esta nova codificação que passou a valorizar o indivíduo dentro do núcleo familiar e tutelar a dignidade humana da pessoa, que passam a impor o dano com fundamento no abuso de direito, e não no ato ilícito, tem sido a grande transformação cultural e jurídica no âmbito das relações familiares.

6.4. O direito de visitas

Do mesmo modo com que o pátrio poder já foi considerado um "conjunto de direitos concedidos, pela lei, ao pai sobre a pessoa e bens do filho",[9] o direito de visitas já foi considerado como uma *"prerrogativa* reconhecida aos ascendentes de receber seus descendentes menores confiados à guarda de um dos pais ou terceiros".[10]

Na opinião de Edgard de Moura Bittencourt,[11] sob o olhar do início da década de 1980, as visitas dos pais aos filhos representariam um direito, e não uma obrigação, pois eles só teriam um compromisso moral em não se omitirem de se avistarem com os seus filhos, mas não passaria de um dever sem sanção jurídica, porque seria menos perniciosa a ausência do pai ou da mãe, do que o contato artificial, brutalmente frio, destituído de carinhos e desvelos paternais.

A omissão ou displicência no regime de visitas dos pais, sob certo enfoque, não passava de uma imprudente transgressão ao bom-senso; enquanto, por outro prisma, era visto como uma atitude ponderada, por não ser aconselhável forçar uma visitação nutrida de rejeição e contrariedade, já que o dever das visitas não transpunha o foro da consciência do

---

[9] BEVILÁQUA, Clóvis. *Código Civil comentado*, Francisco Alves, 1917, apud CARVALHO, João Andrades. *Tutela, curatela, guarda, visita e pátrio poder*, Rio de Janeiro: Aide, 1995, p. 176.
[10] BITTENCOURT, Edgard de Moura. *Guarda de filhos*, São Paulo: Leud, 1981, p. 119.
[11] Idem, ob. cit., p. 132-133.

visitante,[12] a ninguém cometendo a fazer ou deixar de fazer alguma coisa senão em virtude de lei.[13]

As visitas não estão vinculadas ao poder familiar e tampouco ao parentesco natural ou civil, não devendo ser olvidado existirem também situações de afinco com terceiros que incrementaram laços de afinidade com um menor, como no caso de um padrasto que criou e conviveu com os filhos de sua ex-mulher e por esta razão tem legítimo interesse em manter hígidos os canais de visitação e de comunicação com a pessoa a ser visitada.

É perfeitamente razoável que um pai adulterino deseje cultivar relações de afeto com o seu filho; que um irmão que viva fora de casa por dissentir de seus pais, queira visitar seu colateral menor; assim como padrinhos podem invocar especiais motivos de afeição para com o afilhado, por quem sempre tiveram carinho e uma regular convivência anterior.

Diante desta gama de vinculações, a visita é um direito conferido a todas as pessoas unidas por laços de afeto, de manterem a convivência e o intercâmbio espiritual quando estas vias de interação tiverem sido rompidas pela separação física dos personagens. É direito que pode ser outorgado aos protagonistas mais importantes da vida de uma criança e cujas pessoas lhe são muito próximas por vínculos consangüíneos ou de afeto, como seus pais, irmãos, avós, padrastos ou madrastas, servindo a visitação para que não terminem soterrados os contatos, as relações de comunicação e de carinho das pessoas que o Direito separa, sobretudo porque são vinculações fecundas e fundamentais para o menor que ainda está moldando a sua identidade pessoal.

Já no estreito limite do núcleo familiar, frente à quebra da convivência dos pais, as visitas são tidas como um "direito-dever dos pais que não têm a guarda de manter a convivência e os laços afetivos com seu filho e no interesse deste".[14]

As visitas têm a concreta finalidade de favorecer as relações humanas e estimular a corrente de afeto entre o titular e o menor, porém, o mais valioso é o interesse do menor no caso de conflito, tanto que em mãos desaconchegadas pode se converter em algo particularmente mau e perigoso para uma criança delicada e receptiva.[15]

---

[12] Ibidem, p. 133.

[13] Foi a decisão tomada pela 4ª Câmara Cível do TJRJ na Apelação Cível nº 2004.001.13664 ao negar indenização por dano moral deduzido por filha contra o pai, visando à compensação pela ausência de amor e afeto.

[14] BOSCHI, Fabio Bauab. *Direito de visita*, São Paulo: Saraiva, 2005, p. 35.

[15] HERNÁNDEZ, Francisco Rivero. *El derecho de visita*, Barcelona: José María Bosch, 1997, pp. 21 e 390.

6.5. O abuso de direito

O ser humano está moldado para viver em agrupamentos sociais e familiares, tomando como ponto de partida o seu núcleo familiar, onde desenvolve a sua iniciação como pessoa e experimenta os mais diversificados sentimentos em suas principais fases de crescimento, até atingir a idade adulta, quando, então, procura formar a sua própria unidade familiar.

Os filhos têm o direito à convivência com os pais, e têm a necessidade inata do afeto do seu pai e da sua mãe, porque cada genitor tem uma função específica no desenvolvimento da estrutura psíquica da prole.

Em razão disto, tem gravíssima repercussão negativa qualquer injustificada frustração ao exercício do direito de visitas, como aponta Arnaldo Rizzardo,[16] ao escrever que os pais estão obrigados a participarem da vida dos filhos, dispensando-lhes carinho, afeto, desvelo e amizade, sem descurar da autoridade tão essencial ao normal crescimento. Omitindo-se os pais deste fundamental ditame da consciência e da natureza, mesmo que ofertando esta estrutura moral em visitas espaçadas, implicará assumir a responsabilidade por irreparáveis efeitos negativos na vida dos filhos e com repercussão por toda a sua vida, com sintomas de depressão, ansiedade, tristeza, insegurança e complexo de inferioridade na comparação com seus conhecidos e amigos.[17]

Portanto, deixou a família de ser imune ao direito de danos, encontrando o pedido de indenização o seu fundamento não exatamente no ato ilícito, mas no abuso de direito previsto no art. 187 do Código Civil brasileiro,[18] ainda que exclusivamente moral.[19]

O abuso de direito independe da culpa, pois sua noção extrapola a teoria da responsabilidade civil. Trata da imposição de restrições éticas ao exercício de direitos subjetivos, tendo em conta que no âmbito do conteúdo do direito de visitas existem barreiras que não podem ser ultrapassadas.

E no abuso de direito, a pessoa justamente excede as fronteiras do exercício de seu direito, sujeitando-se, aquele que se desvia das suas funções e finalidades, às correspondentes sanções civis,[20] que passam primeiro por medidas judiciais de restrição das visitas; por seu exercício vigiado ou monitorado; pela sua suspensão; ou pela supressão definitiva das visitas, sem prejuízo das perdas e danos aferíveis em dinheiro.

---

[16] RIZZARDO, Arnaldo.*Responsabilidade civil*, Rio de Janeiro: Forense, 2005, p. 692.
[17] Idem, ob. cit., p. 693.
[18] Art. 187: "Também comete ato ilícito o titular de um direito que, ao exerce-lo, excede manifestamente os limites impostos pelo seu fim econômico ou social, pela boa-fé ou pelos bons costumes."
[19] Art. 186: "Aquele que, por ação ou omissão voluntária, negligência ou imprudência, violar direito e causar dano a outrem, ainda que exclusivamente moral, comete do ilícito."
[20] FARIAS, Cristiano Chaves de. *Direito Civil, teoria geral*, Rio de Janeiro: Lúmen Júris,2005, p. 518-519.

Os limites do exercício de um direito de visitas devem ser dimensionados pela boa-fé com que se porta o guardião do menor, uma vez que prevalece como princípio e foco maior de interesse o fundamental direito da criança e do adolescente ao saudável desenvolvimento de sua personalidade. Devem os pais evitar praticarem quaisquer atos que prejudiquem as relações dos filhos com o outro progenitor, tendo a obrigação de manterem uma conduta leal, com vistas ao intransigente benefício da prole. Deste modo, age com total falta de ética e com visível má-fé, o guardião que sem motivação adequada proíbe as visitas; ou quando o visitante frustra as expectativas do visitado, que conta com a sua presença e ansia por sua comunicação, devendo o dano ser injusto e imputável a uma ação ou omissão daquele que obstruiu a comunicação com o filho.

Para Francisco Rivero Hernández, existe uma linha tênue entre o abuso do direito (art. 187 do CC) e o abuso do poder familiar (art. 1.630 do CC), sendo difícil e arriscado generalizar seus diagnósticos, pois cada situação exige um detido exame e talvez seu único denominador em comum seja que, de uma maneira ou de outra, em todas as hipóteses de abuso, sempre estará sendo comprometido o bem-estar psíquico e o interesse do menor.[21]

6.6. A frustração das visitas

As visitas podem ser frustradas por atos praticados pelo genitor guardião; pelas atitudes de iniciativa do visitante a quem foi outorgado o direito de visitação; pelo próprio menor que pode se negar às visitas, ou por ação de um terceiro que impeça o seu exercício.[22]

O ascendente guardião tem o dever de incentivar e facilitar as relações pessoais entre o filho e seu genitor visitante, criando as condições e o clima adequado para esta sadia convivência e interação. Frustra as visitas de modo direto o guardião que procura sair com o menor justamente no horário das visitas, ou que se nega a entregar o filho sob as mais esfarrapadas desculpas; isto quando não cria despropositados incidentes com a única finalidade de estabelecer um clima de beligerância para gerar desgaste e desânimo no exercício do sagrado dever e direito de visitação.

Não age diferente, a mãe que nos dias de visitas diz que a criança está dormindo ou que se encontra adoentada, indisposta, ou que tem amigos e opções mais atraentes de programação, que foi especialmente criada para tornar desinteressante e desmotivar a visitação do pai. Cruel o ascendente

---
[21] HERNÁNDEZ, Francisco Rivero. *El derecho de visita*, ob. cit., p. 278.
[22] BELLUSCIO, Cláudio A. *Derecho de daños*, cuarta parte (B). Coord. CÚNEO, Darío L., Buenos Aires: Ediciones La Rocca, 2003, p. 357.

que, por puro espírito emulativo, muda para outra cidade apenas para dificultar as visitas e os contatos do filho com o outro genitor.

Sutis embaraços de visitação são formulados quando o guardião promove um ambiente inteiramente adverso ao visitador, fomentando um progressivo desinteresse da criança no contato parental movido, apenas, por seus ressentimentos e pelas crises de uma separação mal-elaborada, sequer tendo consciência ou preocupação de estar destruindo a estrutura psíquica e emocional de seus filhos ou como se piamente acreditasse poder reverter os estragos causados na personalidade dos filhos, quando todas as suas frustrações pessoais estivessem superadas.

Causa agravos psíquicos ao filho o progenitor que não cumpre com as visitas que lhe foram outorgadas ou que as cumpre de maneira desordenada, com a única intenção de tumultuar a paz familiar. Age com abuso o visitante que não busca e nem devolve os filhos nos horários ajustados, ou que para desespero da mãe deixa a criança com terceiros que ela desconhece ou em quem não confia.

Para Claudio Belluscio, abusa do direito de visitas o genitor que se omite dos eventos escolares do filho; que expõe o menor às situações de risco e de contágio, como ao frio e à insolação; que não tem afeto pela prole nem lhe proporciona proteção, vestuário e alimentação adequada quando o rebento está em sua companhia e sob a sua orientação.[23]

Em algumas ocasiões, os danos decorrem da maléfica intervenção de um terceiro, como os avós, padrasto ou madrasta que se encarregam de tomar a iniciativa para frustrar a comunicação entre o visitante e o menor visitado.

Mas, quando parte do próprio filho a negativa em se avistar com o seu progenitor, diz Belluscio[24] ser preciso descobrir se a negativa é espontânea ou se obedece a um capricho de seu guardião. Partindo da efetiva vontade do menor em não querer se avistar com o seu genitor não-guardião, é recomendável a intervenção terapêutica para desvendar as causas da negativa, havendo um certo consenso de que somente a partir dos seis anos de idade poderia ser realmente considerada a expressão de vontade do menor.[25]

É fundamental tomar bastante cuidado na pesquisa da oposição dos filhos, porque é muito comum constatar que este repúdio pelo genitor é unicamente determinado pela influência negativa e permanente do guardião, em um trabalho de maliciosa indução, desenvolvido para criar um sentimento de lealdade do filho indefeso, que se vê obrigado a sabotar suas saídas com o seu progenitor visitante.

---

[23] BELLUSCIO, Cláudio A. *Derecho de daños*. Ob. cit., p. 361.
[24] Idem, p. 364.
[25] Ibidem, p. 366.

Trata-se de verdadeira lavagem cerebral de menor assediado com falsas e repetidas informações a respeito de seu outro genitor, para depois alegar que são as crianças que não querem se avistar com o visitante. São os guardiães programando a vontade dos filhos com temas que desmerecem o outro ascendente, num criminoso processo de alienação mental da descendência.

Com esta lavagem cerebral, classificada pelos norte-americanos com a sigla PAS (*parental alienation syndrome*), ou SAP (síndrome da alienação parental) na versão em português, em resposta aos seus sentimentos feridos pela separação, o cônjuge guardião exerce o controle sobre a criança e subsidiariamente sobre o seu ex-consorte, como destinatário final das manobras de controle do menor.

Conforme Belluscio, a SAP pode ser óbvia ou sutil, com recompensas materiais, sociais ou psíquicas pela lealdade do filho,[26] podendo esta obediência contar com outras pessoas ligadas à vida do menor, como no caso dos demais parentes vinculados ao genitor guardião e que também lhe cobram lealdade.

6.7. Danos e prejuízos

É dever da família colocar a criança e o adolescente a salvo de toda forma de negligência (art. 227 da CF), sendo dos pais o dever de guarda e de educação dos filhos menores (arts. 22 do ECA e 1.566,IV, do CC). Portanto, não se afigura procedente afirmar que, com escora no art. 5º, inciso II, da Constituição Federal "ninguém será obrigado a fazer ou deixar de fazer alguma coisa senão em virtude de lei",[27] isto porque é a própria Carta Política que expressa como direito fundamental da criança e do adolescente ser resguardado de toda a forma de negligência.

Há negligência do genitor que se omite injustificadamente em prover as necessidades físicas e emocionais de um filho menor, seja por espírito emulativo; aja por dar mais atenção a filhos de um novo relacionamento ou motivando a propiciar pesar e transtornos à antiga esposa ou companheira.[28]

---

[26] BELLUSCIO, Cláudio A . *Derecho de daños*, ob. cit., p. 374.

[27] "1. Indenização. 2. Dano moral. 3. Objetivo indenizatório deduzido por filha contra o pai, visando compensação pela ausência de amor e afeto. 4. Ninguém está obrigado a contemplar quem quer que seja com tais sentimentos. 5. Distinção entre o Direito e a Moral. 6. Incidência da regra constitucional, pilar das democracias mundo a fora, e a longo tempo, esculpida no art. 5º, II, de nossa Carta Política, segundo a qual "ninguém será obrigado a fazer ou deixar de fazer alguma coisa senão em virtude de lei". 7. Pretensão manifestamente mercantilista, deduzida na esteira da chamada indústria do dano moral, como sempre protegida por deferimento de gratuidade de justiça. 8. Constatação de mais uma tentativa de ganho fácil, sendo imperioso evitar a abertura de larga porta com pretensões do gênero. 9. Sentença que merece prestígio. 10. Recurso improvido." Rel. Des. Mario dos Santos Paulo, 4ª CC do TJRJ, AC nº 2004.001.13664, j. em 08/9/2004.

[28] TOMASZEWSKI, Adauto de Almeida. *Separação, violação e danos morais, a tutela da personalidade dos filhos*, São Paulo: Paulistanajur, 2004, p. 180-181.

Diante destas evidências e das mudanças sociais surgidas no núcleo familiar que tutela a dignidade pessoal de cada componente da família, não há como desconsiderar a desigualdade de forças constatada no confronto dos filhos menores que dependem emocionalmente de seus genitores. Os filhos são vulneráveis às instabilidades afetivas e emocionais de seus pais, e estes são legalmente responsáveis pela assistência material e moral de sua prole, independentemente do exercício da sua guarda.

Foi-se o tempo dos equívocos das relações familiares gravitarem exclusivamente na autoridade do pai, como se ele estivesse acima do bem e do mal apenas por sua antiga função provedora, sem perceber que deve prover seus filhos muito mais de carinho do que de dinheiro, de bens e de vantagens patrimoniais. Têm os pais o dever expresso e a responsabilidade de obedecerem às determinações judiciais ordenadas no interesse do menor,[29] como disto é exemplo o dever de convivência em visitação, que há muito deixou de ser mera faculdade do genitor não-guardião, causando irreparáveis prejuízos de ordem moral e psicológica à prole, a irracional omissão dos pais.

Há vozes que se posicionam em contrário à reparação do afeto que foi negado aos filhos, temendo que o pai condenado à pena pecuniária por sua ausência será um pai que jamais tornará a se aproximar daquele rebento, em nada contribuindo pedagogicamente o pagamento da indenização para restabelecer o amor.[30]

Também há versão doutrinária e jurisprudencial propugnando pela reparação do dano psíquico causado ao filho destituído de afeto, através de condenação que constranja ao pagamento de eficaz tratamento psicológico ou psiquiátrico, para restituir a saúde emocional do filho abandonado afetivamente. Com esta atitude estaria sendo acolhida a tese de reparação pelo uso abusivo de um direito mas, em contrapartida, estaria sendo evitada a mercantilização do afeto.[31]

Entretanto, nem sempre a indenização com o pagamento direto do tratamento psicológico ou psiquiátrico do filho abandonado resultará na forma mais adequada de compensação do dano causado. A indenização pecuniária visa a reparar o agravo psíquico sofrido pelo filho que foi rejeitado pelo genitor durante o seu crescimento, tendo a paga monetária a função exclusiva de permitir compensar o mal causado, preenchendo o espaço

---

[29] Art. 22 do ECA – Aos pais incumbe o dever de sustento, guarda e educação dos filhos menores, cabendo-lhes ainda, no interesse destes, a obrigação de cumprir e fazer cumprir as determinações judiciais.
[30] COSTA, Maria Aracy Menezes da. *Responsabilidade civil no Direito de Família*, XII Jornada de Direito de Família, Rio de Janeiro: COAD, Edição Especial, fevereiro 2005, p. 42.
[31] COSTA, Maria Isabel Pereira da. *Família: Do autoritarismo ao afeto. Como e a quem indenizá-lo?*, trabalho ainda não publicado por ocasião da edição deste artigo (05/05).

e o vazio deixados com a aquisição de qualquer outro bem material que o dinheiro da indenização possa comprar.[32] O pagamento direto da terapia pelo causador do dano poderá implicar eventuais interrupções do tratamento, pela presumível inadimplência e desobediência judicial de um contumaz devedor, causando novos desgastes para o filho já vitimado pela anterior ausência espiritual do seu progenitor. De outra parte, estaria sendo indenizado em longo e interminável prazo acaso fosse concedido ao genitor custear o tratamento psicológico contratado para auxiliar na recuperação mental do filho afetivamente abandonado. A hipótese melhor se prestaria para a indenização apenas do agravo material, consistente no ressarcimento do tratamento que deve ser ministrado durante a fase de desenvolvimento e de crescimento do filho que vivenciou o abandono de seu genitor.

Também subsistem razões para discordar da vertente que nega a reparação material pela omissão do afeto parental, até porque, ao contrário do que é afirmado, a indenização não tem mais nenhum propósito de compelir o restabelecimento do amor, já desfeito pelo longo tempo transcorrido diante da total ausência de contato e de afeto paterno ou materno. Certamente, a execução das visitas ou a figura jurídica das *astreintes* seriam as sanções tendentes a forçar o cumprimento regular das visitas e servir como um meio eficaz de vencer a resistência do recalcitrante genitor que cria obstáculos para o exercício das visitas, embora a multa nada acrescente de amor em um empedernido coração.

As *astreintes* terão maior eficácia quando aplicadas ao guardião que cria obstáculos ao direito de visitas do outro genitor, servindo a pena pecuniária como importante desestímulo aos embaraços oriundos de ressentimentos e traumas ainda não elaborados e que habitam o subconsciente daqueles pais que romperam a sua primitiva relação.

A pretensão judicial de perdas e danos de ordem moral visa a reparar o irreversível prejuízo já causado ao filho que sofreu pela ausência de seu pai ou de sua mãe, já não mais existindo amor para tentar recuperar. A responsabilidade pela indenização deve ser dirigida a quem causou os danos ao filho, ao lhe frustrar o direito de ser visitado, podendo recair sobre um, ou sobre ambos os genitores, assim como o filho e o genitor que foram impedidos de se comunicar poderão ser as vítimas e postulantes ativos de uma ação de indenização.

Prescreve o art. 927 do Código Civil a obrigação de reparar o dano causado a outrem por ato ilícito decorrente de omissão voluntária, negligência ou imprudência (art.186 CC) ou por abuso (art.187 CC), repre-

---

[32] Em junho de 2004, o juiz de Direito Luís Fernando Cirillo, da 31ª Vara Cível Central de São Paulo, condenou um pai a pagar à filha indenização no valor de R$50 mil para reparação de dano moral e custeio do tratamento psicológico dela. Disponível em htt: //www.stj.gov. br/webstj /Noticias/ detalhes_noticias .asp?seq _noticia=13495. Acesso em 31 de março de 2005.

sentado pelo exercício de atividade que, inicialmente lícita, termina por gerar elementos configurativos de um abuso, como sucede na reiterada obstrução da comunicação do visitante com o filho a ser visitado e cujo relacionamento é fundamental para o desenvolvimento de sua personalidade.

Configuram causas de abuso deixar o menor em mãos de terceiros durante o tempo das visitas, ao invés de tê-lo sob a sua companhia; mudar para outro Estado ou Município geograficamente distante, para rarear e onerar o exercício da visitação; o habitual e reiterado atraso na devolução do menor; o injustificado e reiterado atraso no horário de buscar o menor para o ato de visitação; a não-devolução do filho ao seu guardião, convergindo todas estas situações indicadas por Claudio Belluscio,[33] dentre tantas outras consignadas na corriqueira prática processual, em verdadeiros padecimentos morais tanto do filho como do ascendente, que vê sempre frustrado o seu direito de visitação e que tem perturbados a sua tranqüilidade e o seu ritmo de vida.

No entanto, quando a frustração das visitas decorre da rejeição afetiva do progenitor não convivente, causando sofrimentos ao descendente que se sente diminuído e menosprezado por quem tinha a missão legal e moral de promover o seu sadio desenvolvimento psíquico, sem qualquer sombra de dúvida, que deve concorrer para com o ressarcimento financeiro pelo dano moral causado na estima do seu filho menor.

Nesta direção, têm-se movimentado algumas decisões judiciais buscando reparar com indenizações pecuniárias a dilaceração da alma de um filho em fase de formação de sua personalidade, cujos pais se abstêm de todo e qualquer contato e deixam os seus filhos em total abandono emocional.

Não condenam a reparar a falta de amor, ou o desamor, nem tampouco a preferência de um pai sobre um filho e seu descaso sobre o outro, condutas que evidentemente causam danos; penalizam, porém, a violação dos deveres morais contidos nos direitos fundados na formação da personalidade do filho rejeitado.

Julgamento pioneiro foi proferido na Comarca de Capão da Canoa, no litoral do Rio Grande do Sul, em sentença datada de 15 de setembro de 2003, que condenou o pai a indenizar a menina D. J. A por abandono afetivo.[34]

A existência do homem está na dimensão de seus vínculos e de seus afetos, sendo a afeição valor preponderante da dignidade humana, como

---

[33] BELLUSCIO, Claudio A . *Derechos de danos*, ob. cit., p. 408.
[34] Processo nº 1030012032-0, da 2ª Vara da Comarca de Capão da Canoa, RS, juiz Mário Romano Maggioni.

decidiu o Tribunal de Alçada de Minas Gerais na Apelação Cível nº 408.550-5, para mandar reparar em dinheiro a dor sofrida pelo filho em virtude do abandono paterno.[35]

O voto do relator, acompanhado na íntegra pelos demais componentes da 7ª Câmara Cível do TAMG, evoca a concepção atual de família sob o prisma da afetividade, ocupando o espaço outrora destinado ao arbítrio incondicional do pátrio poder, sendo dever absoluto da família assegurar concretamente à criança os fundamentos de construção e formação de sua dignidade como pessoa humana, cumprindo com o seu dever de convívio e de educação, surgidos dos laços de afeto que interferem na elaboração da identidade psíquica de uma pessoa.

E, se compete aos pais cuidar da alma, da moral e da psique de seus filhos, biológicos, civis ou socioafetivos, porque inquestionável a inserção dos direitos fundamentais do menor no texto constitucional, esta tarefa precisa, então, ser particularmente intensificada diante das adversidades causadas pelo desenlace dos pais que deixam de coabitar, mas que não podem deixar de conviver com a sua prole.[36]

Mesmo à frente da separação dos pais, seguem os genitores responsáveis pelo íntegro exercício do seu poder familiar, dirigindo-lhes a criação e educação, além de tê-los em sua companhia e guarda, participando na formação e construção da personalidade dos filhos, como obra prioritária de resguardo de sua dignidade.

Constitui dano moral a lesão de bem que integra os direitos da personalidade e que afeta a dignidade humana, causando-lhe dor, vexame, sofrimento ou humilhação, com intensa interferência no comportamento psicológico da pessoa, que assim sofre aflições, angústia e desequilíbrio em seu bem-estar.[37] Ivanise Jann de Jesus[38] recorda não ser nada incomum a criança creditar-se a culpa por seu abandono.

Peritos em psicologia, escreve Graciela Medina, têm afirmado que a criança abandonada por seu pai não apenas sofre trauma e ansiedade, como

---

[35] "INDENIZAÇÃO DANOS MORAIS – RELAÇÃO PATERNO-FILIAL – PRINCÍPIO DA DIGNIDADE DA PESSOA HUMANA – PRINCÍPIO DA AFETIVIDADE. A dor sofrida pelo filho, em virtude do abandono paterno, que o privou do direito à convivência, ao amparo afetivo, moral e psíquico, deve ser indenizável, com fulcro no princípio da dignidade da pessoa humana." (Apelação Cível nº408.550-5, de Belo Horizonte, 7ª Câmara Cível do Tribunal de Alçada do Estado de Minas Gerais, relator Juiz Unias Silva, em 01 de abril de 2004.

[36] SILVA, Cláudia Maria da. *Indenização ao filho*, Revista Brasileira de Direito de Família, Porto Alegre: Síntese-IBDFAM, vol. 25, ago-set 2004, p. 124.

[37] CAVALIERI FILHO, Sérgio. *Programa de responsabilidade civil*, 2 ed., São Paulo: Malheiros, apud GONÇALVES, Carlos Roberto. *Comentários ao Código Civil*, vol. 11, São Paulo: Saraiva, 2003, p. 341.

[38] JESUS, Ivanise Jann de. Criança maltratada: retorno à família ? Um estudo exploratório em Santa Maria/RS, *In Direito da criança e do adolescente*, Coord. TRINDADE, Jorge, Porto Alegre: Livraria do Advogado, 2005, p. 158.

irá repercutir em suas futuras relações, perdendo sua confiança e auto-estima, valores fundantes de sua estrutura moral.[39]

Desta forma, o dano à dignidade humana do filho em estágio de formação deve ser passível de reparação material, não apenas para que os deveres parentais deliberadamente omitidos não fiquem impunes, mas, principalmente, para que, no futuro, quaisquer inclinações ao irresponsável abandono possam ser dissuadidas pela firme posição do Judiciário ao mostrar que o afeto tem um preço muito caro na nova configuração familiar.

---

[39] MEDINA, Graciela. *Daños en el derecho de família*, Buenos Aires: Rubinzal-Culzoni Editores, 2002, p. 427.

7. O filho do avô

7.1. A filiação

Os filhos são a continuação da espécie humana, representando o elo que dá seqüência à representação do homem, gerando novos seres, integrando passado e futuro e a história da humanidade.

É com a reprodução humana que a vida inteligente se conserva sobre a face da Terra, representando os laços sangüíneos, os mais importantes sentimentos que constroem e realizam a pessoa em seus vínculos afetivos.

Na atual fase da lei brasileira, desapareceu qualquer forma de discriminação dos filhos, não mais subsistindo divergências sobre os efeitos jurídicos isonômicos dos filhos, havidos ou não do casamento, ou por adoção e que terão os mesmos direitos e qualificações.

Contudo, esta conquista de igualdade só foi alcançada com o advento da Constituição Federal de 1988, tendo sido bastante penosa a mancha dada aos filhos extraconjugais. O primeiro avanço data de 1942, quando a Lei nº 4.737 permitiu o reconhecimento do filho havido fora do casamento depois do desquite. Depois foi a Lei nº 883, de 27 de outubro de 1949, permitindo ao filho investigar a sua filiação depois de dissolvida a sociedade conjugal do seu presumido genitor. Por sua vez, a Lei nº 6.515/77 autorizou o reconhecimento de filho extraconjugal na constância do casamento, mas em testamento cerrado e introduziu a igualdade hereditária entre filhos legítimos e ilegítimos.

Escreve Arnaldo Rizzardo[1] que outro avanço surgiu com a Lei nº 7.250, de 14.11.84, permitindo o reconhecimento de filho havido fora do casamento, de cônjuge separado de fato há mais de cinco anos, enquanto a Lei nº 7.841, de 17.10.89, revogou o art. 358 do Código Civil de 1916, que proibia o reconhecimento dos filhos adulterinos ou incestuosos, permitindo a sua perfilhação a todo tempo e em qualquer estado civil dos pais.

---

[1] RIZZARDO, Arnaldo. *Direito de Família*, 2ª ed. Rio de Janeiro: Forense, 2004, p. 406.

A Lei nº 8.069, de 13.07.90, que dispõe sobre o Estatuto da Criança e do Adolescente, na esteira do art. 227, § 6º, da Carta Política de 1988, reforçou a proibição de designações preconceituosas da filiação, que passou a ser designada como simplesmente natural, sendo eliminada a classe dos filhos preferidos, em contraponto aos filhos preteridos, mas preteridos apenas pela mão do homem, e não pela vontade e criação de Deus.

Com o advento da Lei nº 8.560, de 29 de dezembro de 1992, que trata da verificação oficiosa da paternidade, surgem outras medidas concretas, renovando a proibição de qualquer menção à origem da filiação.

E nessa linha de orientação seguiu o Código Civil de 2002 ao encerrar, no seu art. 1.596, terem todos os filhos os mesmos direitos, advenham ou não da relação de casamento, sendo vedadas quaisquer designações diferenciatórias.

7.2. Legitimidade para a investigatória

O art. 1.597 do vigente Código Civil regula o sistema legal de presunção de paternidade dos filhos do casamento, cabendo ao marido contestar a paternidade dos filhos nascidos da sua mulher. Diz o art. 1.601 do atual Diploma Substantivo Civil pertencer ao marido o direito de contestar a paternidade dos filhos nascidos da sua mulher, só podendo seus herdeiros prosseguirem eventual ação já ajuizada pelo pai impugnante. É apenas do esposo a titularidade da ação de impugnação da paternidade do filho da sua mulher, havido na constância do seu casamento, pois somente ele teria o direito de absorver o adultério da sua mulher e, portanto, aceitar ou não, a criança nascida da infidelidade conjugal.

De acordo com o parágrafo único do art. 1.601, se no curso da ação de impugnação o marido vier a falecer, podem os seus herdeiros assumir a relação processual como substitutos processuais, o que pressupõe a preexistência da lide, pois só o marido pode medir a repercussão e a proporção da vantagem ou desvantagem da filiação.[2]

Por sua vez, enuncia o art. 1.606 do Código Civil, que compete apenas ao filho a ação de prova de sua filiação, enquanto viver, passando para os seus herdeiros, que continuarão a ação se ele morrer, salvo se julgado extinto o processo.[3]

Este dispositivo simplesmente repete idêntica vedação já existente no art. 350 do Código Civil de 1916 que, por igual, limitava ao filho a legitimidade processual para demandar por sua filiação biológica, sendo seu

[2] MOURA, Mário Aguiar. *Tratado prático da filiação*, Apud RIZZARDO, Arnaldo. Ob. cit., p. 429.
[3] Art. 1.606. A ação de prova de filiação compete ao filho, enquanto viver, passando aos herdeiros, se ele morrer menor ou incapaz. Parágrafo único. Se iniciada a ação pelo filho, os herdeiros poderão continuá-la, salvo se julgado extinto o processo.

prazo imprescritível se a ação fosse proposta pelo filho maior e capaz, mas, se este morresse menor ou sob interdição, teriam o prazo decadencial de um ano para movê-la.[4]

Na seqüência, regulava o art. 351 do Código Civil de 1916, equivalente ao parágrafo único do art. 1.606 do Código Civil de 2002, de poderem os herdeiros continuar com a ação de investigação de paternidade iniciada pelo filho, salvo que dela o autor tivesse desistido.

Portanto, evidente que, ao menos na seara do direito personalíssimo, passado quase um século, nenhuma evolução foi sentida e adicionada ao entendimento legal de pertencer somente ao próprio filho o direito de poder pesquisar judicialmente a sua filiação, sendo reservado aos seus herdeiros, no caso do seu óbito, a faculdade de prosseguirem na ação como meros substitutos processuais.

Somente o filho pode investigar a sua paternidade e, enquanto menor, será representado por sua mãe, podendo ser a demanda proposta pelo Ministério Público, em legitimação extraordinária, na hipótese de a genitora efetuar o registro do filho, sem o comparecimento do pai, de acordo com a novidade trazida pelo art. 2º, § 4º, da Lei 8.560, de 29.12.92,[5] que cuida da verificação oficiosa da paternidade. Sendo uma ação de caráter personalíssimo, só pode ser aforada pelo próprio filho, sem que ninguém possa lhe tomar o lugar, salvo as exceções explicitadas em lei, da mãe que representa filho menor ou incapaz ou diante da legitimação oficiosa ministerial.

Morrendo o titular da ação de filiação antes de tê-la ajuizado, faltará aos seus sucessores legitimidade para promovê-la, o que é secundado por Arnaldo Rizzardo[6] e por Carlos Roberto Gonçalves,[7] afirmando ambos ser válida a pretensão dos filhos, substituindo o pai, em investigar a sua filiação com o avô, aduzindo a este último, o que o Superior Tribunal de Justiça já decidira, admitindo ação declaratória para que o Judiciário dissesse existir ou não a relação material de parentesco com o suposto avô.[8]

---

[4] DINIZ, Maria Helena. *Código Civil anotado*, São Paulo: Saraiva, 1995, p. 292.

[5] Art. 2º, § 4º da Lei nº 8.560/92 – "Se o suposto pai não atender no prazo de trinta dias, a notificação judicial, ou negar a alegada paternidade, o juiz remeterá os autos ao representante do Ministério Público para que intente, havendo elementos suficientes, a ação de investigação de paternidade."

[6] RIZZARDO, Arnaldo. Ob. cit., p. 461.

[7] GONÇALVES, Carlos Roberto. *Direito Civil brasileiro, Direito de Família*, vol. VI, São Paulo: Saraiva, 2005, p. 307.

[8] "Admissível a ação declaratória para que diga o Judiciário existir ou não a relação material de parentesco com o suposto avô que, como testemunha, firmou na certidão de nascimento dos autores a declaração que fizera seu pai ser este, em verdade, seu avô, caminho que lhes apontou o Supremo Tribunal Federal, quando excluídos do inventário, julgou o recurso que interpuseram" (Resp 269-RS, 3ª T., rel. Min. Waldemar Zveiter, DJU, 7-6-1990, RSTJ, 40/237). Idem p. 308, GONÇALVES, Carlos Roberto. Ob. cit.

7.3. Carência de ação

Daquilo até agora exposto, afigura-se induvidosa a carência de qualquer ação de investigação de paternidade promovida pelos herdeiros do filho que não tratou de promover em vida a demanda da sua perfilhação.

Foi como decidiu a 7ª Câmara Cível do Tribunal de Justiça do Estado do Rio Grande do Sul, na Apelação Cível nº 70005298864,[9] quando, por maioria, conduzida pelo voto revisor do Des. Luiz Felipe Brasil Santos, negou provimento ao recurso interposto contra sentença monocrática que indeferira a inicial e julgara extinta a ação de investigação de paternidade avoenga.

Disse o voto revisor não conseguir passar por cima da letra expressa da lei (art. 350 do CC/16 e prevalente ao art.1.606 do CC/2002), porquanto, não tendo o filho exercido em vida o seu direito personalíssimo de investigar a sua origem genética paterna, seus descendentes deveriam respeitar a vontade do morto, que não quis promover a ação de reconhecimento da sua paternidade. Conclui, vaticinando que *"daqui a pouco, quem sabe, vamos ter uma ação em que alguém vai tentar provar que é descendente de Jesus Cristo, pois não há limite"*.

Assim, foi confirmada a sentença que indeferiu a inicial com escora no inciso II do art. 295 do CPC,[10] entendendo serem os netos parte manifestamente ilegítima para a propositura de investigatória de paternidade avoenga, e extinguiu o processo sem julgamento do mérito, pela ausência desta legitimidade dos netos.[11]

Ausente legitimidade ativa dos herdeiros descendentes iniciarem a ação de investigação de paternidade endereçada ao presumido pai, porque direito exclusivo e personalíssimo do filho, têm decidido os pretórios brasileiros pelo indeferimento da inicial e conseqüente extinção do processo, em nada impressionando o interesse dos investigantes no âmbito patrimonial e social, pois o parentesco de segundo grau seria mera decorrência do vínculo de primeiro grau.[12]

---

[9] "AÇÃO DECLARATÓRIA DE RELAÇÃO AVOENGA. IMPOSSIBILIDADE JURÍDICA DO PEDIDO, RESSALVADAS AS HIPÓTESES DO ART. 350, DO CÓDIGO CIVIL. A ação investigatória de paternidade é de caráter personalíssimo. Assim, vindo a falecer o filho, já quando maior e plenamente capaz, descabe aos seus descendentes postular o reconhecimento da filiação contra o pretenso avô. Inteligência do art. 350, do Código Civil. Negaram provimento, por maioria, vencido o Relator."

[10] Art. 295 do CPC A petição inicial será indeferida: inc. II – quando a parte for manifestamente ilegítima.

[11] Art. 267 do CPC. Extingue-se o processo, sem julgamento do mérito: inc. VI – quando não concorrer qualquer das condições da ação, como a possibilidade jurídica, a legitimidade das partes e o interesse processual.

[12] "INVESTIGATÓRIA DE RELAÇÃO AVOENGA. IMPOSSIBILIDADE. A investigatória de paternidade é ação personalíssima que só compete às partes diretamente envolvidas na relação paterno-filial. A relação avoenga é uma relação derivada, e não pode ser diretamente investigada, passando por cima daquela pessoa que se encontra no meio. IMPROVERAM O APELO, POR MAIORIA". (Apelação

Esta seria a lição também de Orlando Gomes,[13] quando focaliza estar "legitimado para intentá-la, em princípio, o filho, mas se houver falecido incapaz podem seus herdeiros, excepcionalmente, ajuizá-la, e somente eles. O estado de filho legítimo interessa moral e materialmente a estes, mas somente podem manifestá-lo após a morte daquele a quem sucederão, e, ainda assim, se não pode propor pessoalmente a ação por ser incapaz. Se era capaz e não tomou a iniciativa de exercer esse direito, os herdeiros não podem substituí-lo, embora se julguem prejudicados. Mas, se a iniciou e sobreveio a morte assiste-lhe o direito de prosseguir".[14]

7.4. Da possibilidade jurídica

Não obstante a movimentação jurisprudencial se incline pelo caráter personalíssimo da investigação de paternidade e, portanto, intransmissível aos netos e herdeiros subseqüentes a iniciativa da ação investigatória, pois seriam carecedores de legitimidade, em buscar preencher a lacuna do vínculo parental, certamente esta hermética visão infraconstitucional do direito civil brasileiro acaba colidindo contra em um fundamental direito, previsto na Carta Política e que proíbe se exclua da apreciação do Judiciário, qualquer lesão ou ameaça a direito.[15]

Logo, cabe questionar, de antemão, qual a verdadeira fundamentação legal que estaria efetivamente justificando a pré-exclusão dos herdeiros netos pesquisarem a identidade genética do avô deles, quando o art. 5º da Constituição Federal afirma serem todos iguais perante a lei, sem distinção de qualquer natureza, sendo garantido o direito de propriedade (inciso XXII); e quando, a rigor, nenhuma norma legal inibe os sucessores de buscarem no lugar do seu pai pré-falecido, o fundamental direito de herança (inciso XXX).

Que, para o exercício destes direitos fundamentais da pessoa humana, prescindem os herdeiros netos ou descendentes de qualquer grau que possa ser diretamente convocado na cadeia sucessória, da competente e pertinente ação de investigação de paternidade, e têm sim, toda a legitimidade processual para o ajuizamento da demanda investigatória, pois também são os netos da conveniência em estabelecerem o elo da cadeia genética, familiar e sucessória de sua origem ascendente, e cujos laços de parentesco foram

---

Cível nº 70004114617, 7ª Câmara Cível, Relatora Desa. Maria Berenice Dias, voto vencedor do Des. Luiz Felipe Brasil Santos, j. em 29.5.2002)

[13] GOMES, Orlando. *Direito de Família*, 3ª ed. Rio de Janeiro: Forense, p. 353.

[14] Conforme voto majoritário da AC nº 70005298864, proferido pelo Des. Sérgio Fernando de Vasconcellos Chaves.

[15] Art. 5º, inc. XXXV da CF. A lei não excluirá da apreciação do Poder Judiciário lesão ou ameaça a direito.

interrompidos pelo corte parental causado entre o avô e o filho que deixou de promover em vida a investigação de paternidade.

7.4.1. O direito à identidade familiar

Belmiro Pedro Welter[16] afirma que a personalidade é parte integrante da identidade humana, sendo também, inescusavelmente, direito personalíssimo do neto obter a declaração de existência de sua relação jurídica e os seus laços familiares. O neto, como qualquer parente seu, também é dotado de direito personalíssimo ao nome e, em decorrência disto, um e outro são portadores do direito de exigir a sua identificação social e familiar, não sendo admitido, sob qualquer fundamento, pudesse ser cerceado "o direito do neto em conhecer a sua origem nativa, a sua primitividade, a sua natureza, a sua individualidade, a sua estirpe, a sua ancestralidade, enfim, descobrir a sua verdadeira identidade".[17]

O direito tutela o nome das pessoas e, em especial, o das pessoas físicas, porque é por meio dele que o indivíduo é conhecido e se dá a conhecer, eis que a pessoa humana se identifica socialmente e se individualiza das outras por intermédio de sua identidade civil.[18]

O nome converte o indivíduo em algo mais do que o seu sinal exterior, eis que, em verdade, identifica o seu caráter, a sua origem, os ingredientes de sua personalidade.

Para Alberto Spota,[19] constitui-se em um direito subjetivo, extrapatrimonial, tendo importância que transita entre o jurídico e o social, como representação da personalidade moral, intelectual e econômica do homem. É do nome que emerge a identificação exclusiva da pessoa no âmbito de sua comunidade, e esta identidade adquire os caracteres de indisponibilidade, imprescritibilidade e imutabilidade.

O apelido de família forma o signo básico da identidade pessoal, é elemento essencial da designação legal do sujeito, servindo como elo de identificação, verdadeiro patrimônio moral e social da pessoa, que o individualiza na sociedade e o aponta para sua posição social. O apelido nos filhos é decorrência natural da filiação e se agrega na prole, independentemente da vontade dos pais[20] é parte inerente aos princípios constitucionais da cidadania e da dignidade da pessoa humana, que prevalece

---

[16] WELTER, Belmiro Pedro. *Investigação de paternidade: legitimidade passiva na ação. In* Revista Brasileira de Direito de Família, Porto Alegre: Síntese-IBDFAM, vol. 2, p. 33-34.

[17] WELTER, Belmiro Pedro. Ob. cit., p.33-34.

[18] MADALENO, Rolf. *Direito de Família, aspectos polêmicos*, Porto Alegre: Livraria do Advogado, 1998, p. 153.

[19] SPOTA, Alberto G. .*Tratado de Derecho Civil*, Parte General, t.I, vol. 3, Buenos Aires: Depalma, 1988, p. 345.

[20] MADALENO, Rolf. Ob. cit., p. 155.

sobre qualquer outro direito ou princípio constitucional, por ser o alicerce do Estado Democrático de Direito da República Federativa do Brasil.[21]

Há um interesse social na existência e nos elementos integrantes do nome que se reveste de natureza inderrogável, explica Francisco Amaral, *como normas de ordem pública*.[22] Assim visto, a investigação de paternidade não se resume à pesquisa meramente biológica do nascimento, mas adiante disso, é direito fundamental de a pessoa ser identificada por seu nome e por sua família, ciente dos seus laços e da sua origem, fundamentos da personalidade de cada um, prescrevendo, outrossim, o art. 16 do Código Civil,[23] que toda pessoa tem direito ao nome, prenome e sobrenome, e negá-los ao neto, apenas porque seu pai não investigou sua paternidade em vida, seria negar vigência à mais fundamental das leis.

7.4.2 O direito ao parentesco

O parentesco vincula as pessoas entre si, quando descendem umas das outras, por vínculos de sangue ou por adoção, ou que aproxima cada um dos cônjuges ou conviventes dos parentes do outro pelos vínculos de afinidade.

Conta Guilherme Calmon Nogueira da Gama,[24] que a dignidade da pessoa humana figura no ápice do ordenamento jurídico, e é na família que ela encontra o solo adequado para firmar suas raízes e estabelecer o seu desenvolvimento, não existindo outra razão pela qual o Estado confere especial proteção à família.

Os vínculos de parentesco têm fundamental importância no âmbito das relações jurídicas familiares, porque são por intermédio dos seus vínculos que são desenvolvidos os sentidos do afeto, da solidariedade, da união, do respeito, da confiança e do amor entre os componentes da célula familiar.

Há toda uma movimentação doutrinária e jurisprudencial em defesa das relações de parentesco socioafetivas, surgidas com a desbiologização da paternidade, em que ao direito desimportam os elos de sangue e prevalecem as amarras do afeto, como núcleo da verdadeira filiação, indiferente à origem genética.

O parentesco existe na linha reta, entre ascendentes e descendentes, e na linha transversal ou colateral, em que os parentes não descendem uns

---

[21] WELTER, Belmiro Pedro. *Igualdade entre as filiações biológica e sociafetiva*, São Paulo: RT, 2003, p. 140.

[22] AMARAL, Francisco, *apud Código Civil interpretado conforme a Constituição da República*, vol. I, coord. TEPEDINO, Gustavo; BARBOZA, Heloisa Helena e MORAES, Maria Celina Bodin de, Rio de Janeiro: Renovar, 2004, p. 44.

[23] Art. 16. Toda pessoa tem direito ao nome, nele compreendido o prenome e sobrenome.

[24] GAMA, Guilherme Calmon Nogueira da. Das relações de parentesco. *In Direito de Família e o novo Código Civil*, Coord. DIAS, Maria Berenice e PEREIRA, Rodrigo da Cunha. 3ª ed. Belo Horizonte: Del Rey, 2003, p. 105.

dos outros, mas cujos vínculos decorrem de um tronco comum, limitando-se na linha colateral ao parentesco até o 4º grau.

As relações de parentesco envolvem direitos de ordem pessoal, moral e material, regulando vínculos e identidade social, restrições conjugais e afetivas, que também não são superadas na eleição da união estável, avançando seus tentáculos no terreno dos alimentos, do direito sucessório, na regulamentação de guarda e de visitas e garantindo a ampla comunicação, mesmo em caso de separação dos pais, cujo direito é extensível aos avós, pois é dever dos genitores prepararem seus filhos para a vida familiar, social e profissional.

Transcende aos valores materiais a importância dos vínculos de parentesco, considerando que a paternidade já seria suficientemente relevante, apenas pelo seu prisma moral, pois é direito que se identifica com a dignidade humana da pessoa, em pesquisar a sua identidade genética e de reivindicar o seu nome de família, com prenome e sobrenome do pai, completando a sua integridade psíquica e, enfim, a sua cidadania.

Tem inteira conexão com a lição de Belmiro Pedro Welter,[25] com escólio de Cláudia Lima Marques, de que na ação da investigação de paternidade ou de maternidade biológica, ser direito personalíssimo da pessoa "ser identificada como filho de alguém, ter um nome de família, saber de sua origem, de seus laços com sua família, poder com ela conviver ou pelo menos identificá-la na sociedade".

7.4.3. O direito à sucessão

Falando sobre o direito de ter pai, disse Florisa Verucci que: "é sempre motivo de grande constrangimento para as pessoas, independentemente de sua classe social, ser filho de pai desconhecido ou saber quem é seu pai mas não entender a razão da rejeição daquele que nega ao filho o reconhecimento da paternidade e de suas obrigações para com o filho. O nome do pai significa o reconhecimento social de que se está inserido em uma família. São heranças atávicas muito fortes. Ao dar o nome a um filho, incluído ao adotivo, o patriarca o reconhecia como membro de seu clã e estabelecia vínculos de sangue, de afetos e de direitos especialmente os direitos sucessórios".[26]

Mas não se restringe este direito ao filho, porque também causa constrangimento ao neto e para toda a cadeia genética não ser reconhecido ou ser rejeitado por seus ascendentes, por cuja omissão sofre a descendência

---

[25] WELTER, Belmiro Pedro. *Igualdade entre as filiações biológica e socioafetiva*, São Paulo: RT, 2003, p. 141.
[26] VERUCCI, Florisa. O direito de ter pai, *In Grandes temas da atualidade, DNA como meio de prova da filiação, aspectos constitucionais, civis e penais*, Rio de Janeiro: Forense, 2000, p. 92.

o alto custo da exclusão familiar, sem direito aos vínculos de sangue e muito menos embalado pelo afeto, sem alimentos e sem ser vocacionado para exercer o seu direito sucessório.

A herança também é direito fundamental garantido pelo art. 5º, inc. XXX, da Constituição Federal, sendo, por sua vez, essencial para a estrutura e para o crescimento do Estado Democrático de Direito, porque dá consistência e preserva o instinto que têm os parentes de construírem e conservarem riquezas materiais criadas para a transmissão aos seus sucessores mais próximos, dando seqüência à vida, justificando as conquistas dos que criam riquezas, além de garantir a subsistência das pessoas ligadas por laços sangüíneos ao sucedido.

Sendo as pessoas titulares de direitos e de obrigações, é forçoso que sejam substituídas por seus sucessores nessas posições, quando da sua morte, chamando à herança os parentes, atendido o critério da proximidade de grau, não existindo qualquer razão lógica para afastar o neto, apenas porque o seu pai deixou de investigar a sua ascendência, como se esta omissão fosse capaz de apagar da natureza a genealogia das subseqüentes gerações.

Portanto, se quem transmite quer deixar suas aquisições para a sua descendência consangüínea, adotiva ou afetiva, o direito à herança, que tem fundada garantia constitucional, não poderia jamais ser restringida ao filho e condicionada à sua iniciativa em pesquisar, enquanto vivo, a sua origem biológica, que, porventura, não tenha merecido o espontâneo registro paterno.

Isso porque a sucessão hereditária na classe dos descendentes se dá por chamado direto ou por representação, dependendo de existir ou não, concurso de graus entre os herdeiros de uma mesma classe.

Já ocorreu pontual pronunciamento do Tribunal de Justiça do Estado do Rio Grande do Sul, na Apelação Cível nº 595118571, relatada na 7ª Câmara Cível, pelo Des. Waldemar Luiz de Freitas Filho, em 03 de abril de 1996, em que admitiu a natureza personalíssima da investigatória de paternidade, e que a lei não podia vedar aos netos o direito hereditário.[27]

7.4.4. O direito ao conhecimento da carga genética

Muita referência é feita pela doutrina e pela jurisprudência brasileiras quanto ao direito de o filho adotado investigar a sua paternidade ou mater-

---

[27] "Apelação Cível. Suspensão do processo. Ação rescisória. Não se suspende processo cuja matéria é afeta de outro, no qual pende rescisória, e que, todavia, não guarda com o primeiro igualdade de partes, de objetos ou de causa de pedir. Prefacial rejeitada por maioria. Ação de investigação de paternidade. Legitimidade de netos para buscar declaração de existência de relação jurídica que implique direito sucessório. Embora a natureza personalíssima da investigatória de paternidade, não se pode vedar a netos que se valham de pleito declaratório, como é do art. 4º do CPC, para obter declaração de existência de relação jurídica que acarrete direito sucessório. Apelo provido por maioria." (Apelação Cível nº 505118571.

nidade genética, acrescentando estar assegurado pelo art. 227 da Carta Política de 1988, o princípio da integral proteção da criança. Mais do que isso, é *sagrado* direito constitucional de cidadania e de dignidade da pessoa humana conhecer a sua filiação biológica, sua ancestralidade, sua origem genética.[28]

Têm decidido os pretórios brasileiros, pelo trânsito processual de demanda movida por pessoa que queira investigar o seu vínculo biológico, concluindo doutores e julgadores, que a descoberta da origem genética em nada altera os laços de adoção, prestando-se a investigação biológica apenas para atender a uma necessidade psicológica de quem quer conhecer seus ancestrais; como também se prestaria para preservar os impedimentos matrimoniais, garantir a vida e a saúde do filho e dos seus pais biológicos, em caso de grave doença genética.

Nessa linha, prescreve o art. 41 do Estatuto da Criança e do Adolescente, que a adoção atribui a condição irrevogável de filho ao adotado, com todos os direitos emanentes, inclusive sucessórios, salvante os impedimentos matrimoniais, considerando a proibição do incesto na organização social brasileira.

Igual procedimento ocorre na procriação humana medicamente assistida, em que prevalece o sigilo do doador, mas que pode ser afastado quando conflita com interesses de maior relevância e que busquem, por exemplo, preservar a vida em razão de grave doença genética.

Belmiro Pedro Welter indica decisão do Tribunal Constitucional alemão, que, em 1994, reconheceu, no direito de personalidade, o conhecimento da origem genética, embora sem efeitos sobre a relação de parentesco, no propósito de ser assegurado na reprodução humana natural e medicamente assistida, o direito de o filho investigar a paternidade e a maternidade biológica, nos seguintes termos: a) se o filho não tiver um pai, a investigação poderá alcançar todos os efeitos jurídicos; b) se o filho já tiver um pai afetivo, os efeitos serão apenas para: b-1 por necessidade psicológica de conhecer a ancestralidade; b-2 preservar os impedimentos matrimoniais; b-3 preservar a saúde e a vida, em caso de grave doença genética".[29]

Quando um filho já tem um pai registral, mostra-se totalmente integrada a jurisprudência com o espírito da lei, quando restringe a pesquisa dos laços genéticos apenas aos efeitos psicológicos, eugênicos e de preservação da vida e da saúde, sem qualquer ingerência ou modificação dos vínculos de parentesco já estabelecidos por adoção ou por afeição. Entretanto, se o filho ainda não tiver um pai, afirma Belmiro Welter, com sobra-

---

[28] WELTER, Belmiro Pedro. *Igualdade entre filiações biológica e socioafetiva*, ob. cit., p. 178.
[29] WELTER. Ob. cit., p. 188.

das razões, que a investigação poderá alcançar todos os efeitos jurídicos, isso porque é direito inerente à dignidade do filho pesquisar a sua paternidade ou maternidade biológica, em busca do seu nome, da sua identidade, da eventual herança e da posição social.

Não se trata de espaço já preenchido pela filiação afetiva ou de concreta adoção, pois o que busca o filho de pai desconhecido, e pouco importa se a ação for movida pelo neto diante da omissão processual do seu pai, pois nem a natureza e tampouco a cadeia sucessória devem ser caladas pelas figuras jurídicas da decadência ou da prescrição, que só servem para abafar a verdade e a inquietação dos que sobrevivem, como almas penadas da vontade unilateral.

A origem genética é direito impregnado no sangue que vincula, por parentesco, todas as subseqüentes gerações, inexistindo qualquer fundamento jurídico capaz de impedir que o homem investigue a sua procedência e que possa conhecer a sua verdadeira família e saber quem é o seu pai ou pai do seu pai.

7.4.5. Do direito a alimentos

Não bastassem todas as precedentes considerações de ordem legal, moral, psicológica, social e científica para reconhecer o direito de o neto reconstruir o elo perdido de sua origem familiar biológica, a demanda investigatória subsistiria, no mínimo, diante do direito à prestação alimentar, enfim, pelo direito à vida.

Prescreve o art. 1.696 do Código Civil ser recíproco o direito a alimentos entre pais e filhos, e extensivo a todos os ascendentes, recaindo a obrigação nos mais próximos em grau, uns em falta de outros.

Os avós devem alimentos aos netos no *jus sanguinis* que une o agrupamento familiar, devendo os parentes alimentos entre si, de acordo com a própria ordem de sucessão hereditária, cuja hierarquia observa a regra de que os parentes mais próximos afastam os mais distantes.

Portanto, para que os filhos possam reclamar alimentos dos avós, seria, em princípio, necessário que faltassem os pais, ou que estes estivessem impossibilitados de cumprirem com a sua obrigação. Os avós também podem ser convocados para complementarem a necessidade alimentar dos netos, sendo recíproco o direito alimentar, apenas que, de acordo com o Estatuto do Idoso, incide o dever de solidariedade dos alimentantes, no caso de os avós pedirem alimentos para os netos.

Destarte, também pelo prisma do recíproco direito alimentar, não pode persistir qualquer empecilho capaz de inibir, com fundamentos lógicos, a investigação judicial dos vínculos genéticos, feita diretamente pelo neto em relação ao avô, diante da omissão do filho em promover a demanda investigatória, isso porque alimentos podem ser fundamentais para os avós ou essenciais para os netos, prescindindo tão-só do indissolúvel elo genético de amarração.

7.4.6. O Superior Tribunal de Justiça

Consta entre os fundamentais direitos da pessoa humana, no inciso XXXV do art. 5º da Carta Política, o dever de apreciação pelo Poder Judiciário, de qualquer lesão ou ameaça a direito, quer se trate de direito de conteúdo pessoal ou material. Portanto, quando ingressa na esfera do Direito a pesquisa genética, mas que a lei quer limitar apenas ao filho, o exercício ativo da ação investigatória, concedendo legitimidade processual aos sucessores, como exceção de prosseguirem a demanda como substitutos processuais, está o legislador infraconstitucional, em realidade, ferindo de morte direito hierarquicamente superior. Está o legislador negando a seqüência da própria vida, na medida em que interrompe a cadeia genética, familiar e sucessória, deixando lacunas causadas pelo abrupto corte do vínculo genético, que não pertence somente ao filho, mas aos netos, bisnetos e a todas as subseqüentes gerações.

O direito ao nome e à identidade familiar não termina pela inércia do filho em investigar a sua ancestralidade, pois não se trata apenas da vida deste rebento e de sua inserção social, esquecendo o legislador que o mundo axiológico dá natural continuação à nossa originária existência, formando novas vidas, dando seqüência à história familiar e pessoal de cada herdeiro, que tem, assim, a sua própria história, o seu próprio direito pessoal de reclamar o seu patronímico e todo o seu significado no campo pessoal e econômico.

O direito à identidade é um direito fundamental de cada geração, e a genética é o elo de ligação entre o indivíduo e o seu ambiente social. O seu nome familiar distingue-o das demais famílias, não havendo como aceitar que possa o Judiciário deixar de apreciar valores pessoais tão importantes e que retratam a inalienável história pessoal de cada integrante de uma única cadeia genética, como se o Direito pudesse proibir a realidade e constranger as relações familiares, negando o *status* de neto e, conseqüentemente, de obter os direitos pessoais, sociais e patrimoniais que emanam e em sintonia com o princípio da dignidade humana.[30]

O STJ registra algumas decisões direcionadas a admitir o princípio fundamental da dignidade na investigatória de paternidade avoenga, como em julgado mais antigo firmou esta possibilidade, ainda na década de 1990

---

[30] CHINELATO, Silmara Juny. *Comentários ao Código Civil*, vol. 18, coord. AZEVEDO, Antônio Junqueira de. São Paulo: Saraiva, 2004, p. 102.

e sob a tutela da codificação de 1916, no Recurso Especial nº 269 do RS, relatado pelo Ministro Waldemar Zveiter.[31]

Como dito no ventre daquele voto pelo relator, ainda no início de 1990, vivenciava, a sociedade brasileira novos tempos, outro contexto familiar, que não mais limitava a Justiça a ficar presa a conceitos pretéritos que não se ajustavam à modernidade, mesmo porque, desde o advento da Constituição Federal, e reafirmado pelo art. 27 do Estatuto da Criança e do Adolescente, o reconhecimento do estado de filiação é direito personalíssimo, indisponível e imprescritível, podendo ser exercitado contra os pais ou seus herdeiros, *sem qualquer restrição,* observado apenas o segredo de justiça.

E como assevera Belmiro Pedro Welter,[32] tanto o filho como o neto, cada qual com a sua individualidade, são portadores de direitos personalíssimos. Se o filho não quer exigir seu direito ao nome, não pode ser cerceado o direito de o neto reconhecer a sua origem e pesquisar a sua estirpe, sua gênese parental.

Entretanto, em julgamento mais recente, ocorrido em 16 de junho de 2005, o Ministro Humberto Gomes de Barros, relatando na Terceira Turma do STJ o Recurso Especial nº 604.154/RS, decidiu, por unanimidade, conhecer e dar provimento ao Recurso Especial que buscava o reconhecimento judicial de relação parental avoenga.[33]

No julgamento, relembrou o Ministro Humberto Gomes de Barros o REsp. nº 269/RS, como aparente paradigma, contudo, reconheceu diferenças entre aquele julgamento e o atual, pois este seria, verdadeiramente, o primeiro precedente sobre o tema.

Mesmo se ressentindo de divergência jurisprudencial e ausente dispositivo federal violado, é o próprio artigo 1.606 do Código Civil que viola princípios superiores, concluindo o julgamento pela admissão do Recurso Especial por clara exceção à regra dos requisitos de ordem formal no exame de recursos especiais.

A par de outras considerações, concluiu o STJ não existir qualquer proibição legal à pretensão de os netos ou sucessores investigarem a pater-

---

[31] "Processual Civil – Investigação de paternidade – Ação declaratória – Relação avoenga. I – Conquanto sabido ser a investigação de paternidade do art. 363 do Código Civil ação personalíssima, admissível a ação declaratória para que diga o Judiciário existir ou não a relação material de parentesco com o suposto avô que, como testemunha, firmou na certidão de nascimentos dos autores a declaração que fizera seu pai ser este, em verdade seu avô, caminho que lhes apontara o Supremo Tribunal Federal quando, excluídos do inventário, julgou o recurso que interpuseram. II – Recurso conhecido e provido."
[32] WELTER, Belmiro Pedro. Investigação de paternidade: legitimidade passiva na ação. *In Revista Brasileira de Direito de Família*, Porto Alegre: Síntese – IBDFAM, vol. 2., p. 33-34.
[33] "RECURSO ESPECIAL. FAMÍLIA. RELAÇÃO AVOENGA. RECONHECIMENTO JUDICIAL. POSSIBILIDADE JURÍDICA DO PEDIDO. É juridicamente possível o pedido dos netos formulado contra o avô, os seus herdeiros deste, visando o reconhecimento judicial da relação avoenga. Nenhuma interpretação pode levar o texto legal ao absurdo."

nidade, entendendo que nenhuma interpretação poderia levar ao absurdo, como certamente seria se os netos não pudessem pesquisar a sua origem e os seus vínculos genéticos, quebrando a cadeia sucessória e familiar por absoluto preciosismo legal e que não enxerga que o direito personalíssimo nada mais significa, senão a transmissão genética dos caracteres herdados e que influenciam na formação da personalidade daquele que sucedeu o seu genitor.

Foi esta a lúcida conclusão a que chegou o STJ no REsp. nº 604.154/RS, quando deu provimento ao Recurso Especial, para considerar juridicamente possível a ação dos netos contra o suposto avô, ou seus sucessores, visando ao reconhecimento da relação avoenga, até porque a história não pode ser interrompida pela vontade do homem.

— 8 —

O Dano Moral na Investigação de Paternidade e o Código Civil de 2002

8.1. A responsabilidade civil no Direito de Família

É de Ripert a afirmação de o dano que ontem inclinava para o nefasto azar, hoje, intenta encontrar seu autor, e a infactível e conformada resignação cede espaço para a responsabilidade civil, quer pelo prejuízo material, quer incida o dano sobre valores imateriais.

Embora nunca tivesse sido da prática judiciária brasileira a reparação pecuniária de ilícitos civis no campo do Direito de Família, é fácil verificar que a indenização, potencialmente, sempre gozou de muito trânsito nas relações familistas codificadas, passando, inclusive, pelo instituto da união estável, mesmo quando em época mais distante, estas relações situadas à margem da lei buscavam intimidade exclusiva com o Direito das Obrigações, e a Constituição Federal, nem em alento, ensaiava desenhar qualquer grau de proteção estatal ao casamento informal.

Apenas para não deixar fugir a oportunidade do tema relacionado à união estável, registram os alfarrábios acalentados arestos ordenando a reparação material, de ordinário paga em moeda à companheira para quitar sua dedicação familiar diante do descarte que lhe faz o parceiro depois de esmaecido o relacionamento informal, usualmente de longa duração.

Escreveu Mário Moacyr Porto[1] ser a união estável "uma circunstância incidental que não pode constituir-se em óbice à pretensão de uma indenização de um dano injusto, face à abrangência dos amplíssimos termos do art. 159 do Código Civil (art.927 do Código Civil de 2002). E até mesmo o dano moral e, no caso, indenizável, pois a dor é um fato e não existe dor legal e ilegal, como diz André Tunc".

Significa considerar, nestes parcos exemplos por enquanto citados, que, na área do Direito de Família, com certeza, se ajustam os fatos na busca

---
[1] PORTO, Mário Moacyr, "O concubinato e as súmulas 35 e 380 do STF, *In Temas de Responsabilidade Civil*, São Paulo: Revista dos Tribunais, 1988, p. 91.

de uma base sólida para a edificação da responsabilidade de indenizar pelo dano material ou moral, provocado cada qual deles, no decorrer das relações de família. A responsabilidade civil expande-se por todos os ramos do Direito Civil e também transita pelo Direito de Família.

No campo da violência familiar, é perceptível quão fértil e importante é encontrar amparo às lesões graves, pelas quais já não é aceito reine o temor sobre o silêncio reverencial do parente ofendido.

Sem que implique a exaustão, mas mera exemplificação de um espectro indiscutivelmente mais amplo, no respeitante à separação judicial, todas suas causas culposas podem importar no espectro da violação de qualquer dos deveres do casamento em um ato ilícito, capaz de ocasionar lesão factível de reparação.

Portanto, o ressarcir pressupõe a existência de um dano, quer ele aconteça na órbita patrimonial, por atingir bem integrante do patrimônio físico de uma pessoa; quer ele advenha de um prejuízo moral, por atingir valores ligados à personalidade da pessoa ofendida e, por certo, afeta os atributos mais preciosos da vida humana, sua honra, seu nome, sua fama e a reputação social que a pessoa goza e desfruta no seu círculo social e familiar, na exata dimensão da sua riqueza moral.

Na escala da valoração pessoal, releva maior hierarquia a proteção do patrimônio moral do ser humano probo, confrontado com seus bens patrimoniais, estes, sempre passíveis de substituição, o que a honra, ordinariamente não tem como ser sub-rogada. Melhor clarifica a compreensão do tema em exposição, se for considerado que os bens extrapatrimoniais constituem o que a pessoa *representa socialmente*, e os bens patrimoniais o que a ela possui e, no sopesar destas duas riquezas, concluir que fortuna alguma lograria realmente reparar qualquer danosa ferida causada à representação moral que é forjada durante cada minuto da vida.

Os juristas manifestam extremo temor de que se crie uma banalização da reparação do dano moral, onde qualquer aborrecimento trivial, ou uma excessiva exposição da sensibilidade subjetiva fossem fontes de milionárias indenizações.

Sérgio Cavalieri Filho[2] só admite o tutelamento jurídico do dano moral representado pela dor efetiva, o vexame, o sofrimento ou a humilhação que, fugindo à normalidade, interfiram intensamente no comportamento psicológico do indivíduo, causando-lhe aflições, angústia e desequilíbrio em seu bem-estar. Clayton Reis,[3] ao narrar especificamente o dano moral em decorrência dos laços de parentesco e de afinidade, que unem as pessoas nos

---
[2] CAVALIERI FILHO, Sergio. *Programa de responsabilidade Civil*, São Paulo: Malheiros, 1996, p. 76.
[3] REIS, Clayton. *Dano moral*, 4ª ed. Rio de Janeiro: Forense, 1997, p. 59.

círculos familiares, diz se encontrarem "cimentados por fortes e preponderantes elos de natureza sangüínea e afetiva", o que dá bem a dimensão da gravidade moral que pode representar, por exemplo, justamente a negação social deste vínculo parental de um pai que expatria o filho gerado fora do casamento.

Na seara do Direito de Família, em que pese como visto seu completo desuso na jurisprudência pátria, importa referir que a vulneração dos direitos e deveres de ordem familiar são atos sempre suscetíveis de originar reparação patrimonial ou moral. Explica Roberto H. Brebbia[4] que no âmbito do Direito Privado se situa o *estado de família*, que se sobrepõe como um atributo da personalidade, e qualquer ilícito atentatório deste estado de família é capaz de originar um agravo moral, tal como sucede nos demais casos de violação dos direitos da personalidade humana, na sua estrutura ético-moral, seu patrimônio mais íntimo.

Mário Moacyr Porto,[5] abordando a responsabilidade civil entre cônjuges, admite a cumulação do processo ordinário de separação judicial, com pleito de indenização do dano resultante de injúria proferida contra consorte, refletindo o ultraje desastrosamente na reputação social ou profissional do parceiro. Fazem fila nesta categoria de ilícitos familiares as ofensas à honra matrimonial, como a simples negligência ou imprudência pela transmissão ao outro cônjuge de enfermidade contagiosa, ou a recusa injustificada ao reconhecimento da paternidade biológica extramatrimonial, assim como a imputação caluniosa de adultério e demanda arbitrária de interdição.[6]

8.2. A pensão alimentícia como suposto de indenização

Sucede, no entanto, que durante muitas décadas e dentro da filosofia de que o casamento deveria ter a duração da própria existência terrena dos cônjuges, não eram muitos os processos judiciais de separação porque escassas as causas justificadoras do antigo desquite e se determinado matrimônio batesse às portas do Judiciário, com efeito, que a culpa separatória restava usualmente compensada pelo crédito alimentício prestado em favor do cônjuge inocente.

As circunstâncias culposas da separação eram exclusivamente questionadas com vistas à pensão alimentícia, porque, antes do advento da Lei do Divórcio, os alimentos sempre eram concedidos à mulher, por presunção

---

[4] BREBBIA, Roberto H. El dano moral en las relaciones de familia, *In Derecho de Família,*, Buenos Aires:Rubinzal-Culzoni, 1977, p. 357.
[5] PORTO, Mário Moacyr. Responsabilidade Civil Entre Marido e Mulher, *In Temas de Responsabilidade Civil*, São Paulo: Revista dos Tribunais, 1989, p. 71.
[6] AMARANTE, Aparecida I. *Responsabilidade Civil por Dano à Honra*, Belo Horizonte: Del Rey, 1991, p. 204 .

de sua necessidade, conforme artigo 4° da Lei n° 5.478/68. Com o advento da lei divorcista e já mais próximo com a paridade dos sexos por princípio fundamental promulgado pela Carta Política de 1988 e não obstante o advento do vigente Código Civil, ainda assim o Direito brasileiro segue resistindo, por vezes, em perquirir a responsabilidade conjugal pela separação, mas é verdade, já sem a mesma importância anterior, em que só existia decreto separatório quando identificado o cônjuge culpado pela decadência da sociedade matrimonial, isto, quando ambos não restavam reciprocamente responsáveis.

O legislador brasileiro cada vez mais se aproxima para a eliminação do exame da culpa nos processos judiciais de separação litigiosa, já que cria possibilidades legais de extinção do casamento pelo mero decurso de prévio prazo exigido por lei, para fática separação do casal e porque impõe a comunhão plena de vida como indispensável pressuposto conjugal.

Os alimentos, no entanto, sempre tiveram destinação específica de subsistência do parceiro desprovido de recursos próprios para a sua manutenção, não se confundindo jamais, como paga indenizatória decorrente do rompimento culposo do casamento, muito embora, mas sem razão, alguns textos de doutrina negassem a indenização dos danos derivados da separação culposa, por considerá-los cobertos com a pensão alimentícia em favor do inocente. Basta ver que a indenização carrega no seu propósito um fundamento de punição pecuniária daquele que violou sagrados deveres éticos do casamento, ou do seu estado de família, enquanto os alimentos, embora também satisfaçam à vítima, têm como função assegurar a sobrevivência física e cessam quando desaparecem as necessidades do beneficiário, isto quando não surjam outras razões de exoneração, como, por exemplo, o recasamento do alimentando ou a sua independência financeira com a ocupação profissional e sua correlata remuneração.

Augusto C. Belluscio[7] explica que a jurisprudência argentina assentou, ao cabo de longa discussão, o critério de que, independente da pensão alimentícia concedida ao cônjuge inocente para reparar os prejuízos derivados do divórcio em si, o cônjuge inocente podia obter indenização de danos e prejuízos, se resultasse dos fatos que haviam motivado a dissolução do vínculo nupcial um prejuízo material e moral distinto daquele que originou a ruptura do casamento, e que a pensão teve por objetivo reparar. Portanto, não há como confundir a pensão alimentícia com o ressarcimento do ato ilícito conjugal ou mesmo paterno, no caso da investigatória de paternidade por recusa do reconhecimento voluntário do parentesco biológico, porquanto a indenização carece da averiguação das necessidades do seu destinatá-

---

[7] BELLUSCIO, Augusto C. *Daños y perjuicios derivados del divorcio*, In *Responsabilidad civil en el Derecho de Familia*, Buenos Aires: Editorial Hammurabi, 1983, p. 5.

rio, assim como, sequer se limita ou vincula à fração das rendas do alimentante, e muito menos está sujeita à revisão, como lembra Omar U. Barbero.[8]

Também não cessa pela ocorrência de novo matrimônio do cônjuge credor, ao mesmo tempo em que a indenização no Direito de Família estimula os demais integrantes da comunidade a cumprirem com os deveres éticos impostos para as relações familiares. A pensão alimentícia segue sendo vista como um dever de satisfação, que marido e mulher devem entre si e para com os seus filhos, num propósito que transcende ao matrimônio, no sentido de contribuir para a satisfação das necessidades materiais da família. É correto afirmar a existência na obrigação alimentar de uma dose muito forte de um dever moral de assistência, como obrigação espiritual imposta em lei, mas com vigência limitada ao período do matrimônio, quando o par reciprocamente se apresenta para repartir afeto, dificuldades e alegrias próprias de uma desejada convivência e que desaparecem quando cessa esta mesma convivência.

8.3. Pressupostos da responsabilidade civil

A conduta humana culposa, exteriorizada pela ação ou omissão, quando causa dano a outrem, enseja o dever de repará-lo.[9] Luiz Rodrigues Wambier[10] ressalta que o artigo 159 do antigo Código Civil brasileiro destacava a necessidade da presença do fator culpa no ato causador do dano, para que se configurasse a responsabilidade civil pelo ressarcimento, tendo como seus elementos de caracterização a *ação* ou uma *omissão*, voluntária e antijurídica e, por fim, a relação de causalidade entre a conduta e o resultado, vale dizer, o vínculo entre ambos.

A responsabilidade civil no Direito de Família também é subjetiva, exige um juízo de censura de agente capaz de entender o caráter de sua conduta ilícita. É preciso demonstrar sua culpa, como obtempera Sergio Cavalieri Filho[11] ao explicitar que "a vítima de um dano só poderá pleitear ressarcimento de alguém se conseguir provar que esse alguém agiu com culpa; caso contrário, terá que se conformar com a sua má sorte e sozinha suportar o prejuízo."

Sob o aspecto do prejuízo, há que se tratar de dano certo, presente ou futuro, com exclusão dos eventuais; além de ser próprio, subdividindo-se em dano material, quando há lesão ao patrimônio e moral se a lesão é

---

[8] BARBERO, Omar U. *Daños y perjuicios derivados del divorcio*, Buenos Aires: Editorial Astrea, 1977, p. 158.

[9] CAVALIERI FILHO, Sergio. Ob. cit., p. 30.

[10] WAMBIER, Luiz Rodrigues. *Liquidação do dano (aspectos substanciais e processuais)*, Porto Alegre: Sergio Antonio Fabris, 1988, p. 22.

[11] Idem, ob. cit, p. 34.

extrapatrimonial, encaixando-se nesta categoria os chamados direitos da personalidade e também os direitos de família emergentes, diz Omar U. Barbero,[12] das relações do poder parental, da fidelidade e da autoridade conjugal. Por seu turno observa Rodrigo da Cunha Pereira[13] que o indivíduo sequer existe como cidadão, sem uma estrutura familiar, na qual há um lugar definido para cada membro, e destituído deste espaço geográfico, certamente o indivíduo seria psicótico.

Augusto César Belluscio[14] aponta entre alguns danos materiais reparáveis, derivados da separação, aqueles resultantes de lesões físicas por agressão do esposo, contágio de doenças venéreas, escândalos públicos, como também a dissolução antecipada da comunidade patrimonial existente entre os cônjuges, quando este patrimônio está sendo administrado pelo consorte inocente, que se vê forçado a realizar a partilha, causando notórios danos materiais, como por exemplo, a ruptura de algum negócio ou contrato mercantil.

8.4. O dano moral

Já houve tempo em que o dano moral não merecia reparação civil, sob o argumento de que ele era inestimável e que seria imoral estabelecer um preço para a dor. Contudo, como bem aponta Sergio Cavalieri Filho,[15] o ressarcimento do dano moral tem uma função meramente satisfatória, como meio paliativo de recompensar materialmente o sofrimento ou a humilhação impingida. A jurisprudência brasileira passou a admitir o dano moral, até que, vingando a Carta Política de 1988, ela consignou expressamente a reparação do dano imaterial nos incisos V e X do 5° artigo, inclusive reconhecendo o Superior Tribunal de Justiça com sua Súmula n° 37, a cumulação das indenizações por dano material e dano moral, quando oriundos do mesmo fato.

Clayton Reis[16] informa que, na atualidade, toda e qualquer lesão que desassossega e transforma a própria ordem social ou individual, *quebrando a harmonia e a tranqüilidade que deve reinar entre os homens, acarreta o dever de indenizar.*

Para não ocorrer uma banalização do dano moral, Sergio Cavalieri Filho[17] pondera que meros aborrecimentos, dissabores, mágoas, irritações

---
[12] BARBERO, Omar U. Ob. cit., p. 116.
[13] PEREIRA, Rodrigo da Cunha. *Direito de Família, uma abordagem psicanalítica*, Belo Horizonte: Del Rey, 2000, p. 25.
[14] BELLUSCIO, Augusto C. Ob. cit., p. 31.
[15] CAVALIERI FILHO, Sergio. Ob. cit., p. 74.
[16] REIS, Clayton. Ob. cit, p. 85.
[17] Idem, ob. cit., p. 76.

ou mesmo sensibilidades exacerbadas estão fora da órbita do dano moral, pois este só deve ser reputado existente, quando espelham uma dor intensa, um vexame, sofrimento ou humilhação que foge à normalidade e interfiram no comportamento psicológico do indivíduo.

Para Aguiar Dias, citado por Omar U. Barbero,[18] o dano moral se manifesta pela dor no seu mais amplo significado, refletido pelo espanto, a emoção, a vergonha da injúria física ou moral.

Maria Helena Diniz[19] esclarece que o direito não repara a dor, a mágoa, o sofrimento ou a angústia, porque o lesado busca um lenitivo que atenue, em parte, as conseqüências do prejuízo sofrido, superando o déficit acarretado pelo dano.

Apenas à guisa de complemento informativo, não seria possível reclamar qualquer dano moral resultante da separação judicial ou do divórcio, sem que em juízo fosse deduzida a correlata ação de separação judicial litigiosa, não de divórcio direto, porque neste, seu pressuposto único é o decurso do tempo da fática separação, proibida qualquer averiguação de culpa. Também deve ser assinalado que a reconciliação ou o perdão do cônjuge vitimado pelo agravo moral apaga os efeitos danosos da conduta culposa indenizável, pois, como destaca Aparecida I. Amarante,[20] o perdão importa na renúncia ao direito de invocar a culpa.

8.5. A honra do incapaz

Ninguém poderá afirmar, em sã consciência, que não constitui uma especial gravidade, reprovada pela moral e pelo Direito, a atitude do pai que se recusa em reconhecer espontaneamente uma filiação extraconjugal, que posteriormente resulta comprovada depois em juízo, pelos ingentes esforços de uma dispensável demanda de investigação de paternidade. Deve ser registrado que importa à matéria ora posta sob enfoque, a investigação de paternidade evidentemente, não resultante da relação de casamento, porque no casamento impera a presunção de paternidade, que só poderá ser elidida através de ação negatória intentada pelo marido, considerando que à esposa é permitido registrar o filho e seu vínculo biológico paterno apenas com a prova do matrimônio, dispensada a presença do esposo no Ofício Civil. Já na filiação extramatrimonial é condição indeclinável que o ascendente masculino reconheça pessoalmente sua paternidade perante o oficial do Registro Civil.

Mas, como era dito, falta de reconhecimento do próprio filho engendra, com efeito, um ato ilícito, que faz nascer, ao seu turno, o direito de obter

---

[18] BARBERO, Omar U. Ob. cit., p. 117.
[19] DINIZ, Maria Helena, *Curso de Direito Civil brasileiro*, 7º v. São Paulo: Saraiva, 1984, p. 75.
[20] AMARANTE, Aparecida I. Ob. cit. p. 205.

um ressarcimento em razão do dano moral de que pode padecer o descendente. Não se apregoa o direito à reparação moral em qualquer investigatória de paternidade extramatrimonial, pela tão-só negativa do pai ao reconhecimento espontâneo, pois que tal atitude permitiria concluir que ao indigitado pai seria vedado exercer qualquer dúvida sobre uma paternidade que lhe fosse atribuída por conseqüência de alguma relação sexual e de intimidade que ele não desconhecesse, embora pudesse ter dúvidas acerca da exclusividade daquela relação.

A reparação civil admitida como passível de reparação pelo gravame moral impingido ao investigante haverá de decorrer daquela atitude claramente postergatória do reconhecimento parental; onde o investigado se vale de todos os subterfúgios processuais para dissimular a verdade biológica, fugando-se com esfarrapadas desculpas ao exame pericial genético, ou mesmo esquivando-se da perícia com notórios sintomas de indisfarçável rejeição ao vínculo de parentesco com filho, do qual tem sobradas razões para haver como seu descendente.

Como ascendente sujeito ao reparo moral, situa-se também aquele que, mesmo depois de apresentado laudo científico de DNA, de incontestável paternidade, ainda assim segue negando guarida ao espírito humano de seu filho investigante, que busca aguerridamente o direito de ver declarada a sua paternidade genética, mas que, no entanto, segue seu genitor a privá-lo da identidade familiar, tão essencial à sua realização psíquica e à sua identidade social e familiar, condição fundamental para o seu integral crescimento e desenvolvimento mental, isento de sobressaltos e fissuras na sua hígida personalidade psicológica.

Nunca deve ser esquecido, por outro lado, que capacidade civil é meramente requisito para formação final da personalidade, jamais pressuposto para afirmação do direito à honra. Honra é bem precioso da pessoa humana, equiparado à própria vida; é bem inerente ao indivíduo e que integra a sua personalidade desde o seu nascimento, não sendo outra a razão pela qual, respeito e honra têm proteção jurídica e desta tutela a lei não exclui o menor impúbere, como não exclui o louco, nem mesmo o delinqüente ou a prostituta, como reforça Santos Cifuente.[21]

Aparecida I. Amarante[22] explica que a aferição do dano não tem como suporte o grau de compreensão da vítima, pois se assim fosse verificado, grassaria grande injustiça e ficariam desabrigadas exatamente aquelas pessoas que mais precisam de amparo, como acontece com os menores, os débeis mentais e os ingênuos. É de ser visto que a ofensa moral é punida não propriamente em função da capacidade de compreensão do ofendido,

---

21 CIFUENTE, Santos. *Loss derechos personalisimos*, Buenos Aires: Lerner Ediciones, 1974, p. 281.
22 AMARANTE, Aparecida I. Ob. cit., p. 72.

mas, sobretudo, para castigar o ânimo e a potencialidade de agressão do ofensor.

Portanto, não é o grau de entendimento na percepção da ofensa pelo incapaz argumento que lhe retire o sagrado direito à honra, tanto que a Constituição Federal, como de igual o Estatuto da Criança e do Adolescente, asseguram à criança e ao adolescente o direito à dignidade e ao respeito e, certamente, não estariam tutelando tão preciosos valores que respeitam à personalidade moral de cada pessoa, acaso a justiça pudesse ao cabo de tudo desconhecer e inimputar a desonra, porque o menor não pôde captar e bem compreender a ofensa, nem mesmo a extensão do dano sofrido.

Com o advento da Carta Política de 1988, seguindo exegese universal, terminaram sendo suprimidos todos os finais resquícios jurídicos que, porventura, ainda pudessem importar em alguma segregação na filiação. Portanto, frente aos princípios gerais de Direito que imperam em todas as nações civilizadas, sobrelevam como filosofia de vida os interesses dos menores sobre qualquer outro interesse juridicamente chancelado, soando como insustentável incoerência que o direito à honra e em especial, o direito do filho ao apelido de família e sua identidade pessoal, pudessem ficar ao desamparo e à distância da ofensa que a injustificada recusa ao reconhecimento da paternidade realmente provoca.

Por sinal, foi justamente no encalço de satisfazer o direito à identidade e à integridade moral da criança, tutelando seus prioritários interesses, que surgiu no Brasil a averiguação oficiosa da paternidade, regulamentada pela Lei nº 8.560, de 29 de dezembro de 1992, e repetida pelo atual Código Civil. Como ensina Fernando Brandão Ferreira Pinto,[23] a imediata verificação oficiosa da paternidade dos filhos havidos fora do casamento busca estabelecer, o mais cedo possível, a paternidade, para que não fique sua investigação dependendo da iniciativa dos interessados diretos, nem permitir sua proposição somente após a morte do indigitado pai, pois tais atitudes representariam permitir que os filhos crescessem no abandono, sem qualquer educação e amparo, negando com a concretização da perfilhação o sadio direito de a criança formar a sua verdadeira personalidade, inclusive com a tardia exigência dos bens materiais tão caros e necessários numa certa passagem da vida.

8.6. Dano causado ao filho

Impõe-se a interrogativa para saber se o repúdio paterno ao reconhecimento do filho, cerceando-lhe voluntariamente o direito inerente à sua

---

[23] PINTO, Fernando Brandão Ferreira. *Filiação natural*, Coimbra: Livraria Almedina, 1983, p. 287/288.

identidade pessoal, representada pelo uso do nome de seu pai biológico, complemento da sua qualificação social, configura um dano moral.

Como ensinam Mariana J. Kanefsck e Graciela Medina,[24] a principal preocupação doutrinária e jurisprudencial na Argentina foi determinar se o não-reconhecimento do filho violava uma obrigação jurídica e se podia gerar a obrigação de reparar, considerando que o ato do reconhecimento é estritamente voluntário, não-obrigatório, cujo não-exercício não pode gerar uma obrigação de indenizar.

Argumentavam ainda, que a falta de reconhecimento não importa em uma atitude irreversível, e o progenitor sempre pode reconsiderar sua atitude, e que a falta do reconhecimento já produz no direito a exclusão da condição de herdeiro ascendente (parágrafo único do art. 1.609 do Código Civil brasileiro).

Mas logo foram superados os entraves sob o argumento de o filho ter um direito constitucional de conhecer a sua realidade biológica, ter uma filiação ancestral e para obtê-la depende também do reconhecimento do pai. Isto porque, sem sombra de dúvida, sempre se fez presente o dano material, perfeitamente aferível pelos prejuízos que se registram pela negativa das oportunidades materiais que os pais devem colocar à disposição dos filhos, atentos com o dever de amparo e de educação e formação da sua prole.

O direito à identidade pessoal, ao uso do nome e à filiação genética está associado à dignidade e à reputação social do filho não registrado. O pai que recusa o reconhecimento espontâneo do filho, com este ilícito se opõe à felicidade do rebento, atinge e lesiona um direito subjetivo do menor, juridicamente resguardado, violado pela atitude reticente do reconhecimento. Impede o descendente de contar com o seu apelido paterno; desconsidera o descendente no âmbito das suas relações sociais e familiares e lhe causa inegáveis carências afetivas, traumas e feridas morais que crescem de gravidade, no rastro do próprio desenvolvimento mental, físico e social do filho que padece com a antijuriscidade do público repúdio do pai ao lhe negar o nome, atributo de sua identidade e exteriorização fundamental na hígida construção da sua personalidade.

São valores impostergáveis, que formam a coluna espiritual da pessoa; ela depende desta estrutura familiar, como diz Rodrigo da Cunha Pereira,[25] que existe antes e acima do Direito, "para que o indivíduo possa, inclusive, existir como cidadão e trabalhar na construção de si mesmo e das relações interpessoais e sociais.." e, certamente, filho algum quer crescer sem pai ou sem mãe, em família monoparental por ausência do registro paterno.

---

[24] KANEFSCK, Mariana & MEDINA, Graciela. La legitimación y la prueba en la responsabilidad por no reconocimiento de hijo, *In Derecho de daños*, Cuarta Parte. Coord. BORGONOVO, Oscar e CÚNEO, Darío L., Buenos Aires: Ediciones La Rocca, 2003, p. 572.
[25] PEREIRA, Rodrigo da Cunha. Ob. e p., cit.

8.7. A antijuridicidade

Negar-se alguém voluntariamente a estabelecer a filiação se constitui, inquestionavelmente, em uma conduta antijurídica, não sendo suficiente a recusa pura e simples para gerar a responsabilidade civil, sendo preciso que esta falta seja dolosa ou culposa e cause um dano que pode ser material ou moral, de ordem psicológica, como por exemplo, na injustificada resistência ao andamento do processo de investigação de paternidade, como já decidiu o Tribunal de Justiça do Rio Grande do Sul,[26] e não porque agiu com má-fé processual, mas porque causou ao investigante um incomensurável agravo moral.

Deste modo, a voluntária omissão deve causar um efetivo dano e que na investigatória da paternidade viola o direito à identidade pessoal, ou seja, vulnera o estado de filho e o vínculo familiar que esta criança não reconhecida tem por decorrência da sua parentalidade genética.

Ao lado dos danos morais, estão os agravos materiais, consistentes na carência de recursos que o filho não reconhecido sofre por não ter acesso a melhores recursos financeiros que deveria receber de seu genitor biológico economicamente bem-situado. Tivesse reconhecido seu filho e lhe alcançado os adequados recursos, e teria contribuído para uma educação mais apurada, podendo ser mais bem-preparado para enfrentar seu futuro, não merecendo padecer pelas dificuldades e privações por que foi obrigado a passar.

Contudo, não há que ser falado em dano quando o pai ignora o seu vínculo de paternidade, porque a mãe desta criança preferiu criá-la como se dela fosse o direito de gerar um filho no conceito egoísta de uma chamada *produção independente*, escondendo do procriador o conhecimento de ele ser o pai desta criança. Neste caso, já foi cogitado de a genitora ser civilmente responsabilizada por não promover a demanda investigativa da paternidade, abusando do direito que tem a criança de pesquisar seu vínculo biológico, respondendo Graciela Medina[27] negativamente, por entender ser

---

[26] "Apelação. Investigação de paternidade. *Quantum* alimentar. Trinômio necessidade-possibilidade-proporcionalidade. Dano moral e material. Possibilidade. Litigância de má-fé. Ocorrência de honorários advocatícios. Majoração. A prova colhida nos autos quanto aos rendimentos do apelado não permitem alterar a pensão alimentícia fixada na sentença. O não reconhecimento da paternidade pelo apelado, resistente em declarar-se pai dos apelantes e dar-lhes as condições básicas de vida, mesmo sabedor da filiação, impõe a condenação por dano moral, a ser fixado em liquidação de sentença. Aplicação da pena de litigância de má-fé, por resistência injustificada ao andamento do processo, caracterizada pela designação de 10 (dez) exames periciais, que redundaram em 6 (seis) longos anos de tramitação do feito, com base no inc. IV, do art. 17, do CPC. Pena de 1% sobre o valor da causa e sucumbência integral, quanto as custas e honorários advocatícios, forte no *caput* do art. 18, do CPC. Majoração da verba honorária que se impõe, considerando o tempo de tramitação do feito, a natureza da causa e o trabalho realizado, pelos parâmetros do § 4º, do art. 20, do CPC. Deram parcial provimento ao primeiro apelo, por maioria. Negaram provimento ao segundo, à unanimidade". (Apelação Cível nº 70007294101, 8ª CC do TJRS, relator Des. Rui Portanova, julgado em 18/12/2003).

[27] MEDINA, Graciela. *Daños en el Derecho de Família*, Buenos Aires: Rubinzal-Culzoni Editores, 2002, p. 125.

a ação de investigação de paternidade imprescritível, não lhe podendo ser imputada a culpa quando ela apenas representa o filho.

Não tem sido da prática jurisprudencial brasileira a reparação moral da conduta omissiva paterna ao reconhecimento da filiação,[28] muito embora o tema tenha sido admitido na Argentina com precedentes jurisprudenciais ditados na sua maioria já na década de 90, com início em fins dos anos oitenta, surgindo a primeira sentença precisamente no ano de 1988, por intermédio da Dra. Delma Cabrera, titular do nono juizado Cível e Comercial de San Isidro, como ponto de partida dos reclamos indenizatórios de filhos extraconjugais não reconhecidos voluntariamente por seus progenitores.[29]

Entrementes, é bom lembrar que a punição pecuniária pelo dano imaterial tem um caráter nitidamente pedagógico e, portanto, não objetiva propriamente satisfazer a vítima da ofensa, mas sim castigar o culpado pelo agravo moral e, inclusive, estimular aos demais integrantes da comunidade, recorda Omar U. Barbero[30] a cumprirem os deveres éticos impostos pelas relações familiares.

É altamente reprovável e moralmente danosa a recusa voluntária ao reconhecimento da filiação extramatrimonial e, certamente, a intensidade deste agravo cresce na medida em que o pai posterga o registro de filho que sabidamente é seu, criando em juízo e fora dele todos os obstáculos possíveis ao protelamento do registro da paternidade, que, ao final, termina por ser judicialmente declarada.

Pertine cumular a ação de investigação de paternidade com o pedido de ressarcimento por dano moral decorrente do ato ilícito de recusa ao reconhecimento desta mesma paternidade, não se confundindo o dano moral com a litigância de má-fé, porquanto, embora a má-fé da litigância figure como punição processual para reparar a postergação do processo, ela não ampara, por sua gênese, a lesão moral que surge da maliciosa relutância de voluntariamente deixar de reconhecer seu filho extraconjugal, sendo perceptíveis os resultados previsíveis de um filho propositadamente privado de contar com o sobrenome paterno e que por isto mesmo, durante sensível

---

[28] "Apelação Cível. Danos Morais. Falta de reconhecimento espontâneo da paternidade. Embora, em tese, viável, em condições muito específicas, a contemplação do dano extrapatrimonial no âmbito das relações familiares, deve a jurisprudência agir com extrema parcimônia na análise dos casos em que se dá semelhante postulação, sob pena de que a excessiva abertura que possa ser concedida venha a gerar enxurradas de pretensões ressarcitórias, com total patrimonialização das relações afetivas. Caso em que não configura hipótese que justifique a concessão do pleito reparatório. Negaram provimento". (Apelação Cível nº 70011681467, 7ª CC do TJRS, relator Des. Luiz Felipe Brasil Santos, julgado em 10/08/2005).
[29] KANEFSCK, Mariana; MEDINA, Graciela. La legitimación y la prueba en la responsabilidad por no reconocimiento de hijo, In Derechoi de daños, Cuarta Parte. Coord. BORGONOVO, Oscar e CÚNEO, Darío L. Buenos Aires: Ediciones La Rocca, 2003, p. 571.
[30] BARBERO, Omar U. Ob. cit., p. 101.

tempo, não pôde ser considerado no âmbito das suas relações pessoais como descendente de seu progenitor.

É como de ordinário tem decidido a jurisprudência, em especial a alienígena, com interessantes arestos recolhidos dos tribunais argentinos, que entendem e ordenam deva ser ressarcido o dano moral, consistente "na violação dos direitos à personalidade de um sujeito, a quem se infere uma dor injusta, ao abandoná-la nos momentos mais difíceis da sua vida, negando-lhe logo a paternidade, depreciando à sua ex-amante em seus mais íntimos sentimentos e elidindo ao filho a inscrição de seu apelido paterno no Registro Civil". Ou como decidiu a Sala L, CNCiv, em 14/04/1994 – de que "As lesões sofridas por quem intenta obter sua filiação, atentam contra a honra, o nome, a honestidade, as afeições legítimas e a intimidade. Isto permite que se faça credora da indenização que reclama por dano moral, sem prejuízo que o menor, na oportunidade pertinente, possa reclamar ao demandado uma condigna reparação".

Transitar pela vida, em tempo mais curto ou mais longo, sem o apelido paterno, com sua identidade civil incompleta, causa em qualquer pessoa um marcante dano psíquico, máximo na etapa de seu crescimento e da sua formação moral, caracterizada pela extrema sensibilidade, a suscitar insegurança e sobressaltos na personalidade psíquica do descendente, posto que priva o pai de um direito que pertence ao menor pelo decorrer do vínculo biológico que se apresentou no momento da sua concepção.

Pois, como se pronunciou a jurisprudência argentina que inspira este trabalho, em recente decisão, "se a filiação e o apelido, como atributos da personalidade, não podem ser desconhecidos legalmente, e a ordem jurídica procura sua concordância com a ordem biológica, aquele que ilide voluntariamente seu dever jurídico de reconhecer seu filho, resulta responsável pelos danos ocasionados a quem tem o direito de ser incluído no respectivo estado de família".[31]

8.8. Quantificação do dano moral

Evidentemente que hodiernamente não mais se retorna à idéia de que o dano moral não deveria ser ressarcido, porque não havia como valorar a dor íntima, como exprimir em dinheiro o bem moral. Clayton Reis[32] observa que o homem, para viver em sociedade, necessita preservar os seus valores individuais, tanto quanto precisa deles para integrar-se no convívio social e quando este indivíduo é socialmente segregado no processo consuetudinário de sociabilização, evidentemente que esta lesão, por sua gravidade,

---

[31] Conforme a Revista Plenario, ano 4, n° 31, de junho de 1997, p. 16, publicada na Argentina pela Asociación de Abogados de Buenos Aires.
[32] REIS, Clayton. Ob. cit., p. 82.

pode e precisa ser reparada, e o Estado tutela o direito da personalidade, restando estabelecer a liquidação processual do dano causado.

Seguramente que a indenização imaterial pela voluntária recusa ao reconhecimento da paternidade biológica não visa a apurar fortunas, de que são exemplos países de outro hemisfério. Esta não é a realidade brasileira, e muito menos se apresenta como a útil razão de reparo pecuniário do abalo moral. Já visto que a compensação financeira da dor moral tem uma função punitiva, e dissuasiva, moralizadora, ou sob a ótica do transgressor, tem a finalidade de desestimular outras idênticas agressões ao inerente direito de carregar desde o nascimento com vida, a integral personalidade civil e social.

A reparação do dano moral não visa a reconstruir qualquer patrimônio da pessoa vitimada, indenizá-la tal como quando sofre um prejuízo material facilmente aferível. Antes, almeja compensar satisfatoriamente o sofrimento passado, sendo o dinheiro a única forma conhecida de proporcionar meios para que a vítima minore seu sofrimento, enquanto para o agressor, anota Clayton Reis,[33] "tem um sentido punitivo, que encara a pena pecuniária como uma diminuição do seu patrimônio material em decorrência do seu ato lesivo".

A indenização se dará em procedimento de liquidação por arbitramento, da sentença transitada em julgado, que não somente reconheceu a paternidade do investigante, como também, em pedido cumulativo condenou o pai relutante em danos morais. Sua quantificação jamais buscará apagar o dano moral causado, mas, antes, apenas compensá-lo, consagrando o reconhecimento e o valor jurídico deste bem imaterial, e o arbitramento do *quantum* devido estará em conformidade com as circunstâncias do caso e a situação econômica do responsável pela ofensa, pois, em sentido contrário, jamais servirá como modelo de postura para a contundente repreensão de tão nefasta ofensa.

---

[33] REIS, Clayton. Ob. Cit., p. 90.

— 9 —

Paternidade alimentar

9.1. Introdução

As inter-relações familiares são dinâmicas e alvo de surpreendente alternância de seus hábitos, costumes. As convenções sociais de hoje deixam de sê-las do mesmo modo amanhã, e o que mais impressiona é constatar que estas mudanças já não mais demandam anos e muitas gerações, que herdam cacoetes, manias e velhos tabus, tudo cultivado pela teimosa repetição dos nossos ancestrais.

Longe desta veneração para com o passado, todas as proibições relacionais e afetivas sofreram mudanças culturais, suscitaram reflexões e permitiram derrubar barreiras profundas e preconceitos, revolveram rígidas posturas, conceitos esteriotipados do que deveria ser certo e errado. Em nova versão das relações familiares, a dignidade da prole não depende de sua origem; a culpa não mais se discute em uniões infelizes; e as entidades familiares, agora ampliadas, são fundadas apenas na realização pessoal.

Enfim, um novo tempo jurídico e social surge com um jeito mais apropriado de olhar e constituir a família e na forma de operá-lo nas suas relações; enfim, todo dia surge um novo jeito de decifrar esta indissociável célula social que respira o afeto das pessoas.

Fosse o Direito de Família se valer de linguagem afiada, para equiparar sua dinâmica com a evolução do tempo e dos costumes, não haveria nenhuma heresia no afirmar que cada grupo social cultiva seus próprios valores, busca seu próprio estilo de vida que o faz feliz, que alegra sua alma e seus agregados, dando curso natural à vida e às mudanças que surgem com o tempo.

O próximo não é julgado por seu modo de ver o mundo e pelos nossos preconceitos e juízos pessoais de avaliar o comportamento social. A nossa dificuldade pessoal de inserir a novidade no contexto social devem ser obstáculos a serem vencidos, barreiras que precisamos transpor.

Embora cada vez mais ágil o aplicador da lei, ainda o legislador traz com mais tardar o texto legal, que é promulgado velho e por vezes até em desuso, diante da alteração dos fatos sucedidos na dinâmica vida social.

Se fosse comparar o direito com a moda, seria de afirmar que a doutrina capta a tendência, pesquisa os estilos, tecidos e suas texturas, enquanto faz o costume, confere consistência à mudança que se estabeleceu no meio social, até que o legislador absorva as convenções já ditadas pela sociedade.

Assim tem funcionado a secular edificação da evolução social do homem e o progresso na ampliação de sua dignidade pessoal, buscando realizar suas expectativas pessoais e a felicidade dos que integram a sua família.

Mas nem sempre o Direito de Família se atualiza e projeta suas soluções para uma dimensão de futuro. Cauteloso, busca sua inspiração nas experiências do passado que serviram para o equilíbrio das relações familiares já sucedidas, e se já não são mais reaproveitadas, serviram para mesclar passado e futuro e para constituir uma outra dimensão de tempo que irá aproximar as próximas gerações.

É seguramente válida a experiência dos contrastes do que deu certo no passado e no presente, pois foram as experiências que já atuaram na construção da felicidade das pessoas e na constante busca da evolução social.

9.2. O preconceito da filiação adulterina

Numa etapa social nem tão distante, existiam filhos legítimos do casamento e filhos ilegítimos das relações não-matrimoniais, estes escalonados como naturais ou espúrios, de acordo com os impedimentos conjugais dos seus pais, proibindo a lei, por exemplo, que filhos adulterinos pudessem investigar a sua origem genética.

Já houve um tempo no Direito brasileiro em que a filiação sofria visível e tolerada discriminação, sendo os filhos desqualificados pelos equívocos das relações de seus pais, com a mancha social da ilegitimidade se, embora sempre inocentes, não fossem gerados no sagrado e reconfortante berço do matrimônio conjugal.

O art. 358 do Código Civil vedava o reconhecimento de filhos adulterinos e incestuosos, surgindo leis posteriormente editadas, que foram mitigando esta proibição absoluta; primeiro autorizando o reconhecimento da prole adulterina, mas só após o antigo desquite, hoje denominado de separação judicial.

Luzes mais humanas e democráticas surgiram com o art. 51 da Lei do Divórcio, de 1977, ao acrescentar um parágrafo único ao art. 1º da Lei nº 883, de 21 de outubro de 1949, ao permitir "na vigência do casamento, que qualquer dos cônjuges pudesse reconhecer o filho havido fora do matrimônio, mas em testamento cerrado, aprovado antes ou depois do nascimento do filho, e, nessa parte, irrevogável".

Novo avanço veio com a Lei n° 7.250/84, que acrescentou § 2° ao art. 1° da Lei n° 883/49, e permitiu que o filho fora do matrimônio pudesse ser reconhecido pelo cônjuge separado de fato há mais de cinco anos contínuos. Tudo isto por conta do medo das decantadas perturbações de ordem familiar, que poderiam ser geradas pelos filhos havidos fora do casamento, a causar inaceitável escândalo familiar. Este impacto negativo passou a ser mitigado diante da impossibilidade de um filho ser gerado em um casamento que, de fato, já não mais existia há cinco anos, advindo disto uma nova tolerância legal.

9.3. Paternidade alimentar

Não obstante ainda impregnada a idéia de não perturbar a sólida instituição familiar, quanto à origem da filiação, o art. 4° da Lei n° 883/49 permitia que o filho ilegítimo pudesse acionar o pai em *segredo de justiça*, apenas para o efeito de obtenção de prestação de alimentos, sem que a demanda importasse na alteração do seu registro de nascimento, porque ainda era proibido reconhecer e declarar a paternidade de filho adulterino. Para tanto, acrescentava o parágrafo único do art. 4° da Lei n° 883/49 que, depois de dissolvida a sociedade conjugal daquele que foi condenado a prestar alimentos, quem os obteve não precisava propor a ação de investigação de paternidade para ser reconhecido, cabendo, porém, aos interessados, o direito de impugnar a filiação.

Tratava-se, portanto, de uma prévia ação de investigação de paternidade, com mera finalidade alimentar, sem que o vínculo biológico de filiação fosse oficialmente declarado e sem que gerasse efeitos no registro de nascimento do filho considerado adulterino, que só tinha o direto de receber uma pensão alimentícia de seu pai, que ficava legalmente protegido pelo casamento civil de seu *deslize conjugal*.

Nada alarmante, diante da tradicional hostilidade endereçada aos filhos ilegítimos, especialmente quando adulterinos e incestuosos, para os quais o antigo Direito francês descartava qualquer outro efeito ao chamado do filho bastardo, sendo inclusive excluído das sucessões paterna e materna, com direito apenas aos alimentos.[1]

Era ponto pacífico na prática processual brasileira movimentar uma ação de alimentos de conteúdo investigatório, como previsto pela Lei n° 883/49, sendo incidentalmente investigada a parentalidade sangüínea, apenas com o objetivo de obter a condenação do indigitado pai ao pagamento de pensão alimentícia.

---

[1] FONSECA. Arnoldo Medeiros da. *Investigação de paternidade*, 3ª ed. Rio de Janeiro: Forense, 1958, p. 68.

Trilha processual de altíssima carga discriminatória, já que pela típica ação investigatória, a finalidade primeira era a de reconhecer o vínculo de filiação, em demanda que até poderia acumular alimentos como pedido acessório, e como decorrência que deveria ser normal, de todo pai prover os sustentos moral e material de seu filho.

Mas a ação de paternidade alimentar era, na sua essência, substancialmente uma demanda de paternidade para fins exclusivamente alimentares, tanto que a decisão nela proferida que reconhecia indiretamente a paternidade, sequer produzia efeitos de coisa julgada em relação ao reconhecimento da filiação e ficava em aberto a possibilidade de reapreciação judicial dos vínculos consangüíneos.

Na Apelação Cível nº 596212027,[2] de 25 de junho de 1997, disse o relator Des. Heitor Assis Remonti, que: "de fato, o parágrafo único do art. 4º da Lei nº 883/49, com a redação que lhe foi dada pelo art. 51 da Lei nº 6.515/77, permitiu que, dissolvida a sociedade conjugal do suposto pai, condenado a prestar alimentos, dispensava o suposto filho da propositura da ação de investigação de paternidade para ser reconhecido, porém, ressalvou ao interessado o direito de impugnar a filiação".[3]

Era, em suma, uma relação de hipocrisia legal e sociojurídica, pois um filho podia promover a investigação de sua paternidade, endereçando a demanda a seu pai, para ver exarada uma sentença que condicionava a paternidade *adulterina* à futura dissolução da sociedade conjugal de seu genitor e que, de concreto e imediato, apenas lhe concedia um crédito alimentar, e não um pai que passava a lhe dever alimentos.

Só com o posterior falecimento do genitor ou com seu *desquite,* era possível reconhecer a paternidade do filho alimentando, sem precisar promover a ação de investigação,[4] porque o art. 51 da lei divorcista abreviara este caminho processual ao dispensar o filho alimentar da propositura de uma ação de investigação de paternidade, que já havia sido indiretamente reconhecida por sua função alimentar.

---

[2] RJTJRS 184/262:"Investigação de paternidade. Coisa julgada. Exames hematológicos e DNA. Inexistência de certeza absoluta. Ação de alimentos fundada na Lei nº 883/49 não se identifica com a ação de investigação de paternidade. Naquela, investigava-se a paternidade, tendo por objetivo a condenação no pagamento da pensão alimentícia; nesta, a investigação da paternidade, objetiva-se o reconhecimento da filiação. São diversos, pois, os respectivos objetos, razão pela qual, qualquer que seja a decisão proferida na ação de alimentos, ela não produz efeitos de coisa julgada em relação ao pedido de reconhecimento de filiação, nem mesmo depois do advento da Lei do Divórcio, a qual, mesmo ampliando os efeitos daquela sentença, deixou aberta a porta para a reapreciação da matéria, mediante impugnação da filiação..." (8ª CC do TJRS, Apelação Cível nº 596212027, do TJRS, j. em 25/06/1997).
[3] Trecho do voto do relator no acórdão citado, p. 264.
[4] FABREGAS, Luiz Murillo, *O divórcio*, 2a ed. Rio de Janeiro: Edições Trabalhistas, 1983, p. 169.

9.4. A filiação socioafetiva

Conforme o art. 1.603 do Código Civil, a filiação é determinada pela certidão do termo de nascimento registrada no Registro Civil, e se bem observado, o dispositivo traz em seu escopo o princípio explícito da paternidade socioafetiva, porque confere o *status* de filho pelo assento de nascimento, e não pela verdade biológica.

Para Luiz Edson Fachin, "a prova da filiação mencionada no art. 1.603 pode também sustentar a posse do estado de filho, fundada em elementos que espelham o *nomen*, a *tractatio*, e a *fama* (reputação). Por conseguinte, o termo de nascimento pode espelhar uma filiação socioafetiva".[5]

Por seu turno, a redação do art.1.593 do Código Civil enseja a compreensão do parentesco socioafetivo ouvindo de *outra origem,* adversa do parentesco natural ou civil, conforme resulte ou não da consangüinidade. Esta expressão *outra origem* teria tido em mira, para alguns, a inseminação artificial heteróloga do marido que consente com a fertilização assistida de sua esposa com sêmen de terceiro, assim vista a figura da paternidade socioafetiva, porque este rebento nunca será biológico, mas sempre filho do afeto (art. 1.579, v, Código Civil).[6]

Embora não haja vinculação biológica na inseminação artificial heteróloga, este artigo 1.597, inciso V, do CC, estabelece a presunção legal de paternidade no tocante aos filhos havidos por sua mulher com sêmen de terceiro. A mesma compreensão também emana dos artigos 1.609, III, parágrafo único, e 1.610, do CC, quando fazem passar por essa dimensão de valoração da filiação socioafetiva, o reconhecimento de filho por testamento e que neste aspecto não pode ser revogado. Portanto, como poderia ser desconstituído o espontâneo reconhecimento de filiação expresso em cédula testamentária com manifestação de derradeira vontade, quando a declaração testamentária se basta pelo fundante elo social e afetivo, tendo força suficiente e irrevogável, para não desfazer a declaração de quem se disse pai, prevendo gerar efeitos para depois de sua morte.

A filiação socioafetiva é a real paternidade do afeto e da solidariedade; são gestos de amor que registraram *a colidência de interesse entre o filho registral e o seu pai de afeto.* Paulo Lôbo acrescenta que "a Constituição não elegeu a origem biológica como fundadora da família. Ao contrário, dispensou-a, para fixar-se na relação construída no afeto e na convivência familiar, tendo ou não consangüinidade (...) O reconhecimento do genitor biológico não pode prevalecer sobre a paternidade construída na convivência familiar, que freqüentemente ocorre entre a mãe que registrou o filho e

---

[5] FABREGAS, Luiz Murillo, ob. cit., p. 91.
[6] Neste sentido, vale conferir lição formulada por NICOLAU JÚNIOR, Mauro. *Paternidade e coisa julgada*, Curitiba: Juruá, 2006, p. 170.

outro homem, com quem casou ou estabeleceu união estável, e que assumiu os encargos da paternidade".[7]

Por conta destas evidências, Belmiro Pedro Welter[8] registrou não existir qualquer diferença no modo de criar, educar, conferir carinho e amor entre filhos consangüíneos e biológicos, considerando, sobretudo, que a Constituição Federal vetou efeitos jurídicos diversos em relação à prole, que tem igual tratamento, sendo odiosa qualquer forma de discriminação.

Não é outra a interpretação reiterada da jurisprudência pátria, como disto são exemplos, a Apelação Cível n° 108.417-9, oriunda da 2ª Câmara Cível do TJPR, sendo relator o Des. Accácio Cambi, julgada em 12/12/2001,[9] e os EI 599.277.365, do 4° Grupo de Câmaras Cíveis do TJRS, relatora Desembargadora Maria Berenice Dias, julgado em 10/09/1999;[10] a Apelação Cível n° 598.300.028, da 7ª Câmara Cível do TJRS, relatora Des. Maria Berenice Dias,[11] julgada em 18/11/1998, e, por fim, o EI 70000904821, do 4° Grupo de Câmaras Cíveis do TJRS, relator Des. Luiz Felipe Brasil Santos, julgado em 10/11/2000.[12]

---

[7] NICOLAU JÚNIOR, Mauro. Ob. cit, p. 131-132.

[8] WELTER, Belmiro Pedro. *Igualdade entre as filiações biológica e socioafetiva*, São Paulo: RT, 2003, p. 169.

[9] "Negatória de paternidade.Adoção à brasileira. Confronto entre a verdade biológica e a socioafetiva. Tutela da dignidade da pessoa humana. Procedência. Decisão reformada. 1. A ação negatória de paternidade é imprescritível, na esteira do entendimento consagrado na Súmula 149 do STF, já que a demanda versa sobre o estado da pessoa, que é emanação do direito da personalidade. 2. No confronto entre a verdade biológica, atestada em exame de DNA, e a verdade socioafetiva, decorrente da denominada adoção à brasileira (isto é, da situação de um casal ter registrado, com outro nome, menor, como se deles filho fosse) e que perdura por quase quarenta anos, há de prevalecer à solução que melhor tutele a dignidade da pessoa humana. A paternidade socioafetiva, estando baseada na tendência de personificação do direito civil, vê a família como instrumento de realização do ser humano; aniquilar a pessoa do apelante, apagando-lhe todo o histórico de vida e condição social, em razão de aspectos formais inerentes à irregular adoção à brasileira, não tutelaria a dignidade humana, nem faria justiça ao caso concreto, mas, ao contrário, por critérios meramente formais, proteger-se-ia as artimanhas, os ilícitos e as negligências utilizadas em benefício do próprio apelado".

[10] "I) Paternidade. 1) Reconhecimento. Quem, sabendo não ser pai biológico, registra, como seu filho de companheira durante a vigência de união estável, estabelece uma filiação socioafetiva que produz os mesmos efeitos que a adoção, ato irrevogável. Ação negatória de paternidade e ação anulatória do registro de nascimento. O pai registral não pode interpor ação negatória de paternidade e não tem legitimidade para buscar a anulação do registro de nascimento, pois inexiste vício material ou formal a ensejar sua desconstituição. Embargos rejeitados, por maioria".

[11] "REGISTRO DE NASCIMENTO – Reconhecimento espontâneo da paternidade – Adoção simulada ou à brasileira. Descabe a pretensão anulatória do registro de nascimento do filho da companheira, lavrado durante a vigência da união estável, já que o ato tipifica verdadeira adoção, que é irrevogável. Apelo improvido".

[12] "Ação de anulação de reconhecimento de filho extramatrimonial. Prevalência da paternidade socioafetiva. Não ofende a verdade o registro de nascimento que espelha a paternidade socioafetiva, mesmo que não corresponda a paternidade biológica. Acolheram os embargos".
"Assunto: reconhecimento voluntário realizado através de escritura pública. Efeitos. 2.Filho ilegítimo. Reconhecimento. Ação de anulação. Voluntário. Desconformidade do registro com paternidade biológica. Paternidade socioafetiva. Prevalência desta. 3. Registro civil. Assento de nascimento. Anulação. Descabimento. Filho ilegítimo. Ação negatória de paternidade. Filho ilegítimo. Impropriedade da ação. Ação própria."

E bem visto, que impera não necessariamente a preexistência de afeto, posto que a *parentalidade sociológica* resulta do estado de filho, e não na questão do afeto, como desdobra em seu voto o Des. Luis Felipe Brasil Santos, nos embargos infringentes nº 70010467256, do 4º Grupo Cível do TJRS.

Para Guilherme Calmon Nogueira da Gama, a filiação afetiva tem seu fundamento no afeto, pois nem sempre o "melhor pai ou mãe é aquele que biologicamente ocupa tal lugar, mas a pessoa que exerce tal função, substituindo o vínculo biológico pelo afetivo", e completa, ao explicitar que: "tal orientação vem merecendo atenção por parte de vários sistemas jurídicos que reformaram suas legislações em matéria de filiação, com a introdução, por exemplo, da noção de posse de estado de filho (...) No Direito brasileiro, com base na noção do melhor interesse da criança, tem-se considerado a prevalência do critério socioafetivo para fins de assegurar a primazia da tutela à pessoa, no resguardo dos seus direitos fundamentais, notadamente o direito à convivência familiar".[13]

Deste modo, ainda que pudesse ser dito serem imprescritíveis a investigação de paternidade e a sua desconstituição, é tal qual referem os embargos infringentes nº70010467256, do 4º Grupo Cível do TJRS, com a relatoria do Des. José Carlos Teixeira Giorgis, o direito à filiação, também tem um viés do fundamental direito à ascendência genética, como fazem os tribunais na Alemanha, sem qualquer *efeito patrimonial*.

Guilherme Calmon Nogueira da Gama é bastante enfático ao expor que o conhecimento da origem biológica *não envolve qualquer possibilidade de retorno à família natural* e acrescenta: "(...) o direito à identidade pessoal deve abranger a historicidade pessoal e, aí inserida a vertente biológica da identidade, sem que seja reconhecido qualquer vínculo parental entre as duas pessoas que, biologicamente, são genitor e gerado, mas que juridicamente nunca tiveram qualquer vínculo de parentesco. O mesmo deve ser dito relativamente à adoção que, nos casos de recém-nascidos, não abrangeu o conhecimento dos pais naturais pela criança adotada que, no futuro, deve ter direito à identidade dos pais naturais diante do exercício do direito à identidade pessoal que, como visto, inclui a historicidade biológica da pessoa sem haver qualquer possibilidade de retorno à família natural, porquanto a adoção é irrevogável." e, com efeito, que *a adoção à brasileira não diverge da adoção legal*, como tampouco foge à consciência média brasileira reconhecer distinções entre os deveres do pai socioafetivo e do biológico.

Igual situação pode ser focalizada na sucessão de filiação oriunda da adoção, em que o *princípio da igualdade entre os filhos* impôs o estabele-

---

[13] GAMA, Guilherme Calmon Nogueira da. *O biodireito e as relações parentais*, Rio de Janeiro: Renovar, 2003, p. 482-483.

cimento de vínculos entre o adotado e parentes do adotante, e entre adotante e descendentes do adotado (art. 41, § 2º, ECA), razão pela qual, o falecimento da pessoa adotada somente possibilita o chamamento de seus ascendentes sucessíveis, excluindo os pais biológicos.

Arnaldo Rizzardo não destoa da mesma lição de doutrina, escrevendo que os pais biológicos são totalmente alijados da herança, por determinar a adoção o rompimento de qualquer vínculo com pais e parentes, salvo os impedimentos matrimoniais.[14] Não há realmente como distinguir um ato de adoção jurídica da denominada *adoção à brasileira*, consistente no registro direto da pessoa, como se fosse filho biológico, porque uma e outra refletem um desejo de aproximação afetiva entre duas pessoas e, neste contexto, o filho adotivo (de fato ou de direito), não pode efetivamente herdar do pai sangüíneo, pois como complementa Arnaldo Rizzardo, "não calha com o bom senso que herde de dois pais".[15]

9.5. Laços que ficam

Como recorda Paulo Luiz Netto Lôbo,[16] no conflito que outrora sempre existia entre a filiação biológica e a filiação socioafetiva, vencia o vínculo genético que representava uma concepção eminentemente voltada à família do matrimônio e à cultura da filiação legítima do casamento, que sempre permitiu presumir como absoluto o estado paterno de filiação.

Com a promulgação da Carta Federal de 1988, prevalece o direito da personalidade e do respeito singular à dignidade da pessoa, sem mais discriminar a origem da filiação, que reina como única, quer ela derive da natureza biológica, socioafetiva ou dos laços de adoção. Não que a Constituição Federal reconheça expressamente o estado de filiação socioafetivo, mas pelo fato de a Carta Política proibir qualquer forma de discriminação ao estado de filiação.

E o estado de filiação tanto ocorre no vínculo biológico, como na adoção e na filiação não-biológica do pai que autorizou a inseminação artificial com sêmen de doador,[17] sendo que estas duas últimas se constituem claramente pela vontade de inserir um filho na família e de agir como pais na convivência familiar, na diuturna construção dos laços de afeto.

É a posse do estado de filho, exteriorizada pela livre e desejada assunção do papel parental, em uma adoção nascida dos fatos e que se conven-

---

[14] RIZZARDO, Arnaldo. *Direito das Sucessões*, Rio de Janeiro: Forense, 2005, p. 184.
[15] Idem, p. 185.
[16] LÔBO, Paulo Luiz Netto. Direito ao estado de filiação e direito à origem genética: Uma distinção necessária, *In Anais IV Congresso Brasileiro de Direito de Família*, Belo Horizonte: IBDFAM-Del Rey, 2004, p. 505-506.
[17] LÔBO, Paulo Luiz Netto. Ob. cit., p. 508.

cionou chamar de *verdade sociológica* ou de *adoção à brasileira* quando há o prévio registro de filho de outrem por quem não é o seu descendente biológico.

Seria para o Direito Penal uma falsidade ideológica declarar no registro, de modo consciente, a paternidade ou maternidade que sabe não ser sua, mas que tem larga e corrente prática axiológica com o intuito de integrar a criança à família, como se a tivesse gerado.[18] Como reflete João Baptista Villela,[19] citado por Paulo Luiz Netto Lôbo, não há a rigor falsidade alguma neste registro de quem não foi o procriador, pois que espelha uma relação social de parentesco, justamente fundada na maior de todas as premissas de uma verdadeira filiação – *o afeto*.

É a filiação redirecionada em seus reais valores e na sua efetiva interpretação, ao se escorar no critério do melhor interesse do filho e nos laços fundados sobre o afeto e na convivência familiar, e não mais apenas na sua origem genética, que perde importância se a relação não estiver minimamente fundada no amor.

Predomina a realização pessoal do menor, e não mais a hegemonia absoluta dos pais, dirigindo-se o Direito de Família para o plano da afetividade em lugar da legitimidade em razão do casamento[20] e indiferente à origem da concepção.

Observa Paulo Lôbo que o estado de filiação decorrente da estabilidade dos laços afetivos construídos no cotidiano de pai e filho nada tem a ver com a tutela do direito que tem este filho social de conhecer a sua origem genética e de conhecer e investigar a sua personalidade, sua origem pessoal e genética, inclusive para eventual preservação de sua vida.[21]

O filho que já tem constituído o seu estado de filiação pelo registro socioafetivo da *adoção à brasileira*, tem o direito de querer investigar e identificar inteiramente a sua origem genética, o que de maneira alguma representa interferir no seu estado de filiação, pois tem apenas como foco o direito de personalidade de que todo o homem é titular.[22]

Estas questões vêm sendo amplamente debatidas pela jurisprudência brasileira, como disso é frisante exemplo a ementa proveniente dos Embargos Infringentes nº 70010467256.[23]

---

[18] LÔBO, Paulo Luiz Netto. Ob. cit., p. 512.
[19] VILLELA, João Baptista. O modelo constitucional da filiação: verdade e superstições. *Revista Brasileira de Direito de Família*, Porto Alegre: Síntese, nº2, jul/set 1999, p. 138-139 *Apud* LÔBO, Paulo Luiz Netto. Ob. cit., p. 513.
[20] LÔBO, Paulo Luiz Netto. Ob. cit., p. 517.
[21] Idem, p. 524.
[22] Idem, p. 528.
[23] EMBARGOS INFRINGENTES. Apelação Cível. Ação de investigação de paternidade com pedido de petição de herança. Decadência. Pai registral. Ação de reconhecimento de paternidade movida por pessoa com pai registral. Ultrapassado o prazo legal imperioso reconhecer a decadência. EMBARGOS

No corpo deste aresto, a desembargadora Maria Berenice Dias sustenta "que não se pode obstaculizar o uso da via judicial à identificação da verdade biológica pelo simples fato de algum dia alguém ter feito o registro de uma criança como sendo seu filho. Flagrada e identificada a verdade biológica, se insere no bojo desta demanda, dilatando o objeto litigioso da ação a averiguação se a essa verdade biológica se sobrepõe outra, que é reconhecida de forma pacificada pela jurisprudência, que é a filiação socioafetiva". "Então, evidenciada a verdade biológica, há que declarar a filiação. Reconhecida a verdade socioafetiva, que tem um valor mais relevante, simplesmente não se altera o registro do investigante, e não terá ele, via de conseqüência, direitos hereditários com relação ao seu pai biológico, porque tem ele um pai afetivo." (...) "O que não se pode é vedar o acesso à Justiça".

Já o desembargador Luiz Felipe Brasil Santos assevera, neste mesmo aresto, que todo o ser humano tem direito a um estado jurídico de filiação, mas quem já tem no seu assento de nascimento um pai e uma mãe, desfruta do estado de filiação.

Ressai das afirmações até agora expendidas existir uma clara linha divisória entre o direito de personalidade de que cada homem é titular e o seu estado de filiação, que não pode ser afetado quando já existe precedente atribuição de paternidade ou maternidade, seja ela biológica ou socioafetiva.

A verdade genética é apenas um dos elos que prendem todo o complexo estado de filiação, e conforme a Carta Política de 1988, entre outros valores, ser filho também abrange o direito a este estado de filiação, o direito à vida, à saúde e, em especial, à alimentação.

E desses precedentes apontamentos sobressai aquela que foi a grande reviravolta histórica da filiação no Direito brasileiro, que outrora protegia os filhos do matrimônio blindado pela proibição de reconhecimento da filiação adulterina, salvo para a finalidade meramente alimentar. Por esta reviravolta constitucional, que agora brinda a personalidade da pessoa, o vínculo socioafetivo merece a integral proteção como representação legítima de um outro gênero de filiação, sendo vedada a sua desconstituição judicial, embora permita a jurisprudência a pesquisa da origem biológica para tutelar a saúde e os direitos de personalidade do investigante, sem que a descoberta do liame genético autorize mudar e se contrapor ao estado de filiação já constituído pelo registro do descendente como filho do coração.

INFRINGENTES ACOLHIDOS, POR MAIORIA. (SEGREDO DE JUSTIÇA) (Embargos Infringentes nº 70010467256, Quarto Grupo de Câmaras Cíveis, Tribunal de Justiça do RS, Relator: Alfredo Guilherme Englert, julgado em 08/04/2005).

9.6. Tutela da personalidade

Por direito de personalidade são compreendidos os direitos personalíssimos e essenciais ao desenvolvimento da pessoa humana, destinados a resguardarem a dignidade da pessoa humana e, por conta disto, desprovidos da faculdade de disposição. Através da personalidade, o homem adquire e defende seus direitos. Como informa Elimar Szaniawski,[24] a personalidade humana não comporta graus em sua manifestação de vontade, devendo, em princípio, todos eles suportar o mesmo peso e a mesma importância. Contudo, o *direito à vida* assume o atributo de maior importância na construção da personalidade humana, uma vez que sem vida não haverá personalidade.

E a Constituição brasileira traz os princípios fundamentais de primeira envergadura, no inciso III, do seu art. 1°, e que respeita ao *princípio da dignidade*, e como substrato primeiro da dignidade, com efeito que está o direito à vida, pela via do alimento, tão essencial à existência da pessoa.

9.7. Alimentos indenizatórios

Já foi de amplo consenso que os alimentos carregavam, em sua gênese, uma nítida função de cunho eminentemente indenizatório, muito mais acentuado no caso da separação judicial do casal, servindo a pensão alimentícia para manter a estratificação social da esposa de uma época em que a sua atividade era inteiramente dedicada aos afazeres do lar e via drasticamente frustrados os seus planos e projetos de vida conjugal e familiar, com o advento da sua separação judicial, ficando fadada a viver em relação familiar monoparental, a não ser que constituísse uma nova unidade afetiva, quando também sofria a exoneração do seu direito alimentar.

Anota Helenira Bachi Coelho[25] que os alimentos ultrapassam a responsabilidade moral e ingressam na esfera da responsabilidade jurídica, dependendo da causa que lhes deu origem, os alimentos podem advir apenas do vínculo de parentesco, da formação de uma entidade familiar, do Direito das Obrigações, neste caso, por declaração de vontade espontânea de alimentar terceiro, ainda durante a vida do obrigado alimentar, ou depois da sua morte, através de legado de alimentos e, por fim, também existem alimentos oriundos do ato ilícito e que integram o âmbito da responsabilidade civil.

Sabido que os laços biológicos não são a única fonte da dívida alimentar, e que no seu encalço seguem os alimentos decorrentes da responsabili-

---

[24] SZANIAWSKI, Elimar. *Direitos de personalidade e sua tutela*, 2ª ed. São Paulo: RT, 2005, p. 146.
[25] COELHO, Helenira Bachi. Da reparação civil dos alimentos. Da possibilidade de ressarcimento frente à paternidade biológica. *In Ações de Direito de Família*, Coord. MADALENO, Rolf. Porto Alegre: Livraria do Advogado, 2006, p. 27.

dade civil, asseverando mais uma vez Helenira Bachi Coelho que: "os deveres de um pai em relação ao filho não nascem do reconhecimento civil ou judicial da paternidade, pelo contrário, antecedem a isso, decorrem da condição natural do homem enquanto agente na concepção daquele ser" e complementa dizendo que quem (....) "deu origem ao filho biologicamente, mesmo que não saiba de sua existência ou de seu nascimento, possui deveres decorrentes de sua participação na concepção, e não suplantado pela assunção destes por terceiros".[26]

Os alimentos são estabelecidos em favor do credor que deles precisa para assegurar a sua sagrada e fundamental subsistência, diante da evidência de que não tem como arcar com a sua sobrevivência pessoal, seja por incapacidade absoluta, firmando-se como totalmente dependente de seu provedor, ou porque necessita de uma alimentação complementar, já que os seus ingressos não comportam patrocinar toda a extensão de sua necessidade alimentar e do seu *status* social.

Neste contexto, exonerar o genitor biológico do auxílio alimentar de seu filho genético, apenas porque está vinculado a uma parentalidade socioafetiva, seria permitir o duplo empobrecimento moral e material do descendente genético, que deve usufruir de uma melhor condição socioeconômica tal qual desfruta o seu procriador. Cumpre como pode o pai socioafetivo que assume o sustento do seu filho social, nos limites de suas condições financeiras, ao arcar com aquilo que dispõe, para a formação, alimentação e educação do rebento que assumiu por amor.

9.8. A paternidade alimentar

Para bem entender esta proposição, convém abeberar na lição de João Baptista Villela,[27] para quem não existe uma paternidade socioafetiva que se contrapõe a uma paternidade biológica e por seu turno, existe uma paternidade alimentar socioafetiva em conexão com a paternidade alimentar biológica. Entende Villela, que existe uma única paternidade e que é socioafetiva, pois pertence à ordem natural e não pode ser determinada pela procriação.

A paternidade está cada vez mais longe de ser sustentada exclusivamente na sua derivação genética, antes, firma-se na segurança das relações afetivas e bem assim, difere o crédito de alimentos pela responsabilidade social e pela responsabilidade de pai, pois não há como forçar a ser pai quem não quer assumir uma paternidade que rejeita e que o faz sentir-se clara e

---

[26] COELHO, Helenira Bachi. Ob. cit., p. 31.
[27] VILLELA, João Baptista. Procriação, paternidade & alimentos, *In Alimentos no Código Civil, aspectos civil, constitucional, processual e penal*, Coord. CAHALI, Francisco José e PEREIRA, Rodrigo da Cunha, São Paulo: Saraiva, 2005, p. 132.

profundamente desconfortável. Na lição de João Baptista Villela,[28] não há como impor uma paternidade ou maternidade coativa, cujos vínculos só funcionam por livre decisão pessoal.

Este genitor do ocaso e da falta de afeto pode não ser compelido a conviver e gostar de seu filho que abandona pelo total descaso por sua frieza e porque desumana rejeição, mas, em contrapartida, não pode ser igualmente compensado com a dispensa da sua responsabilidade pelo vínculo de sua procriação, apenas porque outro assume, por afeto, a sua primitiva função parental.

O filho que ajudou a gerar, com efeito que não causa danos, mas induvidosamente opera custos, como faz ver com invulgar clareza João Baptista Villela,[29] e custos permitem buscar o seu reembolso ou a sua responsabilidade direta, pois não ofende ao Direito compelir o genitor biológico a assegurar a exata paridade dos alimentos que seu ascendente socioafetivo não tem condições de proporcionar.

Por sinal, em conformidade com o art. 1.694 do Código Civil, podem os parentes pedir alimentos de que necessitem para viver de modo compatível com a sua condição social, inclusive para atender às necessidades de sua educação.

Quer o dispositivo que seja levado em linha de consideração a condição social do responsável alimentar, pois não pode ser dissociado que os alimentos são apreciados em função da fortuna, da situação social, da padronagem e dos ingressos financeiros do devedor dos alimentos, já que a pensão deve ser compatível com a estratificação social do obrigado.

Daí ser de todo defensável a possibilidade de serem reivindicados alimentos do progenitor biológico, diante da impossibilidade econômico-financeira, ou seja, diante da menor capacidade alimentar do genitor socioafetivo, que não está em condições de cumprir satisfatoriamente com a real necessidade alimentar do filho que acolheu por afeição, em que o pai socioafetivo tem amor, mas não tem dinheiro.

Colha-se, por exemplo, um rico fazendeiro que rejeita seu filho biológico e renega a mulher com a qual manteve o envolvimento sexual que resultou no nascimento desta criança, que foi adotada à brasileira pelo afeto de um peão desta fazenda, e que, na seqüência, constitui estável união com a genitora deste menor. Se este pai socioafetivo não tem condições de, sozinho, arcar com a manutenção do alimentando, deve o filho biológico poder buscar o complemento dos seus alimentos, que devem guardar paridade com a privilegiada capacidade econômica do genético genitor, que lhe deve a dignidade humana e cujo atributo mais importante é o direito à vida.

---

[28] VILLELA, João Baptista. Ob. cit., p. 139.
[29] Idem, ob. cit., p. 141.

Tem o filho procriado, por direito à vida digna e em consonância com a natureza indenizatória dos alimentos, o direito de reivindicar o crédito alimentar necessário e suficiente para cobrir os reais custos de sua manutenção, em valores proporcionais à estratificação social de seu procriador e que não podem ser atendidos pela menor condição financeira de seu pai socioafetivo, que o compensa com muito amor.

Vive-se, em verdade, a inversão dos valores constatados longo tempo atrás, quando em nome da segurança familiar o filho adulterino só podia investigar a sua origem genética para explícita e restrita finalidade alimentar, garantindo a lei e o legislador o segredo da filiação com expressa proibição de a verdade biológica constar do registro civil do filho, de fato, que era apenas credor dos alimentos.

Em tempos de verdade afetiva e de supremacia dos interesses da prole, que não pode ser discriminada e que tampouco admite romper o registro civil da sua filiação social já consolidada, não transparece nada contraditório estabelecer nos dias de hoje a *paternidade meramente alimentar*. Nela, o pai biológico pode ser convocado a prestar sustento integral a seu filho de sangue, sem que a obrigação material importe em qualquer possibilidade de retorno à sua família natural, mas que apenas garanta o provincial efeito material de assegurar ao filho rejeitado a vida digna, como nas gerações passadas, em que ele só podia pedir alimentos do seu pai que era casado e o rejeitara.

A grande diferença e o maior avanço é que hoje ele tem um pai de afeto, de quem é filho do coração, mas nem por isto libera seu procriador da responsabilidade de lhe dar o adequado sustento no lugar do amor. É a dignidade em suas duas versões.

— 10 —

Renúncia a alimentos

10.1. A proibição de não querer

A maioridade civil habilita a pessoa à prática de todos os atos da vida civil, assegurando ao indivíduo a plena capacidade de gozar e de adquirir direitos, e em contraponto, o dever de assumir e de submeter-se a todas as obrigações. Seguindo linhas próprias de conduta, nada está proibido, e a Carta Política brasileira veda qualquer ordem de restrição de direitos em razão da estratificação social, do credo religioso, da cor, da nacionalidade e da condição econômica da pessoa.

Existem, contudo, direitos considerados disponíveis e outros indisponíveis, podendo o seu titular aproveitá-los ou renunciá-los de acordo com a sua exclusiva manifestação de vontade. Alguns direitos são vistos como de interesse público e mesmo que interessem, em princípio, ao exercício da pessoa que figura como seu titular, é a norma jurídica que antecipadamente rejeita a sua renúncia ou a sua recusa em aproveitá-los.

A lei não admite a renúncia ao exercício de direitos tão caros como o são os valores ligados à vida, à saúde, à liberdade e à dignidade das pessoas. Nesta esfera de atuação, a liberdade de decisão do indivíduo sofre restrições, e o Estado limita a faculdade de disposição destes direitos que dizem com a dignificação do indivíduo, pois representam princípios basilares e fundamentais da sua existência.

Proíbe a lei o "não querer" desfrutar de certos direitos havidos como essenciais à dignificação social da pessoa, que se apresentam como fundamentais à vida, e vida digna.

10.2. Alimentos como direito essencial

Os alimentos são prestações para a satisfação das necessidades vitais de quem não pode provê-las por si,[1] pois carregam em seu bojo o impres-

---
[1] DINIZ, Maria Helena. *Curso de Direito Civil brasileiro, Direito de Família*, 5º v., 17ª ed. São Paulo: Saraiva, 2002, p. 458.

cindível sustento à vida da pessoa que precisa atender aos gastos para com a sua alimentação, vestuário, habitação, tratamento médico, diversão, com recursos para a sua instrução e educação, se for menor de idade.

Funda-se o dever de prestar alimentos na solidariedade humana reinante nas relações familiares, e que têm como inspiração fundamental a preservação da dignidade da pessoa humana, de modo a garantir a subsistência de quem não consegue sobreviver por seus próprios meios, em virtude de doença, falta de trabalho, idade avançada ou qualquer incapacidade que a impeça de produzir os meios materiais necessários à diária sobrevida.

Logo, as regras que governam o direito alimentar são de ordem eminentemente pública, inerentes à personalidade da pessoa e relacionadas com a integridade física e psíquica do alimentando. Dizem com o estado familiar das pessoas, tanto que o juiz está autorizado a deixar de homologar um acordo separatório ou alimentar que não preserve adequadamente a subsistência do alimentado, tal qual não está atrelado a valores que se mostrem aviltantes em uma demanda de oferta alimentar. Sabido que a lei confere ao juiz poderes para estabelecer obrigações compatíveis com a dignidade humana capazes de fazer cumprir na íntegra a real função do encargo alimentar.

Em sede de alimentos, prevalece o conveniente arbítrio do juiz na depuração processual dos valores que irão gerenciar a vida do alimentado, sendo de considerar como de nenhum efeito legal qualquer inclinação de contratar alimentos fora da chancela judicial. O caráter público da obrigação alimentar impede que o Judiciário seja afastado do processo de amarração de qualquer início, continuação, revisão ou exoneração de alguma obrigação alimentar, atuando o juiz como o fiel da balança deste sagrado direito alimentar.

10.3. Renúncia alimentar

O direito à prestação alimentícia é marcado por diversas características imanentes ao instituto jurídico dos alimentos, dentre os quais cria especial relevo o fato de o direito aos alimentos ser insuscetível de renúncia ou cessão, restando proibida qualquer forma de disposição do crédito alimentar. Memorável lição de San Tiago Dantas dá a exata dimensão da irrenunciabilidade e indisponibilidade do direito alimentar, citando que, a exemplo de ser proibido renunciar à vida, também não se pode renunciar ao direito aos alimentos, embora seja possível recusar alguma periódica prestação, ficando sempre ressalvado o restabelecimento do exercício deste crédito alimentício.[2]

---

[2] DANTAS, San Tiago. *Direito de Família e Sucessões*, 2ª ed. Rio de Janeiro: Forense, 1991, p. 332.

Assim sempre foi vista e considerada a irrenunciabilidade do direito alimentar, não obstante a faculdade da abstenção ocasional do exercício deste direito, deixando o credor de pedir alimentos à luz do art. 23 da Lei nº 5.478/68 (Lei dos Alimentos), cujas prestações prescreviam em cinco anos, como também referia o revogado art. 178, § 10, I, do Código Civil de 1916. A prescrição alcançava as prestações mensais e não o direito a alimentos, que, irrenunciável, podia apenas ser provisoriamente dispensado.

Não foi outro o sentido consagrado nesta mesma esteira pela Súmula 379 do Supremo Tribunal Federal ao enunciar que: "No acordo de desquite, não se admite renúncia dos alimentos, que poderão ser pleiteados ulteriormente, verificados os pressupostos legais".

A jurisprudência do STF entendia a cláusula de renúncia como de mera dispensa temporária dos alimentos, que poderiam a qualquer tempo ser pedidos novamente, uma vez, demonstradas a necessidade do alimentando e a possibilidade do alimentante.

Certamente a desistência circunstancial dos alimentos que impedia, pudesse o cônjuge separando renunciar definitivamente de seu crédito alimentício, importou, durante muitos anos, num involuntário fomento às demandas separatórias causais, buscando os cônjuges alimentantes a desesperada pesquisa da culpa de seu consorte alimentário, pois só o decreto judicial declarando o alimentando responsável pela separação judicial era capaz de sepultar em definitivo o perturbador direito alimentar.

10.4. A validade histórica da renúncia alimentar

Como bem acentua José Olympio de Castro Filho,[3] a Súmula 379 do STF não prevaleceu na jurisprudência do STJ, em cuja Corte se mostrava válida e eficaz a cláusula de renúncia a alimentos em separação judicial, não podendo o cônjuge renunciante voltar a pleitear seu pensionamento.[4]

O STJ admite a dispensabilidade dos alimentos oriundos da relação matrimonial, julgamento próprio de um sentimento cada vez mais crescente de equiparação dos gêneros sexuais, restringindo o impulso por disputas judiciais oriundas de rancores conjugais. Não derivando os alimentos do vínculo consangüíneo, mas sim da mútua assistência, a tendência doutrinária e jurisprudencial foi a de permitir a renúncia do direito alimentar, validando definitivamente a cláusula separatória de exoneração dos alimentos entre cônjuges.

A tese então em voga desenvolvia o argumento da inexistência de parentesco entre os cônjuges, viabilizando a sua pacífica renunciabilidade

---

[3] CASTRO FILHO, José Olympio de. *Comentários ao CPC*, atualizado por COSTA, José Rubens, vol. X, 5ª ed. Rio de Janeiro: Forense, 2004, p. 147.
[4] RT 731: 279.

judicial, pois os alimentos irrenunciáveis do Código Civil de 1916 eram aqueles destinados ao âmbito das relações de parentesco, enquanto a lei divorcista cuidava dos alimentos derivados do casamento.

Como acentua Arnaldo Rizzardo,[5] uma vez extinta a sociedade conjugal e dela não remanescendo alimentos, tornava-se perfeitamente renunciável o direito a alimentos, não podendo o ex-cônjuge postulá-los depois da homologação do acordo de sua separação, salvo provando haver sua renúncia se assentado em erro de sua parte ou em dolo do seu marido.

E facilitava sobremaneira o processo consensual de separação a admissão judicial da renúncia definitiva dos alimentos, e ainda que expressa em termos de mera desistência, tal manifestação era tida como desistência definitiva do direito alimentar, pouco interessando se empregado o termo renúncia ou desistência. O não-exercício dos alimentos pelo cônjuge que desistia ou renunciava aos alimentos com a sua separação importava em abdicá-los também para o futuro, mesmo se perdesse o seu emprego, se dilapidasse os seus bens, ou abandonasse a sua atividade remunerada.

10.4.1. Renúncia expressa

Sob o enfoque da legislação revogada, tinha total valor a renúncia alimentar pronunciada pelos cônjuges em sua separação judicial, contrariando a própria orientação da Súmula 379 do STF. O cônjuge separando declarava, com a sua renúncia alimentar, a sua capacidade de prover a própria subsistência.

Segundo doutrina e jurisprudência, em tempo pretérito à nova codificação civil, afigurava-se totalmente legítima a renúncia meramente abdicativa do direito alimentar, pois manter, ainda que em parte, o crédito alimentício, representaria manter o vínculo e deste, o direito de revisar a quantificação da pensão para majorar ou reduzir o seu valor. Portanto, mantido o elo dos alimentos, o cônjuge a nada renunciava, não interessando ao alimentante viver nesta insegurança, sempre sujeito a enfrentar futura demanda alimentar.

Como explica José Ignácio Velasco,[6] o repúdio de um direito ou de um patrimônio produz-se por atos concludentes, observados pela emanação de vontade, e não pela declaração desta vontade, citando, como exemplo, o abandono físico de um bem móvel e adiciona que a renúncia de um crédito sempre requer uma declaração da vontade de renunciar, porque o abandono

---
[5] RIZZARDO, Arnaldo. *Direito de Família*, 2ª ed. Rio de Janeiro: Forense, 2004, p. 779.
[6] VELASCO, J. I. Martinez de. *La renuncia a los derechos*, Barcelona: Bosch, Casa Editorial, 1986, p. 37.

de um crédito pela inação de sua cobrança nunca equivale à renúncia, bastando conferir nesta direção o art. 111 do Código Civil.[7]

Assim sucedeu diante de separações consensuais que simplesmente omitiam qualquer referência ao exercício do direito alimentar entre os cônjuges, interpretando os tribunais existir nestes casos uma tácita renúncia aos alimentos do matrimônio.

Adquiriu relevo diante da igualdade constitucional do homem e da mulher o costume processual de os separandos explicitarem apenas a renúncia ou a desistência dos alimentos do cônjuge-mulher, olvidando-se da renúncia ou desistência do direito alimentar do varão, não percebendo a não-valia do tácito repúdio alimentar do separando. Deste modo, ficava o ex-esposo habilitado ao pleito alimentar que não havia renunciado expressamente, prevalecendo, pelo descuido processual, apenas a vitalícia desistência dos alimentos do cônjuge-mulher.

Contudo, é de ser considerado que a renúncia jamais poderia ser extraída do mero silêncio dos cônjuges em sua separação judicial, sendo necessário constar cláusula expressa que não comportasse qualquer dúvida quanto à intenção de lançarem mão dos alimentos. É de observar que o direito aos alimentos não se confunde com o crédito alimentar, tanto que o primeiro é imprescritível, e este último agora prescreve em dois anos.

10.5. A disponibilidade alimentar não atual Código Civil

Tem razão José Olympio de Castro Filho,[8] pelas notas do seu atualizador José Rubens Costa, quando observa que o Código Civil de 2002 reacende a polêmica sobre a eficácia irrestrita da renúncia a alimentos. Prevaleceu o argumento da distinção dos alimentos conjugais, daqueles oriundos dos vínculos de parentesco, justamente porque o art. 396[9] do Código Civil de 1916, proibia a renúncia dos alimentos derivados de parentesco, não sendo aplicadas tais regras aos cônjuges que não são parentes, advindo seu direito alimentar da mútua assistência imposta ao marido e pelo dever escrito no revogado art. 233, inciso IV, do CC, de o marido prover a manutenção da sua família.

Ainda pelo Código Civil de 1916, no capítulo dos alimentos exigidos apenas entre os parentes (art. 396), prescrevia o art. 404[10] a indispensabilidade do direito alimentar.

---

[7] Art. 111. O silêncio importa anuência, quando das circunstâncias ou os usos o autorizam e não for necessária a declaração de vontade expressa.

[8] CASTRO FILHO, José Olympio de. Ob. cit., p. 148.

[9] Art. 396 do CC/16 – De acordo com o prescrito neste Capítulo, podem os parentes exigir uns dos outros os alimentos de que necessitem para subsistir.

[10] Art. 404 do CC/16 – Pode-se deixar de exercer, mas não se pode renunciar o direito a alimentos.

Esta bifurcação dos deveres já não mais existe no vigente Código Civil, prescrevendo o art. 1.694 que os alimentos necessários para a subsistência compatível com a condição social podem ser pedidos tanto por parentes, como por cônjuges e companheiros. A inclusão dos cônjuges e companheiros no mesmo título alimentar dos parentes não destruiu a tese do divisor de águas da codificação revogada, tanto que, de modo expresso, o art. 1.707[11] retoma a ordem jurídica de irrenunciabilidade dos alimentos, quer nasçam das relações parentais, do casamento ou da união estável.

Valdemar da Luz[12] acolheu positivamente a disposição legal que revigorou a controvertida questão da possibilidade de renúncia a alimentos pelo cônjuge e também pelos companheiros, pois nenhum deles poderá renunciar em definitivo ao direito alimentar, podendo apenas deixar de exercer temporariamente este direito que fica eternamente assegurado. Como o art. 1.707 fala que os credores têm a faculdade de não exercerem o seu crédito alimentar, sendo-lhes contudo vedada a renúncia, não há como desconsiderar o art. 1.694 do CC vigente, relacionando, num só artigo, parentes, cônjuges e conviventes, como credores de alimentos.

E a irrenunciabilidade dos alimentos vem confirmada pelo art. 1.794[13] do CC, quando assegura a pensão ao cônjuge já judicialmente separado, que passa a necessitar de alimentos. Por conta desta nova disposição de direito material, o cônjuge ou companheiro até pode não precisar de alimentos no momento da sua separação judicial ou por ocasião da dissolução de sua união estável, sendo irrelevante a inclusão de cláusula de renúncia ou de desistência dos alimentos no texto da separação, porque será nula qualquer convenção que tenha por escopo extinguir o direito alimentar. É como mostram de modo enfático os arts. 1.704 e 1.707 do vigente Código Civil, ressuscitando a velha polêmica da irrenunciabilidade dos alimentos entre cônjuges e unidos estavelmente, permitindo expirar uma longa e dispensável rediscussão da relatividade dos alimentos, que tradicionalmente vinham sendo dispensados na mera obrigação alimentar.

10.6. A renúncia dos alimentos no Projeto de Lei nº 6.960/02

Nem bem havia estreado o novo Código Civil e na sua esteira já despontava, em sólido bloco, o Projeto de Lei nº 6.960, de 2002, projetando várias alterações à atual codificação.

---

[11] Art. 1.707 do CC/02 – Pode o credor não exercer, porém lhe é vedado renunciar o direito a alimentos, sendo o respectivo crédito insuscetível de cessão, compensação ou penhora.
[12] LUZ, Valdemar P. da. *Comentários ao Código Civil, Direito de Família*, vol. V, Florianópolis: OAB/SC Editora, 2004, p. 258.
[13] Art. 1.794 do CC/02 – Se um dos cônjuges separados judicialmente vier a necessitar de alimentos, será o outro obrigado a prestá-los mediante pensão a ser fixada pelo juiz, caso não tenha sido declarado culpado na ação de separação judicial.

Dentre tantas mudanças sugeridas para um Código que passou quase três décadas em estado excessivo de maturação, há a proposta de nova redação para aperfeiçoamento do art. 1.707, pretendendo proibir a renúncia alimentar apenas para as relações de parentesco, retomando o caminho já trilhado pela jurisprudência de aceitar o repúdio do direito a alimentos no casamento.

Em sua obra sobre as propostas de aperfeiçoamento do atual Código Civil, Ricardo Fiuza[14] justifica o novo texto do art. 1.707, dizendo que: "a renúncia aos alimentos feita por cônjuges ou por companheiro é legítima. Os alimentos somente são irrenuciáveis se decorrentes de parentesco", e conclui linhas à frente: "Do jeito que está redigido o art. 1.707, estaremos retornando ao sistema da irrenunciabilidade, o que é um retrocesso que precisa ser corrigido, razão pela qual é formulada a presente proposta." Rodrigo da Cunha Pereira,[15] em comentário ao art. 1.707, na doutrina, anota ser impraticável a proibição de renúncia aos alimentos entre cônjuges ou companheiros.

10.7. A irrenunciabilidade alimentar

Realmente, não faz qualquer sentido que o novo Código Civil ande na contramão da história, afrontando toda uma sólida jurisprudência construída com coerência e bom-senso ao deixar de distinguir a obrigação alimentar derivada do casamento ou da união estável, do dever alimentar relacionado ao parentesco, e muito em especial quando estes alimentos são originados do poder familiar.

Disse, com sua costumeira autoridade, Zeno Veloso[16] que: "Não há sentido ou razão para que um cônjuge, pessoa capaz, colocada em plano de igualdade com o outro cônjuge, no acordo de separação amigável, que tem, ainda, de ser homologado pelo juiz, não possa abrir mão de alimentos, fique impedido de rejeitar esse favor, tolhido de renunciar a tal benefício, se possui bens ou rendas suficientes para sua sobrevivência, manutenção, e manter padrão de vida digno, ficando o outro cônjuge a mercê de uma reclamação futura de alimentos, apresentada pelo que, livremente, renunciou à pensão alimentícia, perpetuando-se, numa sociedade conjugal extinta e dissolvida, o dever de mútua assistência que relacionava os consortes durante a convivência matrimonial".

Causa estranheza este retrocesso do legislador ao dar novo sopro de vida ao tema da consagrada renúncia ao direito alimentar dos cônjuges.

---

[14] FIUZA, Ricardo. *O novo Código Civil e as propostas de aperfeiçoamento*, São Paulo: Saraiva, 2004, p. 275-276.
[15] PEREIRA, Rodrigo da Cunha. *Código Civil anotado*, Porto Alegre: Síntese, 2004, p. 1181.
[16] VELOSO, Zeno. *Código Civil comentado*, São Paulo: Atlas, 2004, p. 60.

Enquanto pautada a antiga ordem de irrenunciabilidade de qualquer direito alimentar, escorada na mecânica leitura do revogado art. 404 do Código Civil, e da Súmula 379 do STF, pungente era o receio dos casais pela separação consensual, que tornava impossível e de nenhum efeito clausurar sobre a renúncia dos alimentos, pois doutrina e jurisprudência garantiam a qualquer tempo a cobrança do direito alimentar. Posteriormente, criou consistência a distinção dos alimentos originados dos vínculos de parentesco daqueles emanados do casamento, passando a jurisprudência e a doutrina a admitir a renúncia dos alimentos no matrimônio. Com efeito, as dissensões conjugais ganharam novo alento, pois os separandos passaram a eleger a separação consensual como uma via segura para sepultar a irreversível renúncia alimentar, não mais precisando lançar mão da separação judicial litigiosa como a única maneira de evitar que o cônjuge culpado pela separação retomasse a discussão alimentar.

Assim acontecia, porque sendo os alimentos irrenunciáveis, de nada adiantaria a promoção da separação consensual consignado a sua circunstancial desistência, pois em estágio mais acanhado do direito, a renúncia a alimentos era inaceitável. Desse modo, somente uma separação litigiosa exonerava o cônjuge inocente da obrigação alimentar, desde que ele provasse a culpa exclusiva do parceiro pela separação. Contudo, não era necessário muito esforço para medir os nefastos efeitos de uma separação litigiosa tão-só movimentada no alcance da certeza da exoneração final do encargo alimentar. Dissidências inúteis, pois os casais separandos até teriam disposição para uma separação consensual se valesse a expressa renúncia dos alimentos. Com uma incidência estatística quase que absoluta dos alimentos destinados ao cônjuge-mulher, era fácil antever a sua fragilidade na disputa judicial. E de nada adiantariam acordos separatórios clausurando a independência financeira da esposa e com sua expressa desistência ao direito alimentar, por exercer trabalho ou por possuir bens, entregando a sua meação, porque sabia o cônjuge-varão que a renúncia alimentar pertencia ao mundo da ficção, e que a desistência da separanda não impedia futura investida processual para pleitear alimentos.

Para obviar este tolo obstáculo de uma saudável separação amistosa, os tribunais e a doutrina construíram a renúncia traslativa dos alimentos do casamento, pela ausência do vínculo de parentesco. Basta consignar cláusula expressa de renúncia no corpo da separação consensual, cujo processo é devidamente fiscalizado pelo juiz, autorizado no alto de seu poder, a recusar a homologação de qualquer acordo que não preserve suficientemente os interesses dos cônjuges.

A toda evidência deve ressurgir fortalecida a separação amistosa como meio eficiente à manifestação judicial da renúncia alimentar, sepultando a odiosa pesquisa da culpa em tenso dissídio conjugal, para sustentar a exoneração da pensão alimentícia.

Até poderia ser questionada, em outra geração, a cautela do legislador em também considerar os alimentos conjugais irrenunciáveis, mas isto quando a mulher exerce outro papel na realidade social brasileira, estando à frente apenas de atividades no âmbito doméstico, cuidando dos filhos, da casa, atuando como mera colaboradora do esposo. Pouco provável que esta mulher do passado tivesse rendas próprias, e pouco crível pudesse deixar de ser subjugada pela dependência econômica e financeira do marido, para realmente abdicar de seu direito alimentar e tentar viver de sua meação ou de um futuro trabalho, a ser buscado com uma formação profissional que também não possuía.

Cauteloso para aqueles tempos em que a legislação preservava o direito alimentar vitalício da esposa, com sua compreensível irrenunciabilidade, atento às circunstâncias de momentânea e coativa renúncia alimentar, surgidas dos temores causados por um turbilhão de ameaças, todas elas esboçadas por conta de uma enraivecida separação judicial, prenhe de ressentimentos e agravada pela disputa da guarda paterna dos filhos, de escândalos morais e de ameaças com privações materiais.

Não foram poucos os atos de renúncia alimentar de uma esposa que preferiu passar por extremas dificuldades de subsistência pessoal, sacrificando até o adequado sustento de seus filhos, cuja guarda preservou pelo preço de uma aparente separação amigável, assinada em troca de sua liberdade conjugal e da posse jurídica dos filhos, por cuja companhia lançou mão de seus bens e da sua subsistência pessoal.

Mas esta era a mulher cultuada para servir como dona do lar, num país sem divórcio, que foi educada para suportar com estoicismo todas as agruras da sua vida conjugal, ensinada a ser esmerada nos ofícios gastronômicos e nas desvalorizadas tarefas caseiras. Fácil, portanto, entender porque as mulheres deveriam renunciar às riquezas materiais de sua meação e de seus alimentos, numa época em que o dinheiro era totalmente associado às atividades masculinas, e as mulheres não recebiam qualquer instrução capaz de colocá-las em igualdade de produção financeira.

10.8. O indevido retrocesso

O Direito, por vezes, anda claramente na contramão da evolução dos tempos e, um dentre tantos exemplos pode ser encontrado na nova configuração do instituto alimentar brasileiro, que põe, acima da inocência dos cônjuges, fatores muito mais importantes e que mudaram o direito brasileiro, tal como a pesquisa da culpa conjugal também adquiriu nova influência no crédito alimentar. E, de fato, o art. 1.707 do novo Código Civil representa um absoluto retrocesso na evolução dos acontecimentos sociais surgidos ao longo dos últimos anos.

O legislador falhou ao não distinguir os alimentos oriundos dos vínculos de parentesco daqueles emanados das relações afetivas do casamento e da união estável. Aliás, pecou em não ampliar as possibilidades de renúncia, ou pelo menos ao deixar de admitir uma certa dose de saudável compensabilidade dos alimentos, o que tornou a proibir no seu art. 1.707.

Os alimentos deveriam sempre ser diferenciados entre dever e obrigação, dependendo os primeiros dos liames do poder familiar, e os últimos relacionados aos demais vínculos parentais entre pessoas maiores e capazes e entre cônjuges ou conviventes.[17]

Estabelecida esta distinção, sempre seriam irrenunciáveis os alimentos devidos pelos pais aos filhos menores e incapazes, em razão do seu poder parental, embora o mesmo não devesse acontecer quando se tratasse de obrigação alimentar emanada dos demais vínculos parentais e afetivos descritos no art. 1.694 do Código Civil, existentes entre filhos maiores de dezoito anos e capazes, irmãos, cônjuges e conviventes, onde a mera obrigação alimentar seria passível de renúncia e até da adequada compensação.

10.8.1. A compensação como nova forma de acordo alimentar

Para Arnaldo Rizzardo,[18] "o problema dos alimentos prende-se a elementos fáticos, históricos e sociais", e isso deve ser apreendido pela legislação que se propõe a acompanhar as mudanças captadas no andar dos novos tempos sociais. A proibição da compensação alimentar que vem repetida no Código Civil de 2002 é um desses frisantes exemplos que reclamam um repensar do Direito diante da evolução dos costumes e da libertação econômica dos cônjuges e conviventes, que já se apartaram dos tradicionais papéis dedicados aos afazeres domésticos.

Mudanças podem e devem ser implementadas no âmbito da mera obrigação alimentar, que em realidade, a jurisprudência e a prática processual já vêm tornando possível quando permitem descontar do crédito alimentício despesas que são pagas diretamente pelo devedor dos alimentos, tais como custos com planos de saúde, estudos dos filhos, suas atividades extracurriculares, despesas de condomínio, luz, água e telefone, quase sempre já debitadas na conta corrente do obrigado alimentar.

---

[17] Vide, a propósito, o artigo *Obrigação, dever de assistência e alimentos transitórios*, inserto no livro Direito de Família em pauta, MADALENO, Rolf. Porto Alegre: Livraria do Advogado, 2004, p. 195-216.
[18] RIZZARDO, Arnaldo. Ob. cit., p. 781.

São microexemplos já detectados na prática judicial, mas deles calha encontrar projeções mais densas de compensação dos alimentos pelo pagamento de uma quantia única e determinada, destinada a atingir uma finalidade específica do necessitado alimentar, como, por exemplo, atender diretamente seus gastos com o seu tratamento de saúde, ou com vistas à compra de uma habitação, e até mesmo uma quantia calculada para vencer transitória perda de emprego. Factível adiantar e depositar este crédito pago em compensação de uma longa e periódica prestação pensional, liberando o alimentante de uma interminável obrigação alimentícia mensal.

Até quando quita os estudos de um filho universitário, que por fazer estágio já percebe o suficiente para o essencial de sua manutenção, permite compensar em uma única prestação a velha tradição da indesejada alimentação mensal.

Semelhante situação pode aparecer na hipótese de alimentos transitórios destinados a cônjuge e convivente temporariamente desempregado na ocasião da sua separação, podendo a obrigação alimentícia ser perfeitamente cingida a um valor certo como auxílio material que haverá de compensar uma pensão já por si transitória de um cônjuge habilitado a prover sua subsistência pessoal, deixando de onerar no outro extremo o ex-cônjuge com a rotina de uma incomoda e interminável vinculação alimentar, ficando sempre atento às mudanças de fortuna, e à intimidade de sua ex-parceira para descobrir se ela recasou ou se já vive em nova união capaz de isentá-lo desta vitalícia obrigação alimentar.

Até para relaxar espíritos mais formalistas, e guardadas as devidas proporções, não deixa também de ser uma forma de compensação alimentar a possibilidade acenada pelo art. 1.701 do Código Civil, quando permite que a pessoa obrigada a suprir alimentos dê ao alimentário hospedagem e sustento *in natura*, no lugar da prestação pecuniária.

10.8.2. A renúncia alimentar à luz do atual Código Civil

Pode, acontecer, de outra parte, que o cônjuge ou convivente em processo de separação não necessite de qualquer auxílio alimentar, porque exerce profissão autônoma, está empregado ou porque tem uma boa quantidade de bens sob sua administração, vivendo realidades condizentes com o seu completo estado de independência financeira e que lhe facultam renunciar pura e simplesmente ao crédito alimentar.

Realmente, não há o menor sentido em ressuscitar a proibição de renúncia a alimentos de um ex-cônjuge capaz, colocado em plano de igualdade com o seu parceiro conjugal, deixando o atual legislador de atribuir valor absoluto à sua manifestação processual, dispensando qualquer verba alimentar.

Antônio Carlos Mathias Coltro[19] percebeu com toda a clareza o espírito que também motiva a renúncia a direito alimentar, até indiferente à independência financeira do alimentário, pois nada impede a mera renúncia, indiferente ao preenchimento dos requisitos de haver ficado com bens ou dinheiro suficiente à própria manutenção, bastando razões de foro íntimo, inspiradas apenas no desalento das núpcias, das quais, quer se desligar inteiramente do ex-consorte, abdicando definitivamente da pensão alimentícia a que faria jus.

Até pode ser compreendida a preocupação do legislador ao reviver a irrenunciabilidade dos alimentos dispensados por ocasião da separação, podendo acontecer de o alimentário não estar precisando de pensão e por isto, a dispensa, lhe sendo facultado reclamá-la posteriormente se dela necessitar. Mas a grande verdade percebida pelos tribunais brasileiros e por significativa parcela da doutrina, é que decisões são tomadas por pessoas adultas capazes e que correm os riscos e assumem os custos materiais de suas opções. É muito cômodo garantir por lei e por vínculo de um casamento desfeito, às vezes de curta duração, um direito alimentar vitalício, como se fosse um seguro a ser acionado sempre que o ex-cônjuge ou ex-convivente esbarrasse em dificuldades financeiros, isentando-se dos riscos na condução de sua própria vida, e de sua inteira responsabilidade, desde que se apartou do parceiro com o qual compartia seu tempo, seus planos e seu espaço.

Não soa justo nem adequado garantir duradouro vínculo alimentar a ser acionado a qualquer tempo, mesmo depois do divórcio, pois, pela atual legislação, pouco importa que o ex-cônjuge não tenha exercido na separação o seu direito alimentar, pois pode postular alimentos sempre que ocorra alguma modificação na estratificação social do eterno credor. Caso não tenha sido feliz na condução da sua subsistência pessoal, pode acionar seu ex-parceiro por conta de uma expressa codificação que atribui caráter irrenunciável a alimentos entre cônjuges e conviventes, mesmo não sendo parentes, ficaram sobre o abrigo do latente direito alimentar.

Não há dúvida alguma de que a atual codificação precisa ser urgentemente revista pelo legislador, senão o fará certamente a jurisprudência, retomando a defesa da possibilidade de renúncia dos alimentos daqueles que não são parentes. Talvez até devesse estender os tentáculos do bom-senso e passar a aceitar que nos vínculos decorrentes da mera obrigação alimentícia, possam ser aceitas cláusulas que homologuem a compensação alimentar, livrando devedores da infindável pensão que se perde no infinito. Recebendo adiantado a sua prestação, os alimentantes se livram do calvário

---

[19] COLTRO, Antônio Carlos Mathias. *A separação judicial e a renúncia a alimentos*, Anais IV Congresso Brasileiro de Direito de Família, Coord. PEREIRA, Rodrigo da Cunha, IBDFAM, Del Rey: Belo Horizonte, 2004, p. 70.

da cobrança e os credores, da incerteza do adimplemento mensal, ao mesmo tempo em que podem ser negociadas melhores condições pelo pagamento antecipado, entregue em uma ou poucas prestações, para sepultar assim antigas dissensões familiares que nunca cicatrizam enquanto puder ser aberta qualquer ferida processual.

— 11 —

Execução de alimentos pela coerção pessoal

11.1. Alimentos e efetividade processual

No campo de ação do Direito de Família, mostram-se, sobremaneira, sensíveis as reivindicações judiciais por um processo com tramitação eficiente, capaz de responder com rapidez as angústias pessoais, causa freqüente de abalos e desgastes pelo inclemente influxo do tempo, especialmente quando se trata de buscar o alimento necessário à vida.

Portanto, quando a justiça é lenta e tarda a realizar o bem da vida postulado e não se mostra nada eficaz, ela presta um desserviço ao jurisdicionado que precisa do seu crédito alimentar para garantir sua própria sobrevivência. É direito fundamental de sua existência garantir a vida e vida digna, sem sofrer com morosa e ineficiente execução alimentar, que só retarda ou inviabiliza a realização do sagrado direito aos alimentos.

A exagerada demora de um processo, bem como as indevidas dilações provocadas no claro propósito de manejo do tempo do processo, e desafiando a fome e a paciência do credor dos alimentos com o uso excessivo e abusivo de inconsistentes defesas, são instrumentos que conspiram contra a democrática ordem jurídica e comprometem a confiança e o retorno que o jurisdicionado espera do Judiciário.

A execução de alimentos é, com efeito, uma mostra viva e pungente do que deve ser um razoável tempo de tramitação processual para a concessão final da prestação jurisdicional.

Na busca constante da efetividade, o legislador tem apresentado sucessivas reformas processuais, sendo delas um frisante exemplo a Lei nº 11.232/2005, identificada como a lei do *cumprimento de sentença*, que integra a execução de título judicial ao processo de conhecimento, com a tarefa de reduzir a tramitação processual, muito mais larga na execução da sentença. Prevê o novo texto legal sanção pecuniária pelo injustificado descumprimento da sentença, num esforço para contornar férteis manobras protelatórias, principalmente na fase de cognição, e já inaceitáveis quando trespassa para a execução.

No âmbito da execução de alimentos, nada foi alterado pela nova legislação, que segue atrelada ao triste prenúncio de não conseguir retirar o credor de alimentos do verdadeiro calvário pelo qual transita desafortunadamente todo credor de alimentos.

11.2. A efetividade da ordem jurídica

A execução de alimentos deveria proporcionar ao titular da demanda o resultado prático de seu título de crédito, título que pode ter origem judicial em uma sentença, de um acordo de alimentos ou contratual, quando os alimentos decorrem de contrato ou de legado, como previsto neste último caso pelo art.1.920 do Código Civil.

Maculado por vícios que dificultam e até impedem o normal desenrolar do processo de execução de alimentos, estes corriqueiros entraves aliados aos ressentimentos que remanescem nas relações familiares estimulam a inadimplência, e por seu turno, instigam o pensador jurídico a seguir na busca contínua de novas soluções capazes de conferir efetiva execução.

Mas não existirá efetividade na tutela jurídica alimentar se a preocupação processual na execução de alimentos continuar direcionada ao devedor de alimentos em detrimento do credor da pensão, pois como bem adverte Araken de Assis,[1] a crise pela qual passa o processo executivo tem sua gênese em diversas matizes de ordem sociológica e econômica, já não mais existindo máculas contra o devedor, que não precisa quitar sua dívida, mas ter só o cuidado de pagar em dia suas prestações para ter acesso a novo crédito. Outra realidade observada por Araken de Assis são os depósitos anônimos, promovidos em paraísos fiscais, que substituíram o lastro patrimonial, antes constituído por bens de raiz, nada sobrando para garantir as dívidas judiciais. Em prol do devedor e detrimento do credor e em nome da dignidade mínima, é protegida a moradia, com as exceções do débito de alimentos e do depositário infiel. A lei também proíbe qualquer movimento processual que busque restringir a liberdade de locomoção do devedor, criando a fértil jurisprudência toda sorte de salvaguardas para manter livre o devedor de alimentos.

Enfim, já não bastassem todas essas variações econômico-financeiras e sociais, que contribuem negativamente para a efetividade do processo executivo alimentar, a constrição pessoal foi ainda reduzida à cobrança das três últimas prestações anteriores ao ajuizamento da execução, como agora

---

[1] ASSIS, Araken de. Ob. cit., p. 18.

sumulado pelo Superior Tribunal de Justiça ao editar o Enunciado 309,[2] sujeitando as prestações posteriores aos três últimos meses que antecedem o ingresso do processo de execução ao rito da coerção patrimonial e só se não existirem bens passíveis de expropriação e alienação judicial.

11.3. Limites da execução alimentar por coação pessoal

O meio executório da coação pessoal tem previsão expressa no artigo 733 do CPC, e seu parágrafo primeiro autoriza a pena de prisão pelo prazo de um a três meses, se o devedor de alimentos provisionais, fixados em sentença ou decisão, não pagar a sua dívida alimentar em três dias, ou se neste mesmo espaço de tempo o devedor não provar que já efetuou o pagamento dos alimentos ou justificar a impossibilidade de efetuá-lo.

A coação física enfatiza a pressão psicológica da ameaça de prisão do devedor, sendo, portanto, meio de coerção, e não uma pena civil, equiparável a uma sanção penal, tanto que, paga a dívida alimentar, desaparece o motivo da segregação corporal, haja vista ser dívida para com o credor alimentar, e não para com a sociedade civil.

A prisão comporta apenas os alimentos legais ou legítimos, pertencentes ao Direito de Família, sendo impensável a coerção pessoal por débito alimentar proveniente de alimentos indenizatórios da responsabilidade civil, e também dos alimentos voluntários, do Direito das Obrigações ou legado de alimentos do Direito Sucessório. Do mesmo modo não há que ser falado em prisão por débito de alimentos oriundos da entrega de parte da renda líquida dos bens conjugais, quando se tratar de casamento pelo regime da comunhão universal de bens (parágrafo único do art. 4º da Lei nº 5.47/68).

Constitui-se em induvidoso constrangimento ilegal a prisão civil do devedor de alimentos que não tenha a sua titulação atrelada ao Direito de Família, e cujo vínculo decorra do casamento, da união estável ou do parentesco civil (art. 1.694 do CC), não havendo como estender a ordem de prisão por crédito alimentício escorado nas demais espécies legais de alimentos.

11.4. Meios de execução

Para garantir o cumprimento da obrigação pelo devedor alimentar, pode o credor optar pela prisão do executado, mas convém que o faça apenas se o devedor não dispuser dos meios considerados como menos gravosos

---

[2] Súmula nº 309 do STJ: "O débito alimentar que autoriza a prisão civil do alimentante é o que compreende as três prestações anteriores ao ajuizamento da execução e as que vencerem no curso do processo".

de execução (art. 620 do CPC), como o desconto em folha de pagamento, ou a cobrança dos alimentos pela expropriação de aluguéis ou de rendimentos percebidos pelo devedor.

Não dispondo destes meios, teria ainda a opção da execução por quantia certa, com a constrição de bens pessoais do devedor, para só diante da inviabilidade de qualquer uma destas modalidades executivas menos graves para o devedor, ser requerido ao juiz a citação do devedor para, em três dias, efetuar o pagamento, provar que o fez ou justificar a impossibilidade de efetuá-lo, sob pena de prisão.

Em realidade, o credor não está obrigado a experimentar primeiro os meios executórios menos gravosos, pois em princípio é dele a escolha de uma das trilhas executivas disponibilizadas pela lei processual, muito embora o artigo 17 da Lei nº 5.478/68 imponha certa gradação na escolha dos ritos, tanto que este dispositivo sugere o recurso da constrição pessoal apenas *quando não for possível a efetivação da cobrança por desconto em folha*, ou quando não for igualmente viável a cobrança de aluguéres de prédio ou de quaisquer outros rendimentos do devedor, e que possam ser recebidos diretamente pelo alimentado.

De fato, seria desnecessário coagir o pagamento dos alimentos com a ameaça de cercear a liberdade do alimentante se fosse possível receber de modo direto este crédito alimentar, por desconto em folha ou pela pontual interceptação de eventuais créditos percebidos pelo alimentante.

Entretanto, o temor da prisão civil por débito de alimentos traz ínsito poderoso poder de persuasão, que não é encontrado com a mesma eficácia na tutela executiva a ser prestada pela execução por quantia certa, cujo caminho se apresenta muito mais complexo e muito menos eficiente, o que justifica a livre escolha do credor deste meio executivo diferenciado e que visa a conferir uma satisfação mais pronta e eficaz ao sagrado direito alimentar.

E sendo possível o desconto em folha, sequer o credor haveria por preferir o rito da prisão, quando tem ao seu alcance uma fórmula segura e imediata de receber seus alimentos em contínuas prestações mensais, pois este meio de sub-rogação proporciona ao credor dos alimentos a pontual realização do seu direito e atua indiferente à vontade do devedor, salvo que ele peça demissão do emprego ou vínculo de trabalho para fazer cessar o pagamento de seu dever alimentar.

Não aceita a jurisprudência do STJ o expediente da cumulação de execuções sob coação física, quando já proposta ação executiva que abrange as prestações que se vencerem no curso do processo, por ser inviável cumular um decreto de prisão para cada três prestações impagas, quando a demanda executiva já abarca todas as prestações alimentícias vencidas no curso do processo, incluindo o prazo de prisão estabelecido no decreto judicial.³

Esta é a interpretação sistemática dos artigos 290 e 733 do Código de Processo Civil, ao estabelecer os primeiros destes dispositivos, que prestações periódicas, vencidas no curso do processo, estão automaticamente incluídas na cobrança, além das três prestações vencidas antes do ajuizamento da execução, de sorte que o decreto de prisão pela inescusada inadimplência do devedor incluirá todas as obrigações vencidas até o cumprimento do prazo de prisão fixado no decreto judicial.

Induvidoso que para o devedor relapso se configura em uma nova vantagem e num outro incentivo à procrastinação da execução, pois quanto maior o número de prestações incluídas, menor será o volume de execuções ajuizadas contra ele, que assim terá reduzido o número de prisões, evitando, para seu benefício e em detrimento do credor, a cumulação das demandas executivas.

Portanto, se a execução demorar um ano de morosa tramitação sendo, ao fim, decretada a prisão do executado alimentar por 60 dias, esta execução cobrará as três prestações vencidas antes do ajuizamento do feito, mais doze prestações de pensões vencidas durante a tramitação do processo e outras duas prestações vencidas durante o cumprimento da prisão, totalizando dezessete meses de alimentos impagos e por cujo débito não poderá ser renovada a ordem de prisão. E se for considerado que não foram localizados bens para penhora ou recursos financeiros que permitissem o desconto em folha ou sobre alugueres e rendas percebidas pelo devedor, esta execução seguirá sem conclusão.

Não fosse mais esta limitação e o exeqüente poderia promover no intervalo de cada três meses uma nova execução alimentar sob coerção pessoal, importando, no exemplo citado, no ajuizamento de seis diferentes execuções contra o mesmo devedor, que assim sofreria reiterada intimidação e sujeito a seis penas prisionais.

---

3 "*Habeas corpus*. Diversas execuções de alimentos. Decretada prisão do devedor. Cumulação de prazo de prisão. Impossibilidade. Renovação do decreto prisional. Cabimento. Em execução de alimentos proposta pelo procedimento descrito no art. 733 do CPC, o decreto prisional expedido contra o devedor abrange todas as prestações alimentícias que se vencerem, no curso do processo, até o cumprimento do prazo de prisão estabelecido no decreto. Propostas sucessivas execuções de alimentos, todas pelo procedimento do art., 733 do CPC, mostra-se inviável o cumprimento cumulativo dos decretos prisionais expedidos em cada um dos processos, pois nesta hipótese, estaria configurado *bis in idem*, considerando que as prestações que se vencerem no curso da primeira execução e, portanto, abrangidas pelo primeiro decreto prisional serão, justamente, o objeto das execuções posteriores. O cumprimento cumulativo dos decretos prisionais expedidos em processo distintos frustra a finalidade da prisão que deve ser decretada, excepcionalmente, apenas como meio de coagir o devedor a adimplir o débito alimentar e não como mecanismo de punição pelo não pagamento. No entanto, nosso ordenamento jurídico não veda a possibilidade de o juiz, renovar, no mesmo processo de execução de alimentos, o decreto prisional, após analisar a conveniência e oportunidade e, principalmente, após levar em conta a finalidade coercitiva da prisão civil do alimentante". (*Habeas corpus* nº39.902-MG, Terceira Turma do STJ, relatora Ministra Nancy Andrighi, j. em 18/04/2006).

Mas esta compulsão pela incompreensível proteção do devedor de alimentos, com alternativas legais que só minimizam a persuasão do devedor e tem merecido acirradas críticas por conta dos alarmantes índices de inadimplência alimentar, justamente causado pela perda do temor da prisão por dívida alimentar.

Um grande número de movimentações doutrinárias e jurisprudenciais tem servido de indisfarçável estímulo à inadimplência, a começar que o atual Código Civil já reduziu de cinco para dois anos a prescrição para cobrança dos alimentos pretéritos e não liquidados.[4]

Posteriormente, foi editado o verbete 309 do STJ, a consagrar a prática dos tribunais, de só reconhecer presente a natureza alimentar nas três últimas prestações alimentícias vencidas antes do ajuizamento da execução, forçando a cobrança dos demais alimentos pela coerção patrimonial. Outro exemplo foi o de limitar a prisão por débito de alimentos ao máximo de 60 dias, e com direito ao regime aberto, no qual o devedor relapso apenas pernoita no albergue penal e fica livre durante o dia para o exercício de seu trabalho.

Com este procedimento sumulado, o STJ parte da presunção de que todo devedor de alimentos em débito é um insolvente em potencial e que não pode ser constrangido com a sua liberdade a pagar alimentos que a cada três meses envelhecem, como se os alimentos já não mais fizessem falta na mesa do credor alimentário, ou como se ele não tivesse sido forçado a buscar em outra fonte a pensão que precisava e não recebeu.

Portanto, a segregação pessoal não mais se mostra tão persuasiva como foi no passado, e o devedor de alimentos se conforma em ficar albergado para não ter de pagar alimentos atrasados, porque não pode ou porque não quer pagar.

Acaso se trate de devedor ressentido pela ruptura de seu relacionamento, terá em seu favor um forte componente subjetivo de vingança, por fazer faltar a comida na casa de quem o abandonou por desamor.

11.5. Da prisão de pernoite

Para maior descrédito do credor dos alimentos, no confronto entre a liberdade e o direito alimentar, entendido o direito à digna vida, mais uma vez o alimentante relapso sai privilegiado neste embate de forças e que traz à baila valores jurídicos fundamentais. Isto porque entre a função alimentar e a liberdade do devedor de alimentos, transparece melhor protegido o executado, que viu reduzido o seu tempo de permanência na prisão, e, dias e horas e resta invariavelmente favorecido pelo regime aberto, para cumprir

---

[4] Art. 206, § 2º do CC.

sua prisão à noite e nos dias em que não houver trabalho ou outra atividade a ser exercida pelo albergado,[5] pois goza do direito de seguir trabalhando para poder pagar a pensão que já não pagava. E o cumprimento da prisão o livra de ser preso uma segunda vez pela mesma dívida, dando refúgio ao decreto judicial que o condenou à prisão dos três meses anteriores ao ajuizamento da execução (Súmula 309 do STJ); todas as prestações que se vencerem no curso da execução (art. 290 do CPC) e mais as prestações vencidas no período da prisão (*habeas corpus* n°39.902-MG do STJ).

Dessa forma, se o executado não possui bens em seu nome pessoal, sessenta (60) dias como tempo máximo de prisão, para pernoite e nos finais de semana, aglomerando vários meses de prestações impagas, acumuladas pela lentidão do processo de execução, motivam os devedores a optarem por sua segregação pessoal, em vez de promover o pagamento da dívida alimentar.

Só ficam presos durante a noite, quando dormem, e continuam circulando socialmente, como se nada tivesse se alterado na sua vida pessoal, sem se sentirem realmente coagidos para pagarem a pensão. Perdeu o instituto dos alimentos sua força coativa, tão essencial à subsistência do alimentando, pela valiosa persuasão que convencia ao pagamento pela coação pessoal.

Não se mostra nada adequada à causa alimentar a utilização deste falso juízo de ponderação, onde não existe nenhuma *proporcionalidade* entre os direitos fundamentais postos em jogo, considerando que a prisão-albergue, por suas facilidades e comodidades, dadas ao devedor, tornou extremamente residual a força coercitiva da prisão civil por dívida alimentar.

11.6. Recurso cabível

É interlocutória a decisão que decreta a prisão do devedor de alimentos e, portanto, desafia o agravo de instrumento, por se tratar de decisão suscetível de causar à parte, lesão grave e de difícil reparação, conforme artigo 558 do CPC (Lei n°11.182/05), combinado com o § 2° do artigo 19 da Lei n° 5.478/68.

De acordo ainda com o artigo 19, § 3°, da Lei n° 5.478/68, o agravo de instrumento não suspende a execução da ordem de prisão; contudo, o artigo 558 do CPC se contrapõe ao § 3° da lei alimentar, ao conferir ao relator do recurso a faculdade de, a requerimento do agravante na hipótese de prisão civil, *suspender o cumprimento da decisão até o pronunciamento definitivo da turma ou câmara*.

---
[5] DOTTI, René Ariel. *Bases e alternativas para o sistema de penas*, São Paulo: RT, 1988, p. 427.

Este dispositivo é claro ao mostrar que a liminar de suspensão da ordem de prisão não se opera de ofício, mas está condicionada a requerimento expresso do agravante.

O decreto de prisão por dívida alimentar também desafia o *habeas corpus*, cujo remédio constitucional tem assento no art. 5º, LXVIII, e só examina questões de Direito, e não de fato, sendo menos amplo que o agravo de instrumento, justamente porque o agravo admite matéria de fato e também de Direito.

O *habeas corpus* é, em realidade, instrumento contra qualquer prisão ilegal ou abusiva, cível ou criminal, não importando a origem da coação, constituindo-se em recurso eficaz para garantir a liberdade, tanto que, se pelo artigo 19, § 3º, da Lei de Alimentos inexiste efeito suspensivo ao agravo interposto contra o decreto de segregação física, só o recurso ao *habeas corpus* resta como eficiente instrumento para assegurar a liberdade do devedor de alimentos. No entanto, como já visto, o artigo 558 do CPC confere ao agravo de instrumento a faculdade de o juiz suspender a ordem de prisão e demonstrar a maior abrangência do agravo, que permite sustar o liminar decreto de prisão por dívida alimentar. Em contrapartida, a demora na tramitação do agravo de instrumento, quando negada a liminar, justifica o uso eventual do recurso do *habeas*, sob pena de a demora na tramitação do agravo absorver o tempo ordenado de prisão. Ante tal possibilidade, por denegada a liminar no agravo de instrumento, teria trânsito o remédio heróico do *habeas*, embora com atuação jurisdicional restrita ao aspecto formal da ilegalidade ou abuso da prisão, como por exemplo, quando incluiu verbas estranhas ao débito dos alimentos, ou quando acrescenta na conta custas e honorários ou se ordenada a prisão por dívida superior aos três meses anteriores ao ajuizamento da execução, contrariando a Súmula 309 do STJ. O remédio maior do *habeas* não se presta ao exame de questões que demandem dilação probatória, como pesquisa da capacidade financeira do alimentante,[6] entre outras razões de mérito, como a discussão sobre a

---

[6] Recurso ordinário em *habeas corpus* – Prisão civil – Alimentos – Alegação de impossibilidade de pagamento – Necessidade de dilação probatória – Inadmissibilidade da via eleita – Súmula 309 do STJ – Dívida pretérita – Não-configuração – Pagamento parcial – Não afastamento da constrição – Ação revisional – Não impedimento da execução – Atuação do Ministério Público – Legitimidade – Desprovimento – 1. O remédio heróico, por possuir cognição sumária, não se presta ao exame de questões que demandem a dilação probatória, como a capacidade financeira do alimentante em prosseguir no pagamento da pensão alimentícia. A via eleita não é apta para o reexame do valor da pensão paga pelo recorrente a seus filhos, bem como dos valores pactuados em transação pertinente ao montante às prestações em atraso. Precedentes. 2. É entendimento assente nesta Superior Corte de Justiça ser legítima a prisão civil do devedor de alimentos quando fundamentada na falta de pagamento de prestações vencidas nos três meses anteriores à propositura da execução ou daquelas vencidas no decorrer do referido processo. Incidência da Súmula 309 STJ. Dívidas pretéritas são aquelas anteriores à sentença, ou acordo que as tenham estabelecido, e não se confundem com o inadimplemento das que foram defintivamente firmada, injustificável transmudar-se o caráter alimentar da dívida, na ocorrência de um razoável retardo na quitação das parcelas, favorecendo justamente o maior devedor e que mereceria a coerção pessoal (RHC 5.890/SP, Rel. Min. Anselmo Santiago, DJ 04/08/1997). O pagamento parcial

revisão dos alimentos[7] ou o excesso na fixação dos alimentos ou a transmissão sucessória da obrigação.

Também comporta o *habeas corpus* o exame da ilegalidade da prisão decretada por dívida alimentar proveniente de legado de alimentos, de obrigação contratual, os alimentos indenizatórios e da antecipação das rendas líquidas dos bens comuns, nos casamentos do regime da comunhão universal de bens (parágrafo único do art. 4º da Lei nº 5.478/68).

Obtida liminar de suspensão da prisão no agravo de instrumento, a decisão sobre o mérito certamente tramitará mais lentamente do que o *habeas corpus*, atrasando a eventual quitação da dívida alimentar.

Por fim, a Lei de Alimentos não informa qual o recurso cabível contra o despacho que nega a prisão, que é o agravo de instrumento, conforme artigo 27 da Lei nº 5.478/68, quando manda aplicar subsidiariamente o Código de Processo Civil.

11.7. Despacho fundamentado

A prisão civil por dívida de alimentos está textualmente autorizada no art. 5º, LXVI, da Constituição Federal, sempre que houver inadimplemento voluntário e inescusável de obrigação alimentícia. A prisão deve ser fundamentada, como de regra devem ser fundamentadas todas as decisões judiciais, ainda que de modo conciso (art. 165 do CPC), sob pena de nulidade do decreto de prisão, pois o juiz deverá afastar a impugnação apresentada pelo executado na execução sob coação pessoal, considerando que a segregação corporal só poderá ser ordenada se o devedor, ao deixar de pagar os alimentos, não se escusou justificada e adequadamente, sendo tarefa indeclinável do julgador fundamentar a ordem de prisão.

Fundamentar o afastamento da justificativa é obrigação indeclinável e direito fundamental inerente ao devido processo legal, porque decisão sem

---

da dívida alimentar, na linha da jurisprudência deste eg. Tribunal de Uniformização, não é capaz de elidir a segregação do executado. 5. A propositura da ação revisional não impede a execução de alimentos, ainda que sob o rito do art. 733 do CPC, não consistindo em óbice a eventual decretação de prisão civil do alimentante que se revele inadimplente. 6. No que concerne à atuação do *Parquet*, constata-se que o mesmo agiu como fiscal da lei – e não como substituto processual – quando se manifestou acerca da decretação da prisão civil do paciente, em conformidade com os arts. 82 e 83 do CPC. 7. Recurso desprovido". (STJ – RHC 18182 – 4ª T., Rel. Min. Jorge Scartezzini – DJU 03/10/2005).

[7] *HABEAS CORPUS*. PRISÃO CIVIL. 1. ALIMENTOS. A obrigação alimentar, sua redução ou desoneração não podem ser discutidas no âmbito do *habeas corpus*; só no juízo cível, mediante ação própria, é possível fazê-lo. 2. PRESTAÇÕES PRETÉRITAS. As prestações alimentícias cuja falta de pagamento autoriza a prisão civil são aquelas devidas nos três meses anteriores ao ajuizamento e aquelas que vencem após o início da execução, porque – a não ser assim – a duração do processo beneficiaria o devedor e ela seria maior ou menor conforme os obstáculos e incidentes provocados. Recurso ordinário não provido". (RHC 17717/SP, Rel. Ministro Ari Pargendler, 3ª T., j. 15/12/2005 – DJ 20/03/2006).

fundamento é causa de prisão ilegal e desafia o recurso do *habeas*, haja vista que a motivação da decisão afasta o risco do arbítrio e da parcialidade do decisor, cometendo também ao julgador decidir sobre os pressupostos de legitimidade dos artigos 295 e 301 do CPC, mesmo que o devedor seja rival na execução.

Justificada a prisão, não há nova intimação do executado para pagar, nem prevê a lei que deva o juiz mandar conceder novo prazo ao devedor, pois o único prazo é aquele previsto no *caput* do artigo 733 do CPC, devendo ser expedido, de imediato, o mandado de prisão do devedor que só se livra se pagar a dívida alimentar (§ 3º do art. 733, do CPC), muito embora o credor possa desistir de toda a execução ou de parte dela, ou se quiser, também poderá conceder mais prazo para o pagamento (art. 569 do CPC).

A procedência da justificativa, por sua vez, não exime o devedor de posterior prisão, diante da sua impossibilidade temporária de pagar a pensão, como no exemplo de um comerciante devedor de alimentos que passa por momentânea crise de vendas em seu comércio, com títulos enfrentando títulos protestados e crítico volume de negócios, conseguindo, com tais evidências, justificar a sua transitória incapacidade de atender inteira ou parcialmente a sua obrigação alimentar, e, desta forma, livrar temporariamente do decreto de prisão, que pode ser retomado depois de superada a crise comercial vivida.

No entanto, se não decretada a prisão ou mesmo se o devedor preferir cumprir a ordem de segregação pessoal, ainda assim não está livre e tampouco escusado de quitar a dívida alimentícia que resultou na sua prisão, apenas que não poderá ser novamente preso pela mesma dívida e pelo mesmo período, sendo ônus do credor pesquisar bens do executado, capazes de autorizar a conversão do rito da coerção pessoal pelo da execução por quantia certa, com a coerção patrimonial.

11.8. Prazo de prisão

Não é tranqüila a doutrina tocante ao prazo máximo de prisão por dívida alimentar, havendo dois colidentes dispositivos que, embora contraditórios, parecem expressar a pacífica coexistência de dois diferentes prazos de prisão.

Pelo *caput* do artigo 19 da Lei de Alimentos, a prisão do devedor de alimentos na execução de sentença ou de acordo pode ser decretada por até 60 dias, ao passo que, pelo § 1º do art. 733 do CPC, o prazo máximo da pena de prisão também na execução de sentença ou de decisão que fixa os alimentos provisionais é de três meses.

Apenas como ponto de referência, aparentemente, a execução por via da coerção patrimonial só teria efeito e trânsito jurídico quando cobrasse alimentos arbitrados em sentença condenatória, quer exarada em separação judicial, em demanda de divórcio, ou se arbitrados em ação direta de alimentos.

Toda esta confusa movimentação legislativa vem dividindo a doutrina brasileira, ponderando, entre outros, Adroaldo Furtado Fabrício,[8] Araken de Assis, Sérgio Gischkow Pereira e Yussef Said Cahali, que o limite máximo de prisão do devedor inadimplente de alimentos é de 60 dias, porque lei posterior fixou este prazo, contendo regra mais benéfica ao paciente. Referem-se à Lei nº 6.014, de 27 de dezembro de 1973, cujo artigo 4º deu nova redação ao artigo 19 da Lei de Alimentos (Lei nº 5.478/68), limitando a custódia a 60 dias para alimentos definitivos.

Para Athos Gusmão Carneiro, a norma codificada dos três meses respeita aos alimentos provisionais (art. 733, § 1º do CPC), enquanto o cumprimento de julgado ou de acordo autorizaria o decreto prisional pelo tempo não superior a 60 dias (art. 19, *caput*, da Lei de Alimentos), havendo, ao que ostenta, um maior rigor para os alimentos provisionais em comparação aos regulares.[9]

Para Marcelo Lima Guerra,[10] prevale o entendimento de que os dois prazos seriam válidos, aplicando-se o do art. 733 do CPC para os alimentos provisionais e nos demais casos o prazo de 60 dias do art. 19 da Lei de Alimentos.

Acrescenta Marcelo Lima Guerra ser inviável "pretender que tenha havido substituição de uma por outra mais recente (a do Código de Processo Civil), porque a Lei 6.014/73, posterior ao Código de Processo Civil, ao dar nova redação ao art. 18 da Lei 5.478/68, fazendo remissão expressa ao art. 733 do Código de Processo Civil, deixou claro que este se aplica às dívidas de alimentos, mas, ao mesmo tempo, mantendo a redação do *caput* do art. 19 da citada lei, deixou igualmente claro que este último dispositivo permanecia também em vigor".[11]

Em realidade, nenhuma efetiva diferença pode ser vislumbrada entre os alimentos provisionais ou definitivos, quando ambos emprestam ao credor os meios próprios de sobrevivência.

Por conta disto, conclui Yussef Said Cahali[12] estar certo Adroaldo Furtado Fabrício quando não admite, em nenhuma hipótese, que a prisão do devedor de alimentos demore mais do que 60 dias, pois lei posterior (Lei

---

[8] FABRÍCIO, Adroaldo Furtado. *A legislação processual extravagante em face do novo Código de Processo Civil*, Porto Alegre, Ajuris, nº 54, 1992, p. 95.
[9] CARNEIRO, Athos Gusmão. *Apud* CAHALI, Yussef Said, *Dos alimentos*, 3ª ed. São Paulo: RT, 1998, p. 1078.
[10] GUERRA, Marcelo Lima. *Execução indireta*, São Paulo: RT, 1998, p. 234.
[11] Idem, ob. cit., p. 235.
[12] CAHALI, Yussef Said, *Dos alimentos*, 3ª ed. São Paulo: RT, 1998, p. 1080.

nº 6.014, de 31.12.73) contém regra mais favorável ao devedor, e o código de Processo Civil data de 11 de janeiro de 1973.

Conforme o § 2º do art. 2º da Lei de Introdução ao Código Civil, lei nova que estabeleça disposições gerais ou especiais a par das já existentes não revoga nem modifica a lei anterior, de sorte que também por este prisma prevaleceria a disposição contida no art. 19 da Lei especial dos alimentos, sem descartar o argumento, colacionado por Araken de Assis,[13] que o art. 620 do CPC favorece toda a exegese desenvolvida no sentido de limitar a prisão por débito alimentar a 60 dias, devendo ser observado o procedimento executório menos gravoso para o devedor.

Deve o juiz sempre dosar a pena de prisão entre o mínimo de 30 dias, não previsto na lei especial dos alimentos, mas prescrito no art. 733, § 1º, do CPC, com o tempo máximo de 60 dias, caracterizando-se como ilegal a estipulação superior a este limite, e assim, desafiando o recurso do *habeas corpus* ou do agravo de instrumento, sendo ineficaz o despacho que se omite de referir a duração da reprimenda corporal, afirmando Cahali,[14] que esta omissão afronta o princípio da tipicidade, inerente a toda sanção restritiva da liberdade do ser humano.

11.9. Regime da pena

A prisão civil por débito alimentar não é pena, é meio de coerção para compelir ao pagamento da prestação de alimentos.

Para Pontes de Miranda,[15] a prisão civil não é medida penal, nem ato de execução pessoal, mas meio de coerção, cujo caráter penal também é afastado por Álvaro Villaça Azevedo,[16] que só a identifica como meio coercitivo, imposto para o cumprimento de certa obrigação, de natureza privada.

Para Araken de Assis, a prisão civil por débito alimentar é efetivamente *vis compulsiva*, usada para coagir o devedor a satisfazer o julgado, não tendo por escopo reparar um mal causado, nem a recuperação do devedor, antes, ostenta natureza civil e, portanto, não se lhe aplicam os benefícios da processualística criminal.[17]

Dentre estes benefícios consta a *prisão domiciliar*, inaplicável à dívida alimentar e absolutamente inútil à sua função coercitiva, pois que de nada serve ao credor dos alimentos contar com o adimplemento da sua

---

[13] ASSIS, Araken de. *Da execução de alimentos e prisão do devedor*, 2ª ed. São Paulo: RT, 1993, p. 144.
[14] CAHALI, Yussef Said. Ob. cit., p. 1081.
[15] MIRANDA, Pontes de. *Comentários ao CPC*, Tomo X, Rio de Janeiro: Forense, 1979, p. 483.
[16] AZEVEDO, Álvaro Villaça. *Prisão civil por dívida*, São Paulo: RT, 1993, p. 47.
[17] ASSIS, Araken de. *Da execução de alimentos e prisão do devedor*, 2ª ed. São Paulo: RT, 1993, p. 145.

pensão em atraso quando ao recalcitrante devedor é concedida a sua prisão no recesso de seu lar, isto sem considerar que seria completamente improvável que o executado terminasse efetivamente confinado no conforto de sua casa pelo tempo de prisão decretado, quando sequer existem meios de controlar o cumprimento desta falsa forma de coagir.

Exceções de prisão domiciliar podem ser vislumbradas quando o devedor de alimentos está enfermo e precisa de cuidados e tratamento, que não irá encontrar se for recolhido à prisão, ou quando se trata de pessoa bastante idosa, tem restrições físicas que exijam acomodações em condições especialmente adaptadas, por exemplo de um cadeirante ou portador de deficiência física, com extremas dificuldades de se adaptar ao tradicional confinamento.

Já basta ao descrédito da prisão civil por dívida alimentar, a possibilidade de o confinamento ser cumprido em *regime aberto*, em casas de albergados, como acontece no Estado do Rio Grande do Sul, onde o Tribunal de Justiça recomendou pelo Ofício-Circular nº 21/93 da Corregedoria-Geral da Justiça, datado de 12 de maio de 1993, a prisão albergada do devedor de alimentos, para que tão-somente seja recolhido no final do expediente de trabalho, para pernoite, e em finais de semana, quando não está trabalhando. Mostram as evidências e o crescimento da inadimplência alimentar, que aos devedores renitentes, a prisão civil em regime aberto tirou a eficácia coativa que existia pelo temor de ficar realmente confinado.

A prisão-albergue se tornou direito fundamental do devedor de alimentos, independente de o devedor estar ou não trabalhando, não obstante o enfoque da prisão-albergue fosse de assegurar que seu trabalho não sofreria nenhuma solução de continuidade. Sempre dependeu apenas do executado por alimentos ficar ou não na prisão, pois que é dele exclusivamente a decisão de ser solto mediante o gesto simples de pagar sua dívida em atraso, já que de pena não se trata, perdendo, portanto, a toda evidência, o seu efeito coativo, transformando-se a prisão albergada em um inútil arremedo de coação.

A efetividade executiva da dívida alimentar perdeu a sua força de coerção, como já acontecera antes de ser editada a Súmula 309 do STJ, de só autorizar a prisão civil por débito alimentar que compreenda as três prestações anteriores ao ingresso da ação e das que vencerem no curso do processo.

Esta versão inicial do enunciado 309 do STJ foi revista no *habeas corpus* nº 53.068-MS, sob o relato da Ministra Fátima Nancy Andrighi, ao adotar a Conclusão nº 23 do Tribunal de Justiça do RS, de que só seriam passíveis de prisão as "três últimas parcelas vencidas à data do *ajuizamento* da ação", tendo que a Súmula 309 do STJ, na atualidade, a seguinte redação: "O débito alimentar que autoriza a prisão civil do alimentante é o que compreende as três prestações anteriores ao ajuizamento da execução e as que vencerem no curso do processo".

Entrementes, o temor pelo esfriamento dos meios de coerção ao pagamento do débito alimentar faz todo sentido quando claramente reduzidos os meios coercitivos, como o tempo de prisão, mudando o local de confinamento, diminuindo o período de cobrança sob coação pessoal e surgindo vozes sugerindo a extinção da prisão civil por dívida de alimentos, porque seria meio de constrangimento que fere a dignidade do homem.[18]

Para Álvaro Villaça de Azevedo, há outros meios de cobrar os alimentos, e a prisão é incompatível com o sistema jurídico contemporâneo, diante da dignidade da pessoa humana que se põe acima da sua sobrevivência e que deveria ser o primeiro dos fundamentais direitos, já que não há dignidade humana sem vida digna.

11.10. Suspensão e revogação da pena

Conforme o art. 733, § 3º, do CPC, o pagamento da dívida importa na imediata suspensão da pena, que também pode ser revogada a pedido do credor (art. 569 do CPC). O oficial de justiça também pode sustar o cumprimento da diligência prisional do devedor e deixar de recolhê-lo à prisão se o devedor procede ao pronto pagamento ou ao depósito da dívida, razão pela qual o mandado de prisão expedido deve conter o valor atualizado e integral da dívida.

Uma vez preso, mas pago o débito, o paciente deverá ser liberado por alvará de soltura, podendo sua dívida ser paga por qualquer pessoa, e, tornando-se ilegal a permanência da prisão, que adquire ilícito caráter corretivo e desafia o recurso do agravo de instrumento ou a via do *habeas corpus* do art. 5º, inciso LXVIII, da CF, isto se o juiz da causa não se retratar.

De ressaltar que o *habeas* não é remédio para buscar efeito suspensivo a recurso, mas para desde logo cassar a ordem de prisão, ou para suspender a sua execução até o julgamento do agravo de instrumento, já que dele fica afastada a defesa de mérito.

11.11. Embargos do executado

Mantidos os meios tradicionais de execução, seguem hígidos os embargos do executado como meio de oposição à execução sob coação patrimonial, sob cujo instituto o executado se opõe à dívida, e não mais à prisão civil, pois esta desafia o agravo de instrumento ou o heróico remédio do *habeas corpus*.

---

[18] AZEVEDO, Álvaro Villaça. Ob. cit., p. 48.

Aliás, a coerção pessoal não exclui qualquer ação autônoma para controverter a pretensão executiva, inclusive demanda revisional ou de exoneração de alimentos, já existindo forte propensão jurisprudencial em atribuir efeito retroativo ao provimento da redução ou exoneração do primitivo dever de alimentos, contando como termo inicial a data da citação do alimentando.

Os embargos pressupõem a penhora (art. 737, I, c/c art. 791, I, ambos do CPC), o que remete à conversão do rito, se frustrada a execução sob pena de prisão. É certo que os embargos não evitam a prisão, mas permitem a sua suspensão (art. 739, III, § 1º, do CPC), se ofertada penhora, salvo se em dinheiro, cujo depósito sempre pode ser levantado (art. 732, parágrafo único do CPC).

11.12. Os alimentos no cumprimento da sentença (Lei nº 11.232/05)

Com o advento da Lei nº 11.232, de 22/12/05, a execução de sentença deixou de ser um processo autônomo e passou a ser apenas uma etapa complementar do processo de conhecimento onde ela foi proferida.

A nova execução de sentença, agora denominada de *cumprimento da sentença*, traz como característica a circunstância de ser promovida no mesmo processo em que a sentença foi proferida, mas deve haver sentença, a ser simplesmente cumprida, não mais dependendo de processo autônomo para execução, contudo, a reforma operada pela Lei nº 11.232/05 não alterou nenhum dos dispositivos referentes à execução da prestação alimentícia.[19] Começa que os alimentos provenientes do Direito de Família não estão disciplinados pelo art. 475 do CPC, cujo dispositivo foi alterado pela Lei nº11.232/05, primeiro, porque existem alimentos liminares, denominados de provisórios ou provisionais, que são fixados em sede de antecipação de tutela ou em medida cautelar, no início ou no curso do processo, enquanto que o artigo 475 do CPC trata de cumprir sentença que já arbitrou os alimentos definitivos e transitados em julgado.

Também não pode ser esquecido que existem alimentos sem origem no Direito de Família, oriundos do Direito Obrigacional ou de legado do Direito Sucessório, ajustados por iniciativa do obrigado, por contrato ou legado em testamento, onde não há qualquer sentença para cumprir.

Deste modo, em relação aos alimentos do artigo 1.694 do Código Civil, a sua execução continua pela coerção patrimonial ou pessoal e pela sub-rogação dos artigos 732, 733 e 734 do CPC, desafiando os embargos do executado e a justificativa do artigo 733, não estando contemplados pelo

---

[19] CÂMARA, Alexandre Freitas. *A nova execução de sentença*, 2ª ed. Rio de Janeiro: Lúmen Júris, 2006, p. 151.

cumprimento de sentença condenatória. Diz Cássio Scarpinella Bueno que, "a ação de alimentos assume foros, em sua efetivação prática, de executividade e mandamentalidade".[20]

Mas a condenação a prestar alimentos não é restrita ao Direito de Família, havendo casos em que a indenização será prestada a título de pensão de alimentos.São as hipóteses dos alimentos indenizativos, previstos nos artigos 948, II, e 950 do Código Civil, e para os quais faculta o artigo 475-Q a constituição de capital cuja renda assegure o pagamento dos alimentos por indenização por ato ilícito.

Observa Carlos Alberto Alvaro de Oliveira[21] ser expressão majoritária do STJ, que os honorários advocatícios não integram o capital a ser constituído para garantir o pagamento das parcelas vincendas da pensão, limitando-se, portanto, ao crédito alimentar, muito embora os artigos 21 e 22 da Lei do Divórcio façam menção à constituição de garantia real ou fidejussória para assegurar o pagamento de pensão alimentícia, mas oriunda do Direito de Família, ressalvando o parágrafo único do artigo 22 da lei divorcista, que, no caso de não-pagamento das prestações no vencimento, o devedor responde também por custas e honorários de advogado, apuradas simultaneamente. Ou seja, no passado a constituição do capital também incluía recursos para segurança do pagamento das custas e da verba honorária, em complemento ao crédito alimentar.

Este capital, representado por imóveis, títulos da divida pública ou aplicações financeiras em banco oficial, será inalienável e impenhorável enquanto durar a obrigação do devedor (§ 1º do art. 475-Q), ficando a critério do juiz substituir a constituição deste capital pela inclusão do beneficiário da prestação em folha de pagamento de entidade de direito público ou de empresa de direito privado de notória capacidade econômica, ou, a requerimento do devedor, por fiança bancária ou garantia real, em valor a ser arbitrado pelo juiz (§ 2º do art. 475-Q).

Para Luiz Rodrigues Wambier,[22] há, na atualidade, certo temor na opção pelo desconto em folha, pois, sabidamente, nenhuma empresa está livre dos riscos impostos pela instabilidade econômica.

De qualquer forma, nada desaconselha o desconto mensal da pensão alimentícia indenizatória em folha de pagamento junto ao empregador que ao tempo da opção se mostre econômica e financeiramente solvente, sendo razoável dispensar a constituição prévia de capital, que sempre poderá ser

---

[20] BUENO, Cássio Scarpinella. *A nova etapa da reforma do Código de Processo Civil*, vol. 1, São Paulo: Saraiva, 2006, p. 298.
[21] OLIVEIRA, Carlos Alberto Alvaro. *A nova execução*, Coord. OLIVEIRA, Carlos Alberto Alvaro, Rio de Janeiro: Forense, 2006, p. 225.
[22] WAMBIER, Luiz Rodrigues. *Sentença civil: liquidação e cumprimento*, 3ª ed. São Paulo: RT, 2006, p. 444.

determinado ao menor sinal ou rumor de desestabilização da empresa que incluiu o beneficiário da pensão alimentar indenizativa em sua folha de pagamento.

11.13. Renovação da prisão

Cumprida a pena, não pode ser renovada a prisão pelo período executado, que abarca os três meses anteriores ao ajuizamento da execução (Súmula 309 do STJ), mais as prestações que vencerem no curso da execução – art. 290 do CPC, incluído o período da pena.

O artigo 921 do Código de Processo Civil de 1939 já vedava repetir a prisão se o devedor tivesse cumprido integralmente a pena de prisão da decisão anterior, ao passo que o artigo 19 da Lei de Alimentos (Lei nº 5.478/68) eliminou a frase final do art. 921 do CPC: "mas excluirá a imposição de nova pena de prisão".

O § 2º do artigo 733 do CPC, com a redação conferida pelo artigo 52 da Lei do Divórcio (Lei nº 6.515/77), excluiu a parte final da antiga redação do § 2º do artigo 733 do CPC, de modo que na atualidade não há verdadeiramente uma lei proibindo a reiteração do decreto de prisão, mas só para novas pensões.

— 12 —

O cumprimento da sentença e a exceção de pré-executividade na execução de alimentos

12.1. Efetividade processual

Conta-se como ideal do processo judicial, em qualquer foro nacional ou internacional, a rápida prestação da justiça, pois a justiça lenta e, portanto, que tarda, não é real sinônimo de verdadeira justiça, antes disso, presta um desserviço ao jurisdicionado que não conta com todo o tempo do mundo para que lhe reconheçam, ou não, o direito decorrente de fato jurídico que há certo tempo transcorreu por sua vida. Por princípio da efetividade, deve ser entendida a consagração do resultado processual, realizado em tempo razoável e assegurados todos os meios de defesa inerentes ao direito de quem recorreu ao Judiciário.

Delosmar Mendonça Junior atribui à efetividade processual a condição de ferramenta fundamental na realização dos direitos pleiteados.[1] Especialmente na esfera do direito de família, mostram-se sobremaneira sensíveis as vindicações judiciais que precisam responder às angústias pessoais, tão abaladas pelo influxo do tempo. Procurando sempre conciliar a rápida prestação jurisdicional com a segurança da mais irrestrita defesa, deve o direito aperfeiçoar-se na busca do exato ponto de equilíbrio em que a celeridade processual não prejudique o fundamental direito de poder exaurir os meios de defesa previstos pela lei.

De qualquer forma, o excessivo tempo de demora de um processo, assim como indevidas dilações provocadas pelo uso excessivo de desmesurados atalhos, e de inconsistentes defesas, são mecanismos que acabam conspirando contra a democrática ordem jurídica e comprometendo a paz social, esta, tantas vezes creditada apenas na esperança de uma eficiente tutela jurisdicional.

---
[1] MENDONÇA JUNIOR, Delosmar. *Princípios da ampla defesa e da efetividade no processo civil brasileiro*, São Paulo: Malheiros, 2001, p. 70-71.

Em nada contribui, portanto, para a credibilidade e confiança no direito e na justiça, um processo moroso, com resultado tardio, vazio de propósitos ou já de todo ineficiente por sua demora.

Processo efetivo é obter, em prazo razoável, uma decisão de igual razoabilidade, suficientemente justa e suficientemente eficaz no plano dos fatos, garantindo a utilidade da sentença que representa ao final de todo o processo, a pretendida prestação jurisdicional, que deve ser indiferente ao resultado, mas que deve fornecer um rápido e eficiente resultado.

Incontroverso o empenho do legislador e na mesma extensão o esforço do Judiciário em eliminar a inefetividade do processo através do corte de pontos de travamento de notória lentidão, com medidas realmente dirigidas à satisfação da efetividade processual.

No campo de ação do direito de família mostram-se, sobremaneira, sensíveis as reivindicações judiciais por um processo com tramitação eficiente, capaz de responder com rapidez às angústias pessoais, causa freqüente de abalos e desgastes pelo inclemente influxo do tempo, especialmente quando se trata de buscar o alimento necessário à vida.

Portanto, quando a justiça é lenta e tarda a realizar o bem da vida postulado e não se mostra nada eficaz, ela presta um desserviço ao jurisdicionado, que precisa do seu crédito alimentar para garantir sua própria sobrevivência. É direito fundamental de sua existência garantir a vida e vida digna, sem sofrer com morosa e ineficiente execução alimentar, que só retarda ou inviabiliza a realização do sagrado direito aos alimentos.

A exagerada demora de um processo, bem como as indevidas dilações provocadas no claro propósito de manejo do tempo do processo, a desafiar a fome e a paciência do credor dos alimentos, com o uso excessivo e abusivo de inconsistentes defesas, são instrumentos que conspiram contra a democrática ordem jurídica e comprometem a confiança e o retorno que o jurisdicionado espera do Judiciário.

A execução de alimentos é, com efeito, uma mostra viva e pungente do que deve ser um razoável tempo de tramitação processual para a concessão final da prestação jurisdicional.

Na busca constante da efetividade, o legislador tem apresentado sucessivas reformas processuais, sendo delas um frisante exemplo a Lei nº 11.232/05, denominada de lei do *cumprimento de sentença*, que integra a execução de título judicial ao processo de conhecimento, com a tarefa de reduzir a tramitação processual, muito mais larga na execução da sentença. Prevê o novo texto legal uma sanção pecuniária pelo injustificado descumprimento da sentença, num esforço para contornar férteis manobras protelatórias, principalmente na fase de cognição e já inaceitáveis quando trespassam para a execução.

Entrementes, no âmbito da execução de alimentos, nada foi alterado pela nova legislação,² que segue atrelada ao triste prenúncio de não conseguir retirar o credor de alimentos do verdadeiro calvário pelo qual transita desafortunadamente.

12.2. Os alimentos no cumprimento da sentença (Lei nº 11.232/05)

Com o advento da Lei nº 11.232, de 22 de dezembro de 2005, a execução de sentença deixou de ser um processo autônomo e passou a ser apenas uma etapa complementar do processo de conhecimento onde ela foi proferida.

A nova execução de sentença, agora denominada de *cumprimento da sentença*, traz como característica a circunstância de ser promovida no mesmo processo em que a sentença foi proferida, mas deve haver sentença, a ser simplesmente cumprida, não mais dependendo de processo autônomo para execução, contudo, a reforma operada pela Lei nº11.232/05 não alterou nenhum dos dispositivos referentes à execução da prestação alimentícia.³ Começa que os alimentos provenientes do direito de família não estão disciplinados pelo art. 475 do CPC, cujo dispositivo foi alterado pela Lei nº 11.232/05, primeiro, porque existem alimentos liminares, denominados de provisórios ou provisionais, que são fixados em sede de antecipação de tutela ou em medida cautelar, no início ou no curso do processo, enquanto o artigo 475 do CPC trata de cumprir sentença que já arbitrou os alimentos definitivos e transitados em julgado.

Também não pode ser esquecido que existem alimentos sem origem no direito de família, oriundos do direito das obrigações ou proveniente de legado do direito sucessório, todos ajustados por iniciativa do obrigado, por contrato ou por legado em testamento, onde não há qualquer sentença para cumprir.

Deste modo, em relação aos alimentos do artigo 1.694 do Código Civil a sua execução continua pela coerção patrimonial ou pessoal e pela sub-ro-

---

[2] Não é, contudo, pensamento absoluto, entendendo NEVES, Daniel Amorim Assumpção. *Reforma do CPC*, São Paulo: RT, 2006, p. 274, ao explicitar que:"diante das modificações legislativas, devendo o processo ou a fase procedimental de execução de alimentos passar a ser tratado como qualquer outro que tenha como objeto uma obrigação de pagar quantia certa, com aplicação do art. 475-P, parágrafo único, do CPC". Esta compreensão também é defendida por RAMOS, Glauco Gumerato, na mesma obra indicada, p. 285-286, ao referir ser vivamente aplicado o art. 475-Q do CPC às pensões alimentícias derivadas das relações de família: "Portanto, mesmo se a prestação de alimentos for fixada em sentença que resolva processos em que são discutidas questões relacionadas ao direito de família, não é fora de propósito, desde que no caso em concreto se exija, que ao devedor seja ordenado que proceda à constituição de capital que assegure o pagamento mensal da respectiva pensão".

[3] CÂMARA, Alexandre Freitas. *A nova execução de sentença*, 2ª ed. Rio de Janeiro: Lumen Juris, 2006, p. 151.

gação dos artigos 732, 733 e 734 do CPC, desafiando os embargos do executado e a justificativa do artigo 733, não estando contemplados pelo cumprimento de sentença condenatória.

Diz Cássio Scarpinella Bueno que, "a ação de alimentos assume foros, em sua efetivação prática, de executividade e mandamentalidade".[4]

Mas a condenação a prestar alimentos não é restrita ao direito de família, havendo casos em que a indenização será prestada a título de pensão de alimentos.São as hipóteses dos alimentos indenizativos previstos nos artigos 948, II, e 950 do Código Civil, e para os quais faculta o artigo 475-Q a constituição de capital, cuja renda assegure o pagamento dos alimentos decorrentes de indenização por ato ilícito.

Observa Carlos Alberto Alvaro de Oliveira[5] ser expressão majoritária do STJ que os honorários advocatícios não integram o capital a ser constituído para garantir o pagamento das parcelas vincendas da pensão, limitando-se, portanto, ao crédito alimentar, muito embora os artigos 21 e 22 da Lei do Divórcio façam menção à constituição de garantia real ou fidejussória para assegurar o pagamento de pensão alimentícia, mas com origem no direito de família, ressalvando o parágrafo único do artigo 22 da lei divorcista, que, no caso de não-pagamento das prestações no vencimento, o devedor responde também por custas e honorários de advogado, apurados simultaneamente. Ou seja, no passado, a constituição do capital também incluía recursos para segurança do pagamento das custas e da verba honorária, em complemento ao crédito alimentar.

Este capital, representado por imóveis, títulos da dívida pública ou aplicações financeiras em banco oficial, será inalienável e impenhorável enquanto durar a obrigação do devedor (§ 1º do art. 475-Q), ficando a critério do juiz substituir a constituição deste capital pela inclusão do beneficiário da prestação em folha de pagamento de entidade de direito público ou de empresa de direito privado de notória capacidade econômica, ou, a requerimento do devedor, por fiança bancária ou garantia real, em valor a ser arbitrado pelo juiz (§ 2º do art. 475-Q).

Para Luiz Rodrigues Wambier,[6] há, na atualidade, certo temor na opção pelo desconto em folha, pois, sabidamente, nenhuma empresa está livre dos riscos impostos pela instabilidade econômica.

De qualquer forma, nada desaconselha o desconto mensal da pensão alimentícia indenizatória em folha de pagamento junto ao empregador que

---

[4] BUENO, Cássio Scarpinella. *A nova etapa da reforma do Código de Processo Civil*, vol. 1, São Paulo: Saraiva, 2006, p. 298.
[5] OLIVEIRA, Carlos Alberto Alvaro. *A nova execução*, Coord. OLIVEIRA, Carlos Alberto Alvaro, Rio de Janeiro: Forense, 2006, p. 225.
[6] WAMBIER, Luiz Rodrigues.*Sentença civil: liquidação e cumprimento*, 3ª ed. São Paulo: RT, 2006, p. 444.

ao tempo da opção se mostre econômica e financeiramente solvente, sendo razoável dispensar a constituição prévia de capital, que sempre poderá ser determinado ao menor sinal ou rumor de desestabilização da empresa que incluiu o beneficiário da pensão alimentar indenizativa em sua folha de pagamento.

12.3. A efetividade no cumprimento da sentença

No âmbito atual do cumprimento da sentença, e disto não fogem as hipóteses processuais ainda abarcadas pelas modalidades executivas, seu escopo é de proporcionar ao titular da demanda o resultado prático extraído de seu título de crédito judicial, ou extrajudicial, independentemente da vontade concreta do devedor da relação de obrigação. Quando ainda inexistente a Lei nº11.232/05, advertia Zaiden Geraige Neto[7] que o processo executivo estava muito aquém do seu objetivo, pois encontrava-se maculado de vícios que dificultavam e até impediam seu verdadeiro desenvolvimento, e estes entraves do processo estimulavam a inadimplência e instigavam os pensadores jurídicos para a busca de outras soluções capazes de conferir a efetividade executiva, vista pelo olhar do credor exeqüente e cujo resultado prático parece haver encontrado parcial resultado com o instituto do cumprimento da sentença, sem mais reclamar a instauração do processo de execução como ação judicial autônoma, salvo para as execuções apoiadas em títulos executivos extrajudiciais, onde inexiste anterior processo de conhecimento, nas execuções de alimentos e também na execução contra a Fazenda Pública, que seguem atadas ao processo executivo tradicional.

Mas, alerta Olavo de Oliveira Neto[8] que não existirá efetividade processual a preocupação com a prestação jurisdicional for dirigida apenas para os interesses da parte ativa da demanda, esquecendo que a postulação tem duas vias, e que também o agente passivo do litígio está protegido pelo manto da efetividade, eis que a ele deve interessar em certas condições, a agilidade e a sumarização do rito, especialmente quando a execução viola a olhos vistos os seus direitos, desejando ver aplicada a mais pronta, e menos traumática prestação jurisdicional. É que os embargos ainda vigentes para determinadas execuções e a impugnação para o cumprimento de sentenças judiciais nem sempre podem ser o único, moroso e dispendioso caminho para a defesa do executado, particularmente quando salta aos olhos a injustiça da cobrança empreendida, não sendo "justo permitir-se a invasão

---

[7] GERAIGE NETO, Zaiden. "O processo de execução no Brasil e alguns tópicos polêmicos", In Processo de execução, v. 2, Coord. SHIMURA, Sérgio e WAMBIER, Teresa Arruda Alvim, São Paulo: RT, 2001, p. 751.
[8] OLIVEIRA NETO, Olavo de. A defesa do executado e dos terceiros na execução forçada, São Paulo: RT, 2000, p. 103.

ao patrimônio do devedor, para somente então se abrir a possibilidade do contraditório e à defesa do executado".[9]

Era preciso também encontrar um rápido acesso à tutela do executado, que à vista de uma ação completamente infundada, sustentada em título nulo, e inexigível, pudesse valer-se dos práticos instrumentos de resolução processual, para demonstrar em instantânea cognição, a evidência de seu direito, e o flagrante abuso da execução.

12.4. A exceção de pré-executividade

Fruto de criação pretoriana e da doutrina, a exceção ou objeção de pré-executividade surgiu como um meio de defesa do devedor no processo de execução, independentemente da oposição de embargos e na atualidade, independentemente da impugnação em função do instituto do *cumprimento da sentença*, da Lei nº 11.232/05, como instrumentos legais para obviar os dolorosos caminhos da aplicação de multa e prévia realização da penhora.

Para Galeno Lacerda, que priorizou a discussão do tema, seria de uma "violência inominável impor-se ao injustamente executado o dano, às vezes irreparável, da penhora prévia, ou o que é pior, denegar-lhe qualquer possibilidade de defesa, se, acaso, não possuir ele bens penhoráveis suficientes".[10]

A exceção ou objeção de pré-executividade, como projetada ao tempo do processo de execução também dos títulos judiciais, objetivava eliminar a oposição do executado pela penosa via dos embargos do devedor, admitindo a sua defesa nos autos da execução e sem a necessidade de interposição de embargos. Para um segmento da doutrina, a exceção de pré-executividade só teria trânsito quando ficasse evidenciado que a execução se ressentia dos requisitos formais de um título executivo judicial ou extrajudicial, faltando ao título a sua certeza, liquidez e exigibilidade, como estabelecido pelo artigo 586 do CPC.

Nenhum título executivo judicial ou extrajudicial pode ser considerado completo e apto para cobrança judicial se não contiver representação documental de obrigação líquida, certa e exigível adiciona Teori Albino Zavascki,[11] pois só será líquido o crédito que dispensa apurar o seu importe final, ainda que dependente de alguns ajustes de correção ou de amortização do seu valor, sendo exigível porque ausente qualquer condição suspensiva

---

[9] SHIMURA, Sérgio. *Título executivo*, São Paulo: Saraiva, 1997, p. 72.

[10] LACERDA, Galeno. *Execução de título extrajudicial e segurança do juízo*, Porto Alegre: Ajuris, 23, novembro de 1981, p. 12.

[11] ZAVASCKI, Teori Albino. *Comentários ao Código de Processo Civil*, vol. 8, São Paulo: RT, 2000, p. 242.

ou termo outro que não o do seu concreto vencimento, sendo certo quem deve, a quem deve e quanto deve.

Marcos Valls Feu Rosa destacava tais pressupostos de regular desenvolvimento do processo executivo, aduzindo ser preciso para "dar início à execução, o juiz verificar, antes de mais nada se há título executivo judicial ou extrajudicial, o que nos termos do art. 583 do Código de Processo Civil, é a base de toda execução. Se há nulidade, vício pré-processual ou processual que torna ineficaz o título apresentado pelo autor, não há por via de conseqüência título exeqüível e, nestas condições, deve a inicial ser indeferida".[12]

Logo, ausentes os requisitos formais da execução, mostra-se patente a ineficácia executiva do título e se afigura claramente dispensável a prévia penhora para garantir o juízo executório, que só agravaria as relações sociais e econômico-financeiras do executado, diante de indevida restrição de seu patrimônio, e de seus direitos, com repercussão negativa e totalmente desnecessária em sua esfera econômica, frente à nulidade do título posto em execução.

12.5. A objeção de pré-executividade diante do cumprimento da sentença

Na sistemática do cumprimento da sentença da Lei nº 11.232/05 caso o devedor condenado ao pagamento de quantia certa não o efetue no prazo de quinze dias, o montante da condenação será acrescido de multa no percentual de dez por cento, sendo expedido mandado de penhora e avaliação, sendo intimado de tudo o executado, na pessoa de seu advogado, na falta deste, o seu representante legal, ou pessoalmente, por mandado ou pelo correio, podendo oferecer impugnação (art.475-J e § 1º do CPC), no prazo de quinze dias. Portanto, intimado inicialmente a proceder ao pagamento da condenação, se não o fizer em quinze dias, o devedor sofrerá multa de dez por cento sobre seu débito, sendo expedido mandado de penhora e de avaliação e concedidos outros quinze dias para eventual impugnação.

Desta forma, na dicção legal do cumprimento da sentença, a apresentação da impugnação está condicionada à prévia penhora e avaliação de bens que irão garantir o pagamento da dívida.

Embora seja incontroverso que a nova lei mantém a sistemática de condicionar a defesa do devedor após prévia segurança do juízo, materializada pela penhora judicial, eliminou neste novo desenho das reformas processuais a defesa antes centrada na apresentação de embargos do executado, como ação incidental autônoma. Pela nova disposição legal, a impugnação

---

[12] ROSA, Marcos Valls Feu. *Exceção de pré-executividade*, Porto Alegre: Sergio Antonio Fabris, 1996, p. 53.

é instrumento de defesa endoprocessual, explica Misael Montenegro Filho,[13] a ser apresentado nos próprios autos da ação de conhecimento.

Mas mesmo assim, a impugnação só pode ser apresentada depois de seguro o juízo com a respectiva penhora, justificando a apresentação da objeção de pré-executividade, nas restritas hipóteses de sua aplicação, "não como substitutivo da impugnação, mas como defesa com *vida própria*, perseguindo o alcance de objetivos específicos".[14]

Portanto, ainda que a oposição da impugnação deva ser apresentada nos mesmos autos da ação de conhecimento, tendo desaparecido no cumprimento de sentença judicial a forma de oposição dos embargos à execução, induvidosamente remanesce a exceção da pré-executividade,[15] por ser capaz de impedir que o devedor tenha que se submeter à penhora judicial para só depois oferecer a sua impugnação e impede a incidência de multa se não adimplir a obrigação nos primeiros quinze dias da sua intimação para cumprir o julgado (art.475-J).

12.6. O conteúdo da exceção de pré-executividade

Em um exame mais detalhado, conclui-se que o manejo da exceção de pré-executividade tem atuação mais elástica e que não se restringe tão-somente aos aspectos de liquidez do título, também merecendo curso quando ficar evidenciada a completa desnecessidade de qualquer dilação probatória. Assim, à vista de qualquer exame dependente de prova processual que não permitisse ao juiz conhecer de imediato a matéria sustentada pelo executado na sua exceção, direcionaria a demanda para a obrigatória impugnação ou para a oposição dos embargos do devedor.

A despeito da ampliação do raio de ação da exceção de pré-executividade, Alberto Camiña Moreira[16] ressalta justamente ser a maior dificuldade do instituto separar as matérias que podem ser alegadas pelo ingresso de simples petição ensartada no corpo da ação executiva e quais os temas dependentes da oposição de embargos, ou para oferecer no caso de cumprimento da sentença a correlata impugnação.

---

13 MONTENEGRO FILHO, Misael. *Cumprimento da sentença e outras reformas processuais*, São Paulo: Atlas, 2006, p. 92.
14 Idem, ob. cit., p. 90.
15 Esta não é, contudo, uma interpretação uníssona, porque na visão de NEVES, Daniel Amorim Assumpção. *Reforma do CPC*, São Paulo: RT, 2006, p. 227: "Sendo um dos propósitos do legislador evitar o ingresso de exceções e objeções de pré-executividade, o que notadamente vem contribuindo para a complicação do processo executivo e, por conseqüência natural, dificultando a entrega da prestação jurisdicional de melhor qualidade, não teria sentido o legislador exigir a garantia do juízo para somente então permitir o ingresso da impugnação".
16 MOREIRA, Alberto Camiña. *Defesa sem embargos do executado, exceção de pré-executividade*, São Paulo: Saraiva, 1998, p. 28.

E ele responde em complemento, que a doutrina tem se inclinado em admitir o processamento da exceção de pré-executividade quando a matéria examinada for de ordem pública, e a execução se ressentir dos pressupostos processuais de constituição e de desenvolvimento válido e regular do processo. É quando houver a alegação de perempção, de litispendência, de coisa julgada, ou quando não concorrer qualquer das condições da ação, como estampado pelo artigo 267, § 3°, do CPC,[17] tudo podendo ser decidido à vista do título e até de ofício pelo decisor.[18]

Fabiana Marion Spengler e Theobaldo Spengler Neto[19] lembram que o art. 618 do CPC[20] também regulamenta as condições de admissibilidade da execução, permitindo igualmente o julgamento antecipado da execução sem exame do seu mérito.

Desse modo, antes de agredir o patrimônio do obrigado com a penhora de uma cobrança carente dos pressupostos regulares de validade e de desenvolvimento da ação, e que poderiam até ser declarados pelo juiz sem provocação da parte, admissível que seja abortada sem maiores e desnecessários sacrifícios processuais, dispensando a prévia penhora e a aplicação de multa, para só depois permitir a incidental impugnação.

Portanto, o processamento da exceção de pré-executividade pressupõe mais de um caminho ao aceitar matéria ligada à admissibilidade da execução, quando ausentes os pressupostos processuais de regular desenvolvimento do processo, naquelas situações todas em que o juiz as puder conhecer de ofício e também quando o título executivo se ressinta da certeza, de liquidez e de exigibilidade, comprometendo a higidez do título executado.

Induvidoso, assim, que o raio de atuação da exceção de pré-executividade abrange os pressupostos processuais dos arts. 267, § 3°, incisos IV, V e VI, e da nulidade do título executivo, conforme arts 586 e 618 do CPC, mas sempre que possam ser alegadas por simples petição de objeção à execução, dispensando qualquer ilação probatória, porque, pendente discussão dependente de instrução para convencimento do juiz, reclama a inevitável oposição da impugnação no cumprimento da sentença ou dos competentes

---

[17] Art. 267, § 3° O juiz conhecerá de ofício, em qualquer grau de jurisdição, enquanto não proferida a sentença de mérito, da matéria constante dos n°s IV, V, VI; todavia, o réu que a não alegar, na primeira oportunidade em que lhe caiba falar nos autos, responderá pelas custas de retardamento.
Art. 267, incisos: IV – quando se verificar a ausência de pressupostos de constituição e de desenvolvimento válido e regular do processo; V – quando o juiz acolher a alegação de perempção, litispendência ou de coisa julgada; VI – quando não concorrer qualquer das condições da ação, como a possibilidade jurídica, a legitimidade das partes e o interesse processual.

[18] Idem, ob. p. cit.

[19] SPENGLER, Fabiana Marion; SPENGLER NETO, Theobaldo, ob. cit., p. 115.

[20] Art. 618. É nula a execução: I – se o título executivo não for líquido, certo e exigível (art. 586); II – se o devedor não for regularmente citado; III – se instaurada antes de se verificar a condição ou de ocorrido o termo, nos casos do art. 572.

embargos do executado, pois como mostra Cândido Rangel Dinamarco, "tudo que o juiz pode e deve decidir espontaneamente ele pode decidir quando provocado pela parte".[21]

Igual conclusão pode ser conferida na preciosa lição de Sandro Gilbert Martins quando afirma importar reconhecer que "o conteúdo da exceção, seja defesa processual, seja defesa de mérito, possa ser provado de plano pelo executado, sem a necessidade de produção de qualquer tipo de prova, a não ser a que estiver instruindo o pedido ou puder ser de pronto requisitada pelo juízo da execução".[22]

Calha para melhor compreensão transcrever a explanação de Olavo de Oliveira Neto, quando observa existir trânsito processual para a exceção de pré-executividade, sempre que for possível ao juiz conhecer, de imediato, a matéria trazida pelo executado, quer no referente ao juízo de admissibilidade, como em respeito ao mérito da execução, levando à precedente extinção do processo, sem nenhuma necessidade de produção de provas, pois os elementos trazidos com solar clareza dispensam por sua evidência, qualquer prova que propicie o julgamento, e arremata: "Não há viabilidade, pois, de instrução probatória alargada no âmbito destas defesas. Esta é situação que deve ser relegada à seara dos embargos do devedor, onde poderá o executado valer-se de todos os meios de prova para comprovar suas alegações".[23]

Desse modo, a utilização da objeção de pré-executividade destaca-se em dois tópicos: quando envolver matéria de ordem pública, que pode ser conhecida de ofício pelo juiz, relativa às condições da ação, e aos pressupostos processuais da demanda; e quando a matéria de fundo está vinculada ao conteúdo da execução, e não do seu juízo de admissibilidade,[24] como, por exemplo, o pagamento do título.

12.7. Momento de apresentação da objeção

A exceção de pré-executividade que alguns autores preferem chamar de objeção de pré-executividade pode ser apresentada a qualquer tempo e sem estar seguro o juízo, pois o seu acolhimento pelos pretórios brasileiros surgiu para evitar os desnecessários desgastes de uma inútil constrição judicial e a oposição de embargos naquelas situações já antes ventiladas, em nada se alterando a reforma processual que criou a figura da impugnação no cumprimento da sentença.

---

[21] DINAMARCO, Cândido Rangel. *Instituições de direito processual civil*, vol. IV, São Paulo: Malheiros, 2004, p. 716.
[22] MARTINS, Sandro Gilbert. *A defesa do executado por meio de ações autônomas*, São Paulo: RT, 2002, p. 89.
[23] OLIVEIRA NETO, Olavo de. Ob. cit., p. 117.
[24] Idem, p. 113.

Nada impede que a exceção seja ofertada depois de opostos os embargos, mas por evidente que não poderá reprisar a matéria já desenvolvida nos embargos, ainda que pendente de julgamento. Contudo, entende Misael Montenegro Filho[25] ser inviável permitir apresentar a objeção de pré-executividade depois de fluído o prazo para a articulação da impugnação, que passou pela nova sistemática a ser instrumento de defesa a ser apresentado nos autos do processo de conhecimento, e não mais por embargos em demanda autônoma.

A exceção não suspende a execução, e tampouco a impugnação terá efeito suspensivo, pois ausente sua previsão legal, ao mesmo tempo este efeito não lhe é inerente como em regra, é propícia à suspensão da execução a oposição dos embargos, portanto, a constrição de bens do devedor e o trâmite dos demais atos processuais devem ter normal andamento. Mas a rigor, o incidente existe para conferir praticidade ao feito executivo carente de real exeqüibilidade e se busca diminuir a relação de prejudicialidade se a demanda seguir com o iníquo processamento, por bom-senso justifica-se a suspensão da execução com o imediato exame judicial do incidente. Agora, se presente qualquer incerteza acerca do provimento do incidente, realmente não faz sentido suspender a execução para protrair no tempo a sua efetividade com o sobressalto adicional dos inevitáveis embargos, ficando evidenciado o propósito meramente protelatório da objeção.

Da mesma forma, embora a impugnação no cumprimento da sentença também não tenha efeito suspensivo, tem o juiz a faculdade de obstar o prosseguimento da execução quando manifestamente suscetível de causar ao executado grave dano de difícil ou incerta reparação (art.475-M do CPC).

Entretanto, não só em casos excepcionais e de gravidade, sujeitos apenas à absoluta discricionariedade do juiz, mas quando, ao contrário, existir forte probabilidade de acolhimento da exceção, é de bom tom o provimento da suspensão da execução, tomando em conta que a alegação objetada detém suficiente consistência e extraordinária verossimilhança para justificar a paralisação do processo até ser decidida a exceção.[26]

Uma vez acolhida a exceção com o incidente formulado por simples petição no corpo da ação executiva e despido dos pressupostos de uma típica petição inicial sujeita ao clamor da inépcia, cabe ao decisor verificar de plano a procedência ou não da objeção. Acolhendo o incidente, tranca o processamento da execução ou do cumprimento da sentença e se ao revés rejeita a objeção, determina o normal desenvolvimento da demanda.

---

[25] MONTENEGRO FILHO, Misael. Ob. cit., p. 92.
[26] DINAMARCO, Cândido Rangel. Ob. cit., p. 717.

Merecendo procedência a exceção, é extinta a execução ou a ordem de cumprimento da sentença, cometendo ao credor interpor, querendo, recurso de apelação, porque encerrada a demanda sem julgamento do mérito ou com o seu mérito apreciado naquelas situações de evidente nulidade do título executivo e, nestes casos, sempre o recurso será de apelação. Ao contrário, acaso rejeitada a exceção, desta decisão meramente interlocutória cabe o agravo de instrumento como adequada via recursal para buscar modificar o despacho interlocutório.

12.8. A exceção de pré-executividade no direito de família

O direito de família movimenta um dos ramos mais sensíveis do direito civil, por atuar com sentimentos, com os vínculos de parentesco e com os laços de afeto, multiplicando expectativas quando transpostas para o conflito judicial, sempre no afã de seus protagonistas alcançarem o mais rápido possível e na sua maior extensão, a derradeira tutela jurisdicional.

A execução de verba alimentar pela expropriação de bens ou pela constrição pessoal são prerrogativas processuais de largo uso na busca do pronto pagamento da verba alimentar.

O sacrossanto direito alimentar é fundamental para a subsistência do alimentário, como direito prioritário essencialmente ligado à vida, sem qualquer espaço para divagações probatórias. Desespera ao alimentando deparar com a sua mesa vazia, onde o seu alimento cede lugar à sua descrença nos tradicionais meios executivos, cada vez mais voltados para garantir a ampla e irrestrita defesa do relapso devedor, todos preocupados em preservar a sua sagrada liberdade e inspirados por princípios jurídicos de prevalência do uso do meio executório mais idôneo e menos gravoso para o réu,[27] como se a fome sempre pudesse esperar.

Assim visto, torna-se tema delicado defender o uso da exceção de pré-executividade na execução de título executivo originário de relação familiar, com maior incidência no campo da execução de alimentos, quer tenha sido adotado o rito da penhora, quer tenha sido eleito a restrição corporal, porquanto o uso desmedido e inconsistente da objeção de pré-executividade servirá apenas como mais um instrumento posto a serviço do renitente devedor.

12.9. A exceção na execução de alimentos

Como ferramenta indispensável para o credor se empreender pelo natural caminho da execução de alimentos, há de valer-se do título judicial

---

[27] MADALENO, Rolf. *O calvário da execução de alimentos*, Porto Alegre: Revista Brasileira de Direito de Família, Síntese – IBDFAM, vol. 1, 1999, p. 39.

formatado pelo acordo autônomo de alimentos, pela cláusula alimentar formalizada na separação judicial ou de divórcio, também em ação de guarda de filhos com vinculação alimentar, ou do arbitramento litigioso da verba alimentícia, decretada numa destas ações de família, que continuam a desafiar a execução processual tradicional, com oposição de embargos ou de justificativa no caso de constrição pessoal. Execução de alimentos depende de título líquido, certo e exigível, secundado pela inequívoca inadimplência do devedor, para viabilizar a ação executiva,[28] e não o cumprimento da sentença da Lei nº 11.232/05.

Presentes estes pressupostos, ilustram os mais festejados autores[29] a hipótese de aplicação da exceção de pré-executividade em penhora da residência de suposto alimentante, sujeito, portanto, a perder a sua moradia e, no entanto, se apresenta evidente a nulidade da execução porque posterior sentença passada em julgado exonerou o primitivo débito alimentar, alvejado em execução.

Imagine-se clara situação de execução de alimentos proposta por filha que passou para a guarda paterna, tratando seus pais de desconstituir o primitivo acordo de obrigação alimentar paterna e, no entanto, essa filha, dissentindo de seu genitor, promove a cobrança judicial daquele acordo alimentar original, contudo desfeito com a transferência da sua custódia. Por evidente que falta à credora título executivo, eis que depende de uma nova ação de conhecimento para fixação de nova obrigação alimentar de seu pai.

Gilberto Gomes Bruschi[30] refere hipótese de uma demanda executiva judicialmente extinta, dada à redução da capacidade de trabalho do executado, que depois se recuperou parcialmente em razão do uso de prótese, com a qual pôde readquirir em parte a sua capacidade de trabalho e de perceber remuneração por seu labor. Tendo sido remida a dívida por não ter o executado condições de pagar as pensões alimentícias, estava extinta a execução e também nesta hipótese o primitivo credor dependia de outra ação de conhecimento para o arbitramento de valor revisado de alimentos, considerando que houve redução da capacidade laborativa do obrigado alimentar.

Portanto, qual seria a real necessidade dos onerosos embargos à vista de uma sentença transitada em julgado, da posterior exoneração dos alimentos e que estão sendo executados com apoio na primitiva separação judicial, ou em um acordo de alimentos já ultrapassado pela decisão exoneratória? Em verdade, o decantado devedor alimentar estaria sendo processado por

---

[28] SPENGLER, Fabiana Marion; SPENGLER NETO, Theobaldo. Ob. cit., p. 122.
[29] Idem.
[30] BRUSCHI, Gilberto Gomes. *Alimentos, título executivo judicial hábil a aparelhar a ação. Exceção de pré-executividade*, In Revista de Processo nº 110, São Paulo: RT, 2003, p. 365.

título nulo, ineficaz, sem força executiva, porque, suplantado por outra sentença que extinguiu o primitivo crédito alimentício.

É seguro aduzir que, *a contrario sensu*, existindo Recurso Especial ou Extraordinário, ou até uma prosaica Apelação Cível conferindo efeito meramente devolutivo aos alimentos sentenciados, tal circunstância não servirá como argumento capaz de suspender o processo de execução, sob a alegação de que se trata de uma execução provisória. E assim deve ser visto, porque execução de alimentos, em realidade, nunca é provisória, mas sempre definitiva, como é da essência do irrepetível crédito de natureza alimentar. É como também ilustra Ricardo Hoffmann,[31] de que a execução de alimentos na pendência de recurso nada tem de provisória, é sim, definitiva, bastando cotejar o art. 520, inciso II, com o art. 587, segunda parte, ambos do CPC, pois não há repetição de alimentos.

De outra banda, não pode ser olvidado o enfoque do enriquecimento injustificado do credor alimentar, próprio daquelas situações de alimentos marcadamente indevidos, pagos como vínculo de obrigação, e não como de dever alimentar e por isto mesmo passíveis de restituição.[32]

Nestas situações próprias de alimentos claramente exoneráveis, porque cedidos por obra de relações fáticas a serem inevitavelmente alteradas por demandas judiciais que irão reduzir ou extinguir o vínculo alimentar que ainda sustenta a execução alimentícia em trâmite, mostra-se ponderável considerar que não se trata de alimentos definitivos, e, portanto, provisoriamente exeqüíveis, ainda que pendente Recurso Especial. Assim deve ser visto porque este inconsistente direito alimentar daria margem ao enriquecimento ilícito de pensionar, por exemplo, da ex-esposa que já vive em nova união de fato ou de direito e mesmo assim demanda por alimentos provenientes da sua primitiva separação judicial, não expondo ao julgador o seu novo relacionamento, mas, antes, valendo-se da circunstância de não ter sido proposta pelo executado a procedente ação de exoneração de alimentos.

Qual a máxima que deveria prevalecer: o de serem devidos alimentos até a final exoneração, ou ainda se fará necessário que o executado promova ação cautelar, ou ação ordinária de exoneração, com tutela antecipada, provando e pedindo em preceito liminar, a imediata cassação do crédito de alimentos que apenas enriquece indevidamente a sua ex-mulher?

E, no entanto, todas as prestações alimentícias não atingidas pelo deferimento da posterior da tutela antecipada, ou da medida cautelar prepara-

---

[31] HOFFMANN, Ricardo. *Execução provisória*, São Paulo: Saraiva, 2004, p. 131.
[32] Ver, a esse respeito, o artigo intitulado, Alimentos e sua restituição judicial, inserto na obra MADALENO, Rolf. *Direito de Família, aspectos polêmicos*, 2ª ed. Porto Alegre: Livraria do Advogado, 1999, p. 47 e seguintes e também o artigo *Obrigação, dever de assistência e alimentos transitórios*, MADALENO, Rolf. Anais do IV Congresso Brasileiro de Direito de Família do IBDFAM, Belo Horizonte: Del Rey, 2005.

tória da ação ordinária de exoneração de alimentos seguirão fomentando o provimento da execução, forçando o pagamento e consolidando o indevido enriquecimento ? Pagará o executado alimentos para o seu ex-cônjuge já recasado, porque não promoveu sua coincidente exoneração, prevalecendo a injustiça de uma ameaça de prisão, ou da penhora por alimentos já extintos no plano fático da ex-esposa que recasou?

Poderia ser ponderado que apenas a exoneração de alimentos daria margem à extinção do débito e, mesmo assim, daquelas prestações vencidas depois do trânsito em julgado da sentença exoneratória, ou da liminar que antecipou o rompimento do primitivo vínculo de obrigação alimentar. Mas, aqueles que responderem afirmativamente a tal indagação, raciocinam com excessivo rigor técnico, na interpretação sistemática de um direito de flagrante injustiça, bem própria dos tempos em que era sempre presumida a necessidade alimentar da mulher e os casamentos eram vitalícios, não existindo o divórcio e quando sequer podia ser pensado a respeito da igualdade dos gêneros sexuais.

Para os dias atuais de célere avanço da ciência e com a nova dinâmica das relações pessoais onde prevalece o salutar afrouxamento dos costumes sociais, o cidadão almeja um Judiciário rápido, barato, justo e eficiente. Não teve outro propósito a adoção pretoriana do rápido expediente processual da exceção de pré-executividade, prescindindo dos embargos do devedor e mesmo na atualidade do incidente de impugnação, que mesmo diante das novas reformas processuais sempre dão tráfego mais lento, oneroso e excepcionalmente burocrático ao processo de execução. Por que então, à vista da prova plena e de plano do novo casamento da exeqüente dos alimentos, não pode o magistrado encerrar a execução alimentar em incidental petição de objeção à execução, ou à vista da ausência de título executivo alimentar?

Em tendo os alimentos judicialmente cobrados pela ex-mulher uma clara conotação de ilícita obrigação alimentar, que de igual seria cassada se o executado tivesse ofertado em tempo ação ordinária de exoneração de alimentos, não há real sentido em postergar no tempo uma evidente injustiça e perpetuá-la num tormentoso processo executivo.

Quem afinal de contas deve ser punido: o executado que, por um lapso, ou até por desconhecimento anterior, não promoveu a ação exoneratória dos alimentos de sua ex-mulher que recasou, ou ela, que executa pensões vencidas na constância de seu novo casamento, numa clara mostra de má-fé processual, de ilícito enriquecimento, favorecida apenas pela ausência de precedente direito de exoneração, e assim embolsando prestações vencidas, enquanto noutro pólo processual é controvertida no Judiciário a morosa exoneração alimentar, no outro extremo desponta a execução pela grave coação pessoal moldada por ilícitos alimentos? Não seria simplesmente mais justo que em exceção de pré-executividade o julgador extinguisse a execução alimentar, com a concomitante extinção do crédito alimentar de uma credora que recasou? Será preciso propor primeiro a exoneração e permitir o prosseguimento da execução, com a oposição de embargos do devedor, que ainda seriam improvidos por não ter sido atendida antes a dita adequada via da exoneração, premiando com toda esta lentidão e burocracia processual a ilícita credora alimentar? Não há como olvidar, à luz da nova codificação civil, que dentre as suas principais inovações está expressa a proibição do enriquecimento sem causa, incorporado ao atual texto civil como instituto autônomo, enquanto o executado empobrece, porque não foi rápido em promover a sua precedente exoneração alimentar? Será punido apenas em nome do formalismo processual, permitindo o indevido êxodo de recursos que já perderam a sua função alimentar. Merece ser destacada passagem doutrinária de Mônica Yoshizato Bierwagen,[33] quando obtempera que com a edição do atual Código Civil brasileiro: "A boa-fé pode exercer uma função controladora no exercício dos direitos dos contratantes, quando o seu ilimitado e irrestrito exercício possa negligenciar os deveres de lealdade e honestidade."

E, de fato, não há sentido em dar vazão à extensa discussão de uma execução de alimentos vencidos após o recasamento da exeqüente, provocando longa, interminável e onerosa execução adicionada de embargos do devedor e de correlata ação ordinária de exoneração, quando apenas a apresentação da certidão das novas núpcias seria capaz de terminar com a mera e indevida obrigação alimentar, podendo isto ser dito e provado de modo singelo, pelo juiz prevento para todas as demandas familistas, conferindo dos mesmos litigantes, pragmática resposta processual através da objeção de pré-executividade.

12.10. Objeção de pré-executividade e o *habeas corpus* na execução alimentar

É regra do artigo 733 do CPC, ainda aplicável às pensões alimentícias do direito de família, restringir a defesa do executado por alimentos sob coação pessoal para comprovar o pagamento ou justificar a sua impossibilidade no prazo de três dias. Toda a extensa gama de articulações, como o desemprego e a doença do executado para justificar a impossibilidade de quitação dos alimentos importam em passar pela obrigatória instrução processual, ficando à mercê da relevância dos fatos e da sensibilidade do juiz decidir pela acolhida da justificativa, ou por afastá-la e decretar a prisão civil do devedor alimentar.

---

[33] BIERWAGEN, Mônica Yoshizato. *Princípios e regras de interpretação dos contratos no novo Código Civil*, São Paulo: Saraiva, 2002, p. 53.

Logo, é de ver que o temário não é próprio para a argüição da exceção de pré-executividade na execução sob coação pessoal, pois geralmente importa em prova e prova no âmbito da execução de alimentos ainda remete para o caminho dos embargos do devedor, ou da justificativa do artigo 733 do CPC.

Atentos a tais preceitos e com primazia doutrinária ao tema enfocado Fabiana Spengler e Theobaldo Spengler Neto[34] amparam em sua doutrina a argüição da exceção de pré-executividade na execução por coação prisional, mas sempre que for nula a execução e cuja apreciação poderia ter sido sustentada de ofício pelo juiz. Os festejados autores declinam o exemplo de uma sentença judicial já transitada em julgado e que revisou para a metade do valor a verba alimentar, mas aventam a possibilidade de o credor executar os alimentos com o seu primitivo título, sonegando a decisão revisional. A toda evidência, é nulo o título executivo já revogado pela revisão alimentar transitada em julgado, sendo até difícil crer que, à vista da simples demonstração por petição de objeção à execução, formatada em qualquer tempo processual, não tratasse o decisor de extinguir de plano a execução, independentemente da apreciação e da apresentação da justificativa judicial do art. 733 do CPC.

É certo que o devedor não pagou e nem justificou a impossibilidade do pagamento, mas demonstrou com provas claras, imediatas e irrefutáveis, que a execução estava escorada em título ostensivamente nulo. Também é certo aduzir que o executado teria a via do *habeas corpus* para interromper o curso da execução lastreada em título nulo, acaso não tivesse sido bem-sucedido com a exceção de pré-executividade e até se o decisor não lhe desse tratos na regular justificativa judicial.

Contudo, ilustra os fatos decisão do Tribunal de Justiça de Minas Gerais,[35] que concedeu *habeas corpus* por irregularidade processual em exe-

---

[34] Ob. cit., p. 135.

[35] Acórdão inserto na Revista Brasileira de Direito de Família, vol. 21, Porto Alegre: Síntese-IBDFAM, p. 44-54: "*Habeas Corpus*. Prisão Civil. Alimentos. Regularidade Processual. Cognoscibilidade. Garantias Constitucionais do Processo. O *habeas corpus* é um instrumento do processo constitucional que se instrumentaliza, especialmente, através do Código de Processo Penal (arts. 647 e 648), onde encontra respaldo normativo ordinário para sua propositura e tramitação perante os órgãos competentes do Poder Judiciário. Sujeita-se o *writ* às diretrizes de observância obrigatória ao manejo de um *actio*, que aqui se reportam aos pressupostos constitucionais de impetração, quais sejam, a violência ou coação à liberdade de locomoção e a ilegalidade ou abuso de poder. A análise, ainda que de estreita cognoscibilidade, limitada ao exame da legalidade da medida constritiva, à sua fundamentação, bem como à obediência do devido processo legal, conduz ao conhecimento da impetração, eis que tais considerações são posteriores ao juízo de admissibilidade, limitando-se este ao cabimento e adequação do *writ*. Há que ser considerada constrangimento sanável por *habeas corpus*, a decisão que determina ao réu o pagamento de rpestações alimentícias, sob pena de prisão, em ação de execução de débito alimentar, no curso da qual lhe foi subtraído o direito ao devido processo legal, em razão de equívoco da secretaria do juízo, o qual não pode ser debitado ao paciente. Ordem de *habeas corpus* que se concede." *Habeas Corpus* nº 00.303.588-8/00, Relator Des. Tibagy Salles.

cução de alimentos, pois o juiz singular havia negado ao executado pelo débito alimentar o devido processo legal, aceitando em nulo decreto de revelia, firmado no corpo da ação de conhecimento, em arbitrar alimentos que depois foram executados sob coação pessoal. Todo o processo de conhecimento era nulo, e a execução sob coação pessoal estava sustentada em decisão totalmente ineficaz.

Manifestas ilegalidades processuais autorizam a impetração do *habeas corpus*, e igual motivação autoriza a defesa do executado pela curta via da exceção de pré-executividade, sempre que se apresentar nulo o título ilustrativo da execução alimentar por coação pessoal.

Fabiana e Theobaldo Spengler aduzem que, embora o *habeas corpus* sirva como meio próprio para suspender a execução, ele não se presta para o reconhecimento da nulidade da execução, cujo decreto só poderá ser alcançado pela exceção de pré-executividade, pois a impetração não encerra a execução, embora esvazie a pretensão executiva pela eleição judicialmente frustrada da coação pessoal. Realmente afigura-se mais sólido e abrangente o uso da objeção de pré-executividade para encerrar, de uma vez por todas, qualquer tentativa de executar alimentos com título judicial inequivocamente nulo.

12.11. Execução por acordo alimentar condicional

Hipótese adicional de nulidade de execução de alimentos, tanto pela ensaiada via da constrição patrimonial, quanto pela eleição do constrangimento pessoal, está relacionada com a pensão alimentícia acordada judicialmente, na modalidade condicional, como, por exemplo, na ação de investigação de paternidade cumulada com pedido de alimentos.Neste caso, convidados os protagonistas da demanda investigatória para a prévia audiência de tentativa de conciliação, nada impede entabulem preliminar acordo judicial, condicionando a pensão já estabelecida em seu valor, ao resultado positivo da perícia genética em DNA, para só depois desencadear o dever alimentar condicionado ao resultado pericial afirmativo. Contudo, valendo-se deste acordo, o investigante promove a execução dos alimentos homologados, que foram vinculados ao exame pericial ainda em andamento, e, não se dando conta da irregularidade, o juiz ordena a citação do executado para pagar a dívida posta em execução, sob pena de penhora ou de prisão, conforme pedido na nula inicial. Seria extrema demasia requisitar a formatação processual de embargos, ou de mais elaborada justificativa judicial, apenas para demonstrar o óbvio, de que a execução é visivelmente nula, sustentada em acordo alimentar dependente do resultado afirmativo do exame de DNA, para engatilhar com a prova da paternidade o dever alimentar.

12.12. Execução de alimentos formulados em acordo extrajudicial

Afora os alimentos indenizativos e aqueles advindos de obrigação voluntária ou legado, os demais pertencem ao ramo processual dos direitos de origem familiar, sendo indisponíveis, cometendo sua passagem, sempre e em todas as situações, ao inevitável crivo do Judiciário. Significa afirmar ser descabida a formulação de qualquer acordo de alimentos que não passe, necessariamente, pela homologação judicial. Não está sendo afirmado que toda a ação de alimentos é uma ação de estado, pois esta premissa não é verdadeira, bastando levar em consideração que em muitas demandas sobre fixação ou revisão de alimentos o estado das pessoas envolvidas no litígio não é objeto de controvérsia, como acontece na revisão de alimentos entre ex-cônjuges, propondo aumentar, reduzir ou exonerar os alimentos arbitrados em outro momento processual. Inexiste, nesse caso, qualquer controvérsia sobre o estado civil dos litigantes, mas a discussão cinge-se ao montante do numerário pago, para saber se a obrigação deve ser extinta, majorada ou reduzida. O mesmo pode ser aferido em uma ação de alimentos travada entre ex-conviventes, porque, apesar de ser necessário comprovar a existência da informal união afetiva dos contraditores, é fato incontroverso que o direito brasileiro não contemplou os casamentos de fato com o estado civil de conviventes, não havendo como afirmar que os alimentos entre conviventes decorrem do seu estado civil.

Mas uma coisa é certa e precisa ser levada em absoluta linha de consideração, pois consta dos textos jurídicos e é exigência indissociável para a viabilidade executiva do crédito alimentar, de que se faz obrigatória a intervenção de um Juiz de Direito, tanto nas ações contenciosas, como para a homologação de acordos extrajudiciais sobre alimentos, em cujos procedimentos também será obrigatória a intervenção do Ministério Público, sob igual pena de nulidade.

O artigo 82, incisos I e II, do CPC, e os artigos 9º e 11º da Lei nº 5.478/68 (Lei de Alimentos), impõem a presença do Ministério Público nas causas em que há interesses de incapazes e naquelas concernentes ao estado da pessoa. Já o artigo 92 do CPC confere competência exclusiva ao Juiz de Direito para processar e julgar as ações concernentes ao estado das pessoas, enquanto o artigo 100, inciso II, atribui ao juízo do domicílio ou da residência do alimentando a competência de foro para as ações em que se pedem alimentos. E, por sua vez, execuções de alimentos para serem manejadas pelos artigos 732 ou 733 do CPC reclamam a preexistência de sentença ou de decisão judicial, com título executivo emanado da indissociável intervenção do Juiz de Direito e do Ministério Público, nas demandas litigiosas ou amistosas que trataram de constituir previamente qualquer direito alimentar.

A ação alimentária não precisava ser necessariamente contenciosa, tanto que pode ser convertida em acordo, assim como pode ser apresentada na feição amistosa, em ato de jurisdição voluntária, mas sempre passando pelo crivo da homologação judicial que lhe imprime força executiva.

Considere-se, à vista disso, a execução de um mero contrato particular de alimentos, ou de um acordo de alimentos perfectibilizado apenas pela outorga de uma escritura pública firmada entre alimentante e alimentário, sem a intervenção do Ministério Público e sem a correlata homologação judicial. Como aceitar a estabilidade deste acordo extrajudicial que não recebeu a chancela da obrigatória homologação judicial. Trata-se, indiscutivelmente, de título executivo nulo, carente de comando executivo, exigido pelos artigos 732 e seguintes do CPC e do art. 16 da Lei nº 5.478/68, merecendo plena acolhida da objeção de pré-executividade..

Tome-se, noutro exemplo, um acordo de alimentos homologado pelos Juizados Especiais Cíveis e Criminais, que são, sim, órgãos da Justiça Ordinária, instituídos e regulados pela Lei nº 9.099, de 26 de setembro de 1995, nos quais atuam juízes de direito, conciliadores e juízes leigos. Qualquer acordo alimentar homologado com a chancela do juiz togado e com assento nos Juizados Especiais, ou pelos conciliadores e juízes leigos, poderá ser considerado como título executivo judicial, até porque o § 2º do art. 3º da Lei nº 9.099/95 exclui expressamente as causas de natureza alimentar da competência dos Juizados Especiais. Desse modo, será nulo o acordo de alimentos homologado pelo Juizado Especial[36] e sem eficácia executória alguma o título porventura apresentado para instruir a executiva alimentar, demanda a ser extinta de plano, pela via expedita da exceção de pré-executividade, dispensando longas dissensões doutrinárias em sede de dispendiosos embargos e conformidade aos feitos, a dupla via da efetividade processual.

12.13. Execução de sentença falsa

A objeção executiva visa a fazer cumprir a lei e impedir o início ou o prosseguimento de uma execução que não atende aos pressupostos exigidos pelo ordenamento jurídico, coibindo de maneira simples, barata e expedita, porque dispensa prévia penhora ou depósito de garantia da dívida, que tramitem ações executivas eivadas de nulidade, pois como já disse Luiz Edmundo Appel Bojunga: "O Direito não pode conduzir a situações desar-

---

[36] "Vedada a jurisdição conciliatória as custas de natureza alimentar (Lei 7.244/84, art. 3º, § 1º), o acordo das partes, homologada em sede do Juizado Informal, não tem eficácia para a compulsão executória da prisão civil do devedor, à míngua do devido processo legal (03.06.1992, rel. José Dantas)" RT 686/187 e na obra de CAHALI. Yussef Said. *Dos alimentos*, 3ª ed. São Paulo: RT, 1999, p. 876, nota de rodapé 287.

razoadas ou ilógicas, ao contrário, deve pautar-se por ocorrência, no bom senso e sentimento de justiça".[37]

Falsa sentença, forjada maliciosa e criminosamente pelo exeqüente para executar partilha, alimentos e outros efeitos supostamente emanados do título executivo judicial, também devem ser passíveis de objeção executiva quando ficar demonstrado por certidão, ou outra irrefutável prova judicial, a falsidade do título de que se serve o exeqüente para instrumentalizar a sua nula execução, talvez imaginando contar com a involuntária revelia do executado, de quem indicou falso endereço para frustrar a sua citação, ou cujo chamamento processual promoveu por edital, buscando evitar a denúncia da fraude pelo executado, com quem sabe jamais haver travado qualquer demanda que tivesse resultado no título usado como precedente decisão judicial.

Também nessas hipóteses ficam plenamente dispensados os tradicionais meios de defesa do executado, que dá, em rápida reposição da verdade, vida curta à fraude, e verdadeira efetividade processual.

---

[37] BOJUNGA, Luiz Edmundo Appel. A exceção de pré-executividade, Porto Alegre: Revista Ajuris, nº 45, março de 1989, p. 162.

Bibliografia

AMARAL, Francisco, *apud Código Civil interpretado conforme a Constituição da República*, vol. I, coord. TEPEDINO, Gustavo; BARBOZA, Heloisa Helena e MORAES, Maria Celina Bodin de. Rio de Janeiro: Renovar, 2004.

AMARANTE, Aparecida I. *Responsabilidade Civil por Dano à Honra*, Belo Horizonte: Del Rey, 1991.

AMORIM, Sebastião; OLIVEIRA, Euclides de. *Inventários e partilhas, Direito das Sucessões, teoria e prática*, 15ª ed. São Paulo: Universitária de Direito, 2003.

ANDRADE FILHO, Edmar Oliveira. *Sociedade de responsabilidade limitada*. São Paulo: Quartier Latin, 2004.

ASSIS, Araken de. *Da execução de alimentos e a prisão do devedor*, 2ª ed. São Paulo: RT, 1993.

AVOLIO, Luiz Francisco Torquato. *Provas ilícitas, interceptações telefônicas e gravações clandestinas*, São Paulo: RT, 1995.

AZEVEDO, Álvaro Villaça. *Comentários ao Código Civil*, Coord. Antônio Junqueira de Azevedo, vol. 19, São Paulo: Saraiva, 2003.

——. *Prisão civil por dívida*, São Paulo: RT, 1993.

BARBERO, Omar U. *Daños y perjuicios derivados del divorcio*, Buenos Aires: Editorial Astrea, 1977.

BASSET, Lídia Makianich de. *Derecho de visitas*, Buenos Aires: Hammurabi, 1993.

BEDAQUE, José Roberto dos Santos.*Poderes instrutórios do juiz*, São Paulo: RT,1991.

BELLUSCIO, Cláudio A. *Daños y perjuicios derivados del divorcio, In Responsabilidad civil en el Derecho de Familia*, Buenos Aires: Editorial Hammurabi, 1983.

——. *Derecho de daños*, cuarta parte (B), 2003. Coord. CÚNEO, Darío L. Buenos Aires: Ediciones La Rocca,

BERGMANN, Érico R. *A Constituição de 1988 e o princípio da proporcionalidade*, Porto Alegre: Estudo MP 5, 1992.

BEVILÁQUA, Clóvis. *Código Civil comentado*, Francisco Alves, 1917, *apud* João Andrades Carvalho. *Tutela, curatela, guarda, visita e pátrio poder*, Rio de Janeiro: Aide, 1995.

BIERWAGEN, Mônica Yoshizato. *Princípios e regras de interpretação dos contratos no novo Código Civil*. São Paulo: Saraiva, 2002.

BITTENCOURT, Edgard de Moura. *Guarda de filhos*, São Paulo: Leud, 1981.

BOJUNGA, Luiz Edmundo Appel. *A exceção de pré-executividade*, Porto Alegre: Revista Ajuris, nº 45, março de 1989.

BOSCHI, Fabio Bauab. *Direito de visita*, São Paulo: Saraiva, 2005.

BRANCO, J. V. Castelo. *O pátrio poder*, São Paulo: Livraria e Editora Universitária, 1978.

BREBBIA, Roberto H.. El dano moral en las relaciones de familia, *In Derecho de Familia*, Buenos Aires: Rubinzal-Culzoni, 1977.

BRUSCHI, Gilberto Gomes. *Alimentos, título executivo judicial hábil a aparelhar a ação. Exceção de pré-executividade*, In Revista de Processo n°110, São Paulo: RT, 2003.

——. *Aspectos processuais da desconsideração da personaidade jurídica*, São Paulo: Editora Juarez de Oliveira, 2004.

BUENO, Cássio Scarpinella. *A nova etapa da reforma do Código de Processo Civil*, vol. 1, São Paulo: Saraiva, 2006.

BUGARELLI, Waldirio. *Sociedades comerciais*. São Paulo: Atlas.

CAHALI, Francisco José. *Contrato de convivência na união estável*, São Paulo: Saraiva, 2002.

CAHALI, Yussef Said. *Dos alimentos*, 3ª ed. São Paulo: RT, 1998.

——. *Divórcio e separação*, Tomo 1, 6ª ed. São Paulo: RT, 1991.

——. *Fraude contra credores*, São Paulo: RT, 1989.

CÂMARA, Alexandre Freitas. *A nova execução de sentença*, 2ª ed. Rio de Janeiro: Lúmen Júris Editora, 2006.

CAMBI, Eduardo. *A prova civil, admissibilidade e relevância*, São Paulo: RT, 2006.

——. *Direito constitucional à prova no processo civil*, São Paulo: RT, 2001.

CANUTO, Érica Verícia de Oliveira. "A mutabilidade do regime patrimonial de bens no casamento e na união estável", *In Novo Código Civil, questões controvertidas no Direito de Família e das Sucessões*, Coord. DELGADO, Mário Luiz e ALVES, Jones Figueirêdo, São Paulo: Método, 2004.

——. *Novo Código Civil, questões controvertidas no Direito de Família e das Sucessões*, Coord. DELGADO, Mário Luiz e ALVES, Jones Figueirêdo, São Paulo: Editora Método, 2004.

CARNAÚBA, Maria Cecília Pontes.*Prova ilícita,* São Paulo: Saraiva, 2000.

CARNELUTTI, Francesco.*La prueba civil*, 2ª ed. Buenos Aires: Depalma, 1982.

CARVALHO NETO, Inácio de. *Separação e divórcio, teoria e prática*, Curitiba: Juruá, 1998.

CASTRO FILHO, José Olympio de. *Comentários ao CPC*, atualizado por COSTA, José Rubens, 5ª ed, vol. X, Forense: Rio de Janeiro, 2004.

CAVALIERI FILHO, Sergio. *Programa de responsabilidade Civil*, São Paulo: Malheiros, 1996.

CHINELATO, Silmara Juny. *Comentários ao Código Civil*, vol. 18, coord. AZEVEDO, Antônio Junqueira de, São Paulo: Saraiva, 2004.

CIFUENTE, Santos. *Loss derechos personalisimos,*Buenos Aires: Lerner Ediciones, 1974.

COELHO, Helenira Bachi.Da reparação civil dos alimentos. Da possibilidade de ressarcimento frente à paternidade biológica.*In Ações de Direito de Família*, Coord. MADALENO, Rolf. Porto Alegre: Livraria do Advogado, 2006.

COLTRO, Antônio Carlos Mathias. "Referências sobre o contrato de união estável", *In Questões controvertidas no direito das obrigações e dos contratos*, vol. 4, Coord. DELGADO, Mário Luiz e ALVES, Jones Figueiredo, São Paulo: Método, 2005.

——. *A separação judicial e a renúncia a alimentos*, Anais IV Congresso Brasileiro de Direito de Família, Coord. PEREIRA, Rodrigo da Cunha, IBDFAM, Belo Horizonte: Del Rey, 2004.

COMEL, Denise Damo. *Do poder familiar*, São Paulo: RT, 2003.

COSTA, Maria Aracy Menezes da. *Responsabilidade civil no Direito de Família*, XII Jornada de Direito de Família, Rio de Janeiro: COAD, Edição Especial, fevereiro 2005.

COSTA, Maria Isabel Pereira da. *Família: Do autoritarismo ao afeto. Como e a quem indenizá-lo?* Trabalho ainda não publicado por ocasião da edição deste artigo (05/05).

COSTA, Maria Josefa Méndez. *Código Civil comentado*, Buenos Aires: Rubinzal-Culzoni, 2004.

──. *Los principios jurídicos en las relaciones de familia*, Buenos Aires: Rubinzal-Culzoni Editores, 2006.
COVELLO, Sergio Carlos. *A presunção em matéria civil*, São Paulo: Saraiva, 1983.
DANTAS, San Tiago. *Direito de Família e Sucessões*, 2ª ed. Rio de Janeiro: Forense, 1991.
DE LOS MOZOS, J . L . *El negocio jurídico,* En Estudios de Derecho Civil, Madrid, 1987.
DINAMARCO, Cândido Rangel. *Instituições de direito processual civil*, vol. IV, São Paulo: Malheiros, 2004.
DINIZ, Maria Helena, *Curso de Direito Civil brasileiro*, 7º v. São Paulo: Saraiva, 1984.
──. *Curso de Direito Civil brasileiro*, Direito de Família, 5º v., 17ª ed. São Paulo: Saraiva, , 2002.
──. *Código Civil anotado*, São Paulo: Saraiva, 1995.
DOTTI, René Ariel. *Bases e alternativas para o sistema de penas*, São Paulo: RT, 1988.
FABREGAS, Luiz Murillo, *O divórcio*, 2a ed. Rio de Janeiro: Edições Trabalhistas, 1983.
FABRÍCIO, Adroaldo Furtado. *A legislação processual extravagante em face do novo Código de Processo Civil*, Ajuris, Porto Alegre, nº 54,1992.
FARIAS, Cristiano Chaves de. *Direito Civil, teoria geral*, Rio de Janeiro: Lúmen Júris, 2005.
FISCHER, Douglas. Prova ilícita na ação de destituição do poder familiar – uma investigação à luz da hermenêutica constitucional, *In Ações de Direito de Família*, Coord. MADALENO, Rolf, Porto Alegre: Livraria do Advogado, 2006.
FIUZA, Ricardo. *O novo Código Civil e as propostas de aperfeiçoamento*, São Paulo: Saraiva, 2004.
FONSECA. Arnoldo Medeiros da. *Investigação de paternidade*, 3ª ed. Rio de Janeiro: Forense, 1958.
FONSECA, Priscila M. P. Corrêa da. *Dissolução parcial, retirada e exclusão de sócio*. São Paulo: Atlas, 2002.
──. Regime de bens do casamento, *Casamento, separação e viuvez*, Coord. Carla Leonel, São Paulo: editora CIP, 1999.
FRAGA, Thelma. *A guarda e o direito à visitação sob o prisma do afeto*, Impetus: Rio de Janeiro, 2005.
GAMA, Guilherme Calmon Nogueira da. Das relações de parentesco. *In Direito de Família e o novo Código Civil*, 3ª ed. Coord. DIAS, Maria Berenice e PEREIRA, Rodrigo da Cunha. Belo Horizonte: Del Rey, 2003.
──. Regime legal de bens no companheirismo, *In Questões controvertidas no novo Código Civil no Direito de família e das Sucessões*, vol. 3, São Paulo: Método, 2005.
──. Regime legal de bens no companheirismo, *In Questões controvertidas no novo Código Civil no Direito de família e das Sucessões*, vol. 3, São Paulo: Método, 2005.
──. *O biodireito e as relações parentais*, Rio de Janeiro: Renovar, 2003.
GATARI, Carlos N. *El poder dispositivo de los cónyuges*, La Plata: Libreria Jurídica, 1974.
GERAIGE NETO, Zaiden. O processo de execução no Brasil e alguns tópicos polêmicos. In: SHIMURA, Sérgio; WAMBIER, Teresa Arruda Alvim (coords.) *Processo de execução*, v.2, São Paulo: RT, 2001.
GIORGIS, José Carlos Teixeira. O Direito de Família e as provas ilícitas. *In Direitos fundamentais do Direito de Família*. Coords. WELTER, Belmiro Pedro e MADALENO, Rolf Hanssen, Porto Alegre: Livraria do Advogado, 2004.
GOMES, Orlando. *Direito de Família*, 3ª ed. Rio de Janeiro: Forense.
GONÇALVES, Carlos Roberto. *Comentários ao Código Civil*, vol. 11, São Paulo: Saraiva, 2003.
──. *Direito Civil brasileiro*, Direito de Família, vol. VI, São Paulo: Saraiva, 2005.
GUERRA, Marcelo Lima. *Execução indireta*, São Paulo: RT, 1998.

GUIMARÃES, Luís Paulo Cotrim. *Negócio jurídico sem outorga do cônjuge ou convivente*, São Paulo: RT, 2002.

GUIMARÃES, Marilene Silveira. *Adultério virtual, infidelidade virtual*, Belo Horizonte: IBDFAM, Anais do II Congresso Brasileiro de Direito de Família – A família na travessia do milênio, 2000.

——. *Novo Código Civil, questões controvertidas*, Coord. Mário Luiz Delgado e Jones Figueiredo Alves, "A necessidade de outorga para a alienação de bens imóveis", São Paulo: Método, 2004.

HERNÁNDEZ, Francisco Rivero. *El derecho de visita*, Barcelona: José María Bosch, 1997.

HOFFMANN, Ricardo. *Execução provisória*, São Paulo: Saraiva, 2004.

ITURRASPE, Jorge Mosset, *Contratos simulados y fraudulentos*, tomo II, Contratos Fraudulentos, Buenos Aires: Rubinzal-Culzoni Editores, 2001.

JESUS, Ivanise Jann de. Criança maltratada: retorno à família? Um estudo exploratório em Santa Maria/RS, *In Direito da criança e do adolescente*, Coord. TRINDADE, Jorge, Porto Alegre: Livraria do Advogado, 2005.

KANEFSCK, Mariana & MEDINA, Graciela. La legitimación y la prueba en la responsabilidad por no reconocimiento de hijo, *In Derecho de daños*, Cuarta Parte. Coord. BORGONOVO, Oscar e CÚNEO, Darío L. Buenos Aires: Ediciones La Rocca, 2003.

KLUGER, Viviana. *Escenas de la vida conyugal*, Buenos Aires: Editorial Quorum, 2003.

LACERDA, Galeno. *Execução de título extrajudicial e segurança do juízo*, Porto Alegre: Ajuris, 23, novembro de 1981.

LEAL, Murilo Zanetti. *A transferência involuntária de quotas nas sociedades limitadas*. São Paulo: RT, 2002.

LEGUISAMÓN, Héctor E. *Las presunciones judiciales y los indicios*, Buenos Aires: Depalma, 1991.

LEITE, Eduardo de Oliveira. *Famílias monoparentais*, São Paulo: RT, 1997.

——. *Tratado de Direito de Família*, Curitiba: Juruá, 1991.

LEONI, Guilherme Loria. *Responsabilidade civil, a exclusão da responsabilidade do cônjuge ou convivente nas relações contratuais conjuntas por inexistência de proveito comum*, Curitiba: Juruá, 2005.

LIMA, Alcides de Mendonça. *A eficácia do meio de prova ilícito no CPC brasileiro*, Porto Alegre: Ajuris, vol.38, novembro de 1986.

LÔBO, Paulo Luiz Netto. Direito ao estado de filiação e direito à origem genética: Uma distinção necessária, *In Anais IV Congresso Brasileiro de Direito de Família*, Belo Horizonte: IBDFAM-Del Rey, 2004.

LOPES, João Batista. *A prova no Direito processual civil*, 2ª ed. São Paulo: RT, 2002.

LOUREIRO, Luiz Guilherme. A atividade empresarial do cônjuge no novo Código Civil, *In Novo Código Civil, questões controvertidas*, Coord. Mário Luiz Delgado e Jones Figueirêdo Alves, vol. 2, São Paulo: Método Editora, 2004.

LUZ, Valdemar P. da. *Comentários ao Código Civil, Direito de Família*, vol. V, Florianópolis: OAB/SC Editora: 2004.

MADALENO, Rolf, "A infidelidade e o mito causal da separação", *In Revista Brasileira de Direito de Família*, Porto Alegre: Síntese-IBDFAM, out-nov-dez, n° 11, 2001.

——. "O princípio da revocatória falencial na partilha dos bens conjugais", *In Novas perspectivas no Direito de Família*, Porto Alegre: Livraria do Advogado, 2000.

——. A *disregard* na sucessão legítima, *In Direito de Família, aspectos polêmicos*, 2ª ed. Porto Alegre: Livraria do Advogado, 1999.

——. *A efetivação da 'disregard' no Juízo de Família*, Porto Alegre: Livraria do Advogado, 1999.

——. Alimentos e sua restituição judicial, *In Direito de Família, aspectos polêmicos*, Porto Alegre: Livraria do Advogado, 1999.

——. *Direito de Família em* pauta, Obrigação, dever de assistência e alimentos transitórios, Porto Alegre: Livraria do Advogado, 2004.

——. *Direito de Família, aspectos polêmicos*, Porto Alegre: Livraria do Advogado Editora, 1998.

——. O calvário da execução de alimentos, *Revista Brasileira de Direito de Família*, vol. 1, Porto Alegre: Síntese - IBDFAM, 1999.

——. *Obrigação, dever de assistência e alimentos transitórios*. Anais do IV Congresso Brasileiro de Direito de Família do IBDFAM, Belo Horizonte: Del Rey, 2004.

——. Regime de bens, *In Direito de Família e o novo Código Civil*, Coord. DIAS, Maria Berenice e PEREIRA, Rodrigo da Cunha, 4ª ed. Belo Horizonte: Del Rey- IBDFAM, 2005.

MARTINS, Sandro Gilbert. *A defesa do executado por meio de ações autônomas*, São Paulo: RT, 2002.

MEDINA, Graciela. *Daños en el derecho de familia*, Buenos Aires: Rubinzal-Culzoni Editores, 2002.

MENDONÇA JUNIOR, Delosmar. *Princípios da ampla defesa e da efetividade no processo civil brasileiro*, São Paulo: Malheiros, 2001.

MIRANDA, Pontes de. *Comentários ao CPC*, Tomo X, Rio de Janeiro: Forense, 1979.

——. *Tratado de Direito Privado*, vol. 7, São Paulo: RT, 1983.

MONTENEGRO FILHO, Misael. *Cumprimento da sentença e outras reformas processuais*, São Paulo: Atlas, 2006.

MOREIRA, Alberto Camiña. *Defesa sem embargos do executado, exceção de pré-executividade*, São Paulo: Saraiva, 1998.

MOZOS, José Luis de Los. *Comentários ao Código Civil y Compilaciones Forales*, Tomo XVIII, vol. 1º, Madrid: Editoriales de Derecho Reunidas, 1982.

NEGRÃO, Ricardo. *Manual de Direito Comercial e de Empresa*, 3ª ed, São Paulo: Saraiva, 2003.

NERILO, Lucíola Fabrete Lopes. *Manual da sociedade limitada no novo Código Civil*, Curitiba: Juruá, 2004.

——. *Responsabilidade civil dos administradores nas sociedades por ações*. Curitiba: Juruá, 2002.

NEVES, Daniel Amorim Assumpção. *Reforma do CPC*, São Paulo: RT, 2006.

NICOLAU JÚNIOR, Mauro. *Paternidade e coisa julgada*, Curitiba: Juruá, 2006.

NUNES, Rizzato. *O princípio constitucional da dignidade da pessoa humana, doutrina e jurisprudência*, São Paulo: Saraiva, 2002.

OLIVEIRA, Carlos Alberto Alvaro. *A nova execução*, Coord. OLIVEIRA, Carlos Alberto Alvaro, Rio de Janeiro: Forense, 2006.

OLIVEIRA, José Lamartine Corrêa de.; MUNIZ, Francisco José Ferreira. *Direito de Família*, Porto Alegre: Fabris, 1990.

OLIVEIRA NETO, Olavo de. *A defesa do executado e dos terceiros na execução forçada*, São Paulo: RT, 2000.

PEREIRA, Caio Mário da Silva. *Instituições de Direito Civil, Direito de Família*, vol. V, 14ª ed. Rio de Janeiro: Forense, 2004.

PEREIRA, Rodrigo da Cunha. *Código Civil Anotado*, Porto Alegre: Síntese, 2004.

——. *Direito de Família, uma abordagem psicanalítica*, Belo Horizonte: Del Rey, 2000.

PINTO, Fernando Brandão Ferreira. *Filiação natural*, Coimbra: Livraria Almedina, 1983.

PORTO, Mário Moacyr, "O concubinato e as súmulas 35 e 380 do STF", *In Temas de Responsabilidade Civil*, São Paulo: Revista dos Tribunais, 1988.

PORTO, Sérgio Gilberto. *Prova: Generalidades da teoria e particularidades do Direito de Família*, Porto Alegre: Ajuris, n° 39, março, 1987.
RAMOS. Glauco Gumerato. *Reforma do CPC*, São Paulo: RT, 2006.
REIS, Clayton. *Dano moral*, 4ª ed. Rio de Janeiro: Forense, 1997.
REQUIÃO, Rubens. *A preservação da sociedade comercial pela exclusão do sócio*. Curitiba: Acadêmica, 1959.
RIBEIRO, Darci Guimarães. *Provas atípicas*, Porto Alegre: Livraria do Advogado, 1998.
RIZZARDO, Arnaldo. Casamento e efeitos da participação social do cônjuge na sociedade, *In Direitos Fundamentais do Direito de Família*, Coord. Belmiro Pedro Welter e Rolf Hanssen Madaleno, Porto Alegre: Livraria do Advogado, 2004.
———. *Direito das Sucessões*, Rio de Janeiro: Forense, 2005.
———. *Direito de Família*, 2ª ed. Rio de Janeiro: Forense, 2004.
———. *Responsabilidade civil*, Rio de Janeiro: Forense, 2005.
RODRIGUES, Silvio. *Direito Civil, Direito de Família*, vol. 6, São Paulo: Saraiva, 2003.
ROMERO, José Alberto. *Delitos contra la familia*, Córdoba: Editorial Mediterránea, 2001.
ROSA, Alexandre. *Amante virtual, (in)conseqüências no Direito de Família e Penal*, Florianópolis: Habitus, 2001.
ROSA, Marcos Valls Feu. *Exceção de pré-executividade*, Porto Alegre: Sergio Antonio Fabris, 1996.
ROSSI, Hugo E. Actuación anómala y desestimación del tipo en la sociedad anónnima "cerrada", sus efectos sobre la responsabilidad de los socios, *In Conflictos en sociedades "cerradas" y de familia*, Coord. Martín Arecha, Eduardo M. Favier Dubois, Efraín H. Richard e Daniel R. Vítolo, Buenos Aires: Ad-Hoc, 2004.
SANTOS, Moacyr Amaral. *Prova judiciária no cível e comercial*, vol.1, 5ª ed. São Paulo: Saraiva, 1983.
SANTOS, Sandra Aparecida Sá dos. *A inversão do ônus da prova como garantia constitucional do devido processo legal*, São Paulo: RT, 2002.
SANTOS, Simone Orodeschi Ivanov dos. *União estável, regime patrimonial e direito intertemporal*, São Paulo: Atlas, 2005.
SHIMURA, Sérgio. *Título executivo*, São Paulo: Saraiva, 1997.
SILVA, Cláudia Maria da. *Indenização ao filho*, Revista Brasileira de Direito de Família, Porto Alegre: Síntese-IBDFAM, vol. 25, ago-set 2004.
SILVA, Clóvis V. do Couto e. *Grupo de sociedades*. RT 647/20.
SOUZA, Lourival de Jesus Serejo. As provas ilícitas e as questões de Direito de Família, *In Revista Brasileira de Direito de Família*, Porto Alegre: Síntese-IBDFAM, vol. 2, jul-ago-set., 1999.
SPENGLER, Fabiana Marion; SPENGLER NETO, Theobaldo. *Inovações em direito e processo de família*, Exceção de pré-executividade no débito alimentar. Porto Alegre: Livraria do Advogado, 2004.
SPOTA, Alberto G. *Tratado de Derecho Civil*, Parte General, vol. 3, t. I, Buenos Aires: Depalma, 1988.
SZANIAWSKI, Elimar. *Direitos de personalidade e sua tutela*, 2ª ed. São Paulo: RT, 2005.
TAQUINI, Carlos H. Vidal. *Régimen de bienes en el matrimonio*, 3ª ed. Buenos Aires: Astrea, 1990.
TOMASZEWSKI, Adauto de Almeida. *Separação, violação e danos morais, a tutela da personalidade dos filhos*, São Paulo: Paulistanajur, 2004.
VELASCO, J. I. Martinez de. *La renuncia a los derechos*, Barcelona: Bosch, Casa Editorial, 1986.
VELOSO, Zeno. *Código Civil comentado*, São Paulo: Atlas, 2004.
———. *União estável*, Belém: Cejup, 1997.

VENOSA, Silvio de Salvo. *Direito Civil, Direito de Família*, 3ª ed. São Paulo: Atlas, 2003.

VERUCCI, Florisa. O direito de ter pai, *In Grandes temas da atualidade, DNA como meio de prova da filiação, aspectos constitucionais, civis e penais*, Rio de Janeiro: Forense, 2000.

VILLELA, João Baptista. O modelo constitucional da filiação: verdade e superstições. *Revista Brasileira de Direito de Família*, Porto Alegre: Síntese, n° 2, jul/set 1999, p.138-139.

——. Procriação, paternidade & alimentos. *In Alimentos no Código Civil, aspectos civil, constitucional, processual e penal*, Coord. CAHALI, Francisco José e PEREIRA, Rodrigo da Cunha. São Paulo: Saraiva, 2005.

WAMBIER, Luiz Rodrigues. *Liquidação do dano (aspectos substanciais e processuais)*, Porto Alegre: Sergio Antonio Fabris, 1988.

——. *Sentença civil: liquidação e cumprimento*, 3ª ed. São Paulo: RT, 2006.

WAMBIER, Teresa Arruda Alvim. União estável, seguida de casamento com separação de bens e patrimônio adquirido durante a convivência, In *O Direito de Família após a Constituição Federal de 1988*, org. COLTRO, Antônio Carlos Mathias, São Paulo: Celso Bastos, 2000.

WELTER, Belmiro Pedro. *Igualdade entre as filiações biológica e socioafetiva*, São Paulo: RT, 2003.

——. *Investigação de paternidade: legitimidade passiva na ação*. In Revista Brasileira de Direito de Família, Porto Alegre: Síntese-IBDFAM, vol. 2.

ZAVASCKI, Teori Albino. *Comentários ao Código de Processo Civil*, vol. 8, São Paulo: RT, 2000.

www.graficametropole.com.br
comercial@graficametropole.com.br
tel./fax + 55 (51) 3318.6355